# Vivre
# en temps réel

Collection
« Constellation »
dirigée par Lidia Breda

Frédéric Worms

# Vivre en temps réel

bayard

Dans la même collection :

*Le mystère du mal. Benoît XVI et la fin des temps*, Giorgio Agamben

*Histoire du voile. Des origines au foulard islamique*, Maria Giuseppina Muzzarelli

*Visages de la France. Les acteurs, images d'une nation*, Olivier Mongin

*Pureté, impureté. Une mise à l'épreuve*, Catherine Chalier

*Découvrir la gratitude au risque de l'asymétrie*, Catherine Chalier

ISBN : 978-2-2274-9068-0

18, rue Barbès, 92128 Montrouge Cedex

# Introduction

## Une chance historique

S'il y a quelque chose que la pandémie nous a appris ou plutôt est en train de nous apprendre et pour un moment encore, c'est bien ceci : *vivre en temps réel*, et nous oserons prétendre ici que c'est une chance et même une chance historique.

Mais s'il s'agit d'une chance, il faut bien reconnaître qu'elle ne va pas de soi et qu'elle s'accompagne de grands dangers. Il y a d'abord bien sûr la souffrance et le danger de l'épidémie elle-même, avec ses effets au jour le jour sur nos vies, et tous les risques qui l'accompagnent jusque dans ses remèdes, comme avant tout le confinement qui en est désormais inséparable.

Mais il y a un autre danger que chacun ressent, et qui n'est pas moins grave. Il consiste justement dans une nouvelle expérience temporelle, dont chacun sent qu'elle accompagne ce danger vital comme son ombre. C'est de cette expérience que nous voulons parler ici, à travers cette expression : « vivre en temps réel ».

Plus précisément, ce qui nous sidère par sa nouveauté ce n'est pas l'expérience de « vivre en temps réel » sous sa forme ordinaire, que nous croyons pouvoir maîtriser, et même parfois apprécier. Mais c'est sa répétition et sa continuation inédites. Tout se passe comme si une souffrance spécifique et un danger extrême, dans cette pandémie, résidaient dans la généralisation pour ainsi dire permanente d'une expérience temporelle qui semble faite, normalement, pour rester exceptionnelle.

« Vivre en temps réel », voici une expression que nous employons en général au passé, après coup, pour une expérience intense mais rare. Nous disons : « je l'ai vécu en temps réel » avec un sentiment de fierté mêlée de stress, quand nous parlons d'un événement important auquel nous avons assisté « au fur et à mesure », et pour ainsi dire à son rythme *à lui*, qu'il nous imposait, pendant qu'il se déroulait. Ce sera le plus souvent pour le pire, ainsi un tremblement de terre ou un attentat, mais parfois, heureusement, pour le meilleur, ainsi au moment d'une naissance à laquelle nous assistons, de la chute d'un mur ou d'une dictature. Et ce que nous transmettons par cette expression ce n'est pas seulement le souvenir de l'événement, mais cette conscience du temps qui l'a accompagné, sur le moment. Et cela, déjà pour un événement singulier, nous laisse un frisson.

Mais voici que pendant cette pandémie qui dure, cette expérience de « vivre » l'événement « en temps réel » cesse de trancher avec le reste de notre vie, mais l'envahit tout entière, et voici que cette conscience d'un temps réel, d'un événement réel en train de se dérouler et presque de s'imposer, accompagne chaque instant de notre existence. Cela suscite en nous un étonnement mais aussi une souffrance toute particulière, comme si cette dimension temporelle était un problème en soi et pas du tout secondaire, en marge des autres, mais premier, qui peut nous frapper au point de nous empêcher d'affronter les autres.

Il semble que les soubresauts de l'événement et de ses changements aient fait de l'expérience de « vivre en temps réel » quelque chose comme notre condition nouvelle, désormais, sous le signe aussi d'autres risques nouveaux (ainsi ce que nous n'appelons pas par hasard le « changement » climatique) dont nous commençons à réaliser que nous allons devoir les vivre en continu de cette manière, et pour longtemps. Or, ce qui est frappant, justement, c'est qu'en devenant générale, cette expérience semble devenir insoutenable, surtout bien sûr lorsqu'il s'agit d'événements négatifs.

Certes, on peut penser que ce serait le cas aussi s'il s'agissait d'événements heureux. Car, même dans ce cas la dimension temporelle continuellement vécue comme telle ne serait-elle pas une souffrance ? Supporterions-nous de toujours vivre le suspense « insoutenable » (disons-nous parfois) de tel ou tel événement, même s'il finit « bien » ? La jouissance si ambiguë du récit que nous en faisons (et jusqu'au cinéma ou dans les romans) nous met déjà à l'épreuve, mais avec une place heureusement limitée, dans une vie normale et, justement, heureuse.

Mais peu importe car de toute façon l'heure semble plutôt aux événements graves, voire aux catastrophes, que cette expérience en temps réel définit d'ailleurs. On a du mal à se représenter une catastrophe sans la conscience sidérante de son déroulement en direct. Nous nous représentons le plus souvent la catastrophe comme soudaine objectivement et interminable subjectivement (ainsi un accident, qui prend un instant sur l'horloge, mais un temps infini dans notre esprit). Il se peut cependant que la catastrophe soit lente ou longue, le plus souvent sans qu'on s'en rende compte (on parle alors de catastrophe insensible ou invisible comme celle de la pollution). Mais si elle est longue à la fois objectivement et subjectivement, dans les faits et dans nos esprits, comme c'est le cas aujourd'hui, ne sera-ce pas une souffrance de plus ? Ces événements semblent porter à l'extrême non seulement tel ou tel danger vital, objectif, les maux de notre temps, au sens de notre « époque », mais aussi ce que l'on devrait appeler les maux *de notre rapport au temps*, qui font partie aussi du mal de l'époque. À cet égard, il est certain que la pandémie, avec ses rebonds perpétuels dans tous les ordres et dans le monde entier, fait sauter aux yeux l'épreuve de ce rapport au temps, lorsqu'il cesse d'être exceptionnel pour devenir notre condition, et auquel il faut répondre comme à un danger mortel, entre tous.

Le premier but de cette étude sera d'affronter ce danger et donc, tout d'abord, d'en comprendre la raison profonde. Pourquoi cette souffrance temporelle s'ajoute-t-elle aux autres, peut-être dans toute expérience négative et dans tout danger ? Qu'est-ce qu'elle nous apprend du temps en général et de la place du rapport conscient *au* temps dans notre vie, pour notre bonheur ou malheur, mais peut-être notre malheur, en premier lieu ?

Il y a quelque chose qui nous frappe toujours, au sens le plus strict de ce mot, lorsque notre rapport au temps cesse d'être insouciant, silencieux, et joyeux, pour sauter à nos yeux et comme empêcher l'expérience de nos vies. Comme si « vivre en temps réel », bien loin d'être l'évidence que cette expression semble annoncer, nous empêchait paradoxalement de vivre notre vie réelle !

Et cela plus que jamais aujourd'hui, puisqu'il ne semble plus s'agir d'expériences exceptionnelles et individuelles mais d'une condition collective et pour ainsi dire historique.

Encore une fois, cela est vrai et nous impose d'aller y voir de plus près.

Mais le but de cette étude ne sera pas seulement de diagnostiquer ce mal souvent inaperçu, dans notre vie en général, et dans notre temps en particulier.

Ce sera aussi d'y répondre, et non pas en le refusant, le déniant ou le fuyant, mais au contraire en trouvant dans cette expérience du temps « réel » elle-même et sa forme généralisée aujourd'hui, une ressource inattendue, la seule que nous ayons, et aussi un *critère* qu'il importe de saisir ! En touchant le fond de notre expérience temporelle, en continu ou en direct, en y voyant le signe du mal à traiter, ne trouverions-nous pas aussi de quoi y répondre ?

Oui c'est ce qu'il nous semble, mais à condition de ne pas se dérober devant l'enjeu.

Car une tentation s'impose qu'il faut refuser aussitôt.

C'est, après avoir repéré le danger, de chercher le salut dans la fuite ou dans le déni, comme si une solution quelle qu'elle soit pouvait faire que ces dangers n'existent plus, ni leur contrecoup temporel !

Ce serait entièrement illusoire, même si cela semble rejoindre une aspiration qui a souvent défini à tort la sagesse et le bonheur, et dont il faut dire un mot.

Lorsque l'on entend l'expression que nous discutons ici : « vivre en temps réel », n'avons-nous pas en effet une aspiration profonde en nous qui se réveille ?

C'est comme un désir de rejoindre notre vie. Ce « temps réel », n'est-ce pas aussi celui de notre vie profonde, ce que Bergson par exemple appelait la « durée » pour la distinguer du « temps » mécanique des horloges et des chronomètres, et pour leur échapper ? Ah, on est tenté de croire que « vivre en temps réel », cela puisse vouloir dire qu'on se réfugie dans le présent intemporel de la sagesse antique, délivré des craintes et des espoirs, ou dans la durée en effet, mais supposée intérieure et coulant toute seule, indifférente au monde ! Notre aspiration à vivre « en temps réel » sera-t-elle alors celle de la retraite, au sens militaire peut-être, mais aussi au sens social, comme si elle définissait un temps coupé et peut-être exclu du monde ? « Notre temps », c'est le titre en France d'un magazine pour personnes retraitées et supposées inactives, comme si ce n'était pas, pour tous, le nom de notre vie et de notre histoire actives !

Non !

S'il y a une aspiration profonde au cœur du désir de « vivre en temps réel » ce n'est pas celle d'un ermitage sans portes ni fenêtres et ne donnant sur rien ni personne, ce qui nous est désormais et de toute façon impossible.

Et bien sûr la durée bergsonienne n'a rien de tel, qui conduit à l'acte libre, à l'œuvre d'art et surtout à la morale et à la religion ouvertes, celles du grand homme de bien, qui redonne à l'histoire son sens par ses actes de délivrance et d'émancipation !

Déjà dans notre vie individuelle, mais plus encore dans la situation présente, ce n'est pas dans la fuite ou dans le déni que sera le salut !

Il y a bien une indication, ou une orientation pourtant dans cette aspiration profonde, qui n'est certes pas entièrement mensongère, et qui se cache dans cette expression inquiète mais aussi tendue : « vivre en temps réel ».

C'est que nous n'avons plus le choix : nous devons concilier, et sans attendre, les deux aspects ou les deux facettes de notre vie « en temps réel ».

Et peut-être est-ce là notre obligation mais aussi notre chance historique.

Nous le savons bien dans notre vie individuelle. Car en quoi consiste notre bonheur ? À lutter certes contre les dangers, à organiser le temps et ce que l'on appelle notre « emploi du temps », mais aussi, à retrouver non seulement notre durée, et nos actions profondes, mais celle des autres, du monde, de nos amis, de nos rencontres, dans chaque sphère de notre action, de notre activité. Les deux facettes de notre temps réel sont actives : l'une explicite et douloureuse, sous le signe de l'urgence, l'autre implicite et joyeuse, sous le signe de la création et de l'émotion, et partagées qui plus est, notre vie avec celle des autres ainsi que de l'univers. Un mouvement dans la lumière du soir, ou une discussion qui oublie la nuit qui tombe, et que sais-je encore. Ainsi, nous répondons aux urgences, mais nous programmons un moment de repos ou une rencontre avec des amis : et là, revient une autre expérience du temps réel, et relationnel, qui n'est certes pas dans le déni ou l'oubli des exigences de la vie et du temps pressant, surtout aujourd'hui où il se généralise ! Au contraire, ce qui s'impose aujourd'hui, c'est de rétablir ce lien et c'est là que l'expérience généralisée d'une même urgence vécue peut et doit être saisie comme une chance, aussi douloureuse soit-elle, à condition de ne pas la fuir !

Nous en avons une confirmation, jusque dans l'urgence la plus extrême, où nous savons bien que l'action humaine complète et que nous jugeons parfois héroïque ou miraculeuse consiste à concilier toutes les dimensions du temps dans un même instant, la réponse à l'urgence, donc, mais aussi l'ouverture d'un avenir et la fidélité à autrui et à soi.

Mais peut-être n'est-elle pas seulement héroïque ou miraculeuse, cette concordance vitale des temps ?

Il se peut que le critère de la réponse juste à la situation présente consiste dans la manière dont elle concilie l'urgence immédiate, qu'il ne faut pas nier et qui se prolonge, avec les autres urgences de notre vie, et cette unité est son enjeu principal. Notre sentiment du temps et de la justice, en effet, sont inséparables.

C'est en tout cas la question qu'il faut se poser dès maintenant, face aux dangers de la vie en temps réel qui est désormais (et pour un moment) la nôtre.

Mais si c'est le cas, cela doit d'abord se trouver, en modèle réduit en quelque sorte, dans les événements exceptionnels que nous disons vivre « en temps réel ».

S'il y avait en chacun d'eux, déjà, non seulement un danger vital et une souffrance temporelle, mais aussi une *alternative* humaine, morale, sociale, politique on comprendrait pourquoi, dans la redoutable généralisation actuelle, est revenu le temps de tous les dangers, mais aussi de tous les partages, un risque donc mais aussi une chance, au sens le plus fort du mot, *historiques*.

Telles seront en tout cas les étapes de notre parcours.

# I

## Participer à l'événement ?
## Une expérience à double tranchant

Lorsque nous disons que nous avons vécu un événement singulier, par exemple un accident d'un être cher ou un attentat terroriste, « en temps réel », que voulons-nous dire exactement, que voulons-nous souligner par cette insistance *sur le temps*, comme s'il nous était apparu alors, à cette occasion, dans sa réalité, comme si cela aggravait encore l'expérience, comme s'il y avait là cependant quelque chose à quoi nous tenons, au cœur de nos vies ?

Je me souviens, en vous la racontant, de la manière dont j'ai vécu, instant par instant, comme s'égouttant d'un sablier, ta chute, enfant, la tête la première, d'un canapé placé trop loin de moi pour que je me précipite à ton secours. Ou bien, ces avions, qui percutent l'un après l'autre une tour à New York, à la surprise indubitable et pétrifiée des rares témoins dotés d'une caméra, et dont les films amateurs reviendront pour toujours en boucle sur les écrans avec leurs exclamations en fond sonore. Oui, je dis, je sais, que je les ai vécus « en temps réel ». Mais qu'est-ce que je veux dire par là ? En quoi cette dimension temporelle est-elle si importante, non moins importante peut-être que le contenu de l'événement lui-même, atteignant avec lui le cœur de nos vies, ou plutôt surgissant du cœur de nos vies et nous apprenant sur elles quelque chose d'essentiel ? Et si cela est vrai déjà de tels événements, extrêmes certes, mais exceptionnels, combien cela ne le sera-t-il pas à notre époque qui, encore une fois, généralise cette expérience ou dans laquelle cette étrange stupeur devient durable ?

La première chose à dire est nette, mais on n'a pas fini d'en mesurer l'importance si souvent méconnue.

C'est qu'il y a dans ces expériences quelque chose qui se détache en quelque sorte de l'événement pour devenir une réalité à part entière, et dont la preuve d'existence nous est fournie par la souffrance même qu'elle nous inflige : précisément, *le temps.* Oui, le tic-tac de cette horloge, s'il devient obsédant c'est qu'il ne se contente pas de mesurer, de nombrer, de compter, les instants de l'événement qui se déroulerait en quelque sorte en dehors de lui : il existe, il m'affecte, il devient insupportable, et il en est de même de cette date, de ces secondes, de ce mot : « live », qui s'affiche sur les écrans de cette télévision lorsque les tours s'effondrent « en direct », et combien cela s'est généralisé depuis, presque à chaque instant, sur tous les écrans du monde. La souffrance de ce tic-tac, c'est l'indice d'une réalité en soi. Quoi que ce soit, ce n'est pas le mystère que disent les philosophes, c'est une réalité, en effet, puisqu'elle nous affecte. Mais quelle est cette réalité en quelque sorte indépendante du temps, qui semble surgir ou du moins apparaître, sauter aux yeux, entre toi qui tombes et moi qui te regarde, entre les avions et ma vie ? Quelle est cette réalité qui nous affecte au point que, même lorsqu'elle est fabriquée ou manipulée, par exemple dans la fiction humaine, dans tous les « suspenses », ce n'est qu'une preuve de plus de sa puissance, puisqu'on cherche à la reproduire et à nous tenir en haleine par la force de ce temps réel qu'on nous met sous les yeux dans les chaînes, elles aussi en continu désormais (et c'est un signe ou peut-être le signe des temps), du « *live* » ? Ce temps qui se décolle des événements, de quoi est-il fait ? Pourquoi nous ébranle-t-il ainsi ? Qu'est-ce que cela nous apprend non seulement du cœur de nos vies, qui semble ainsi apparaître au grand jour, mais aussi des enjeux de notre époque, où cette expérience se généralise, pour le meilleur et pour le pire ? C'est bien la question.

Mais il y a autre chose encore et qui saute aux yeux dans ce « temps réel » que nous invoquons non seulement avec souffrance mais avec une sorte de fierté (lorsque l'événement du moins ne nous a pas affecté au point de nous détruire), même si elle est encore mêlée de peur, et au minimum d'un léger frisson. Et cet autre aspect, non moins important et réel, c'est en quelque sorte l'inverse du précédent, même s'il ne l'annule pas !

C'est que ce temps qui se détache de l'événement, intermédiaire, mais bien réel, eh bien justement ce qu'il fait aussi c'est de nous *relier*, de relier *nos vies réelles*, pour le meilleur et aussi pour le pire.

Car ce temps réel dont nous parlons, ce n'est pas seulement celui de l'horloge, même si son tic-tac n'a rien d'une fiction, ce n'est pas non plus le mien seulement, « mon » temps, c'est indubitablement le temps de *ce qui* se passe, ou plutôt le temps *de quelqu'un*, le temps de celui ou de celle *à qui* cela arrive ! C'est *toi* qui tombes, encore bébé de quelques mois à peine, de ce canapé. C'est *vous*, ombres où je finis par distinguer des corps, qui sautiez de ces tours. Ou *vous*, encore, qui vous succédez sur cet écran pour tirer des penaltys décisifs dans cette finale de coupe du monde de football. Ce sont ces moments de vos vies que je crois et que je sais vivre en temps réel dans la mienne, précisément parce que, dans ce tic tac qui les accompagne, ils m'échappent en quelque sorte totalement, tout en s'imposant à moi non moins totalement. C'est le temps réel de celles et de ceux qui vivent l'événement et que nous revivrons avec eux, par exemple le visage effaré de Jackie Kennedy attirée à l'arrière de la voiture où son mari vient d'être touché par une balle et que des millions de téléspectateurs ont vécu au point de pouvoir dire ce qu'ils faisaient à ce moment-là et, comme on dit, c'est resté.

Mais ce temps réel ce n'est pas seulement le tien ou le vôtre, c'est aussi le mien, pendant que je le vois et que, en un sens encore mystérieux je dis que je le « vis ». Car c'est cela que je veux dire, même d'un événement collectif et lointain, lorsque je dis avec une sorte de fierté angoissée que je l'ai vécu « en temps réel » car il va définir ma vie et me relier à l'histoire. Ce temps qui se détachait de l'événement et venait cogner à nos tempes comme une réalité en soi, voici qu'il est aussi un lien, presque une colle, qui fait adhérer l'un à l'autre deux temps non moins réels que lui, celui de l'événement et du témoin, de celles et de ceux qui d'un côté comme de l'autre, le « vivent ». Et cela peut arriver parfois chez un même individu, curieusement dédoublé, dans le cas par exemple d'un événement dont je n'ai pas été seulement spectateur mais acteur, et qui finit bien, car cela arrive, heureusement, aussi. Ainsi, je revis ce moment où j'ai pu agir et intervenir en temps réel et te retenir de descendre sur ce quai désert du métro de New York où celui qui était manifestement un agresseur venait de nous attendre ; voyant que nous ne descendions pas, il est remonté dans le wagon ; et quand la sonnerie a presque fini de retentir je t'ai entraînée sur le quai, où il n'a plus eu le temps de nous rejoindre, comme dans un film. Alors je suis à la fois celui qui a agi et celui qui revit cette action, et je ressens deux fois cette morsure du temps surgissant de l'événement même. Je me relie ainsi, aussi bien à des inconnus et à toi, qu'à moi-même. Et c'est cet étrange lien, donc, qui fait que nous disons avec cette étrange fierté (sauf si l'événement nous a détruits, insistons-y) que nous « avons vécu » cet accident ou cet attentat « en temps réel ». « Je l'ai vécu en temps réel » : n'est-ce pas aussi le ciment de nos vies communes et comme la condition de l'histoire, non pas seulement la simultanéité de nos horloges, même si elles n'ont déjà rien d'indifférent, mais le partage du temps et la définition du *contemporain* ?

Oui, cela est vrai. Le temps surgit comme une réalité indépendante.

Et il nous relie comme autant de vies réelles. Pour le meilleur et pour le pire.

Mais dès lors, il y a ici une alternative.

Pourra-t-on s'appuyer sur la dimension relationnelle du temps réel pour lutter contre ses effets douloureux qui sont peut-être aussi une chance, le signe que l'on peut agir, qu'il reste du temps ?

Ou bien au contraire cette dimension relationnelle ne sera-t-elle qu'un danger de plus, offrant leur chance à tous les pouvoirs et toutes les manipulations, qui se serviront bien sûr de cette puissance, de cette relation et de cette fascination temporelles ? Et même parfois pour introduire le doute sur ce temps réel, nous obligeant à une critique et propageant aussi le soupçon. Dire que j'ai vécu en temps réel l'attentat du 11 septembre 2001 comme d'autres parlent de l'assassinat de JFK, ou d'autres événements majeurs, est-ce une dimension et le signe d'une histoire commune, ou n'est-ce pas une fiction augmentée par des récits collectifs et quelque chose comme une illusion ou une manipulation entretenue et sans réelle portée ? Avons-nous vraiment vécu cet événement, a-t-il eu lieu, qu'en savez-vous ?

C'est bien là le risque et on voit comment le pouvoir du temps réel s'étend du cœur de nos vies les plus intimes jusqu'aux pointes les plus politiques de notre histoire.

Et si c'est déjà vrai d'un événement exceptionnel, encore une fois, combien ce le sera aujourd'hui, où cette expérience semble se répandre en continu et quoi qu'on fasse.

Qui l'emportera donc, dans cette alternative temporelle qui n'est pas secondaire, mais première, pour les humains, et qui n'est pas individuelle seulement, mais relationnelle, pour le meilleur et pour le pire ?

C'est ce qu'il faut savoir, et pour cela il faut revenir sur chacune de ces deux dimensions.

Mais, avant même d'y revenir, il y a une dimension plus simple et plus radicale encore qui les précède, et qui permet de comprendre la tension profonde qui anime cette expérience et, avec elle, toute la vie humaine.

## UNE EXPÉRIENCE VITALE — ET MORTELLE

Cette première dimension, c'est la dimension *vitale* de ces événements, dont nous disons que nous les vivons, en temps réel.

Car on ne dit jamais qu'on a vécu en temps réel un événement indifférent à notre vie : on le dit seulement pour des événements importants, graves, dans et pour notre vie, et plus souvent pour la vie de tous, ce pour quoi justement on parle d'événements historiques, c'est-à-dire importants et qui font date.

Mais « important », « grave », ce n'est pas assez dire.

Ce qu'il faut dire d'abord, c'est que ces événements ne sont pas vitaux seulement parce qu'on les a « vécus », mais bien plutôt pour la raison contraire : nous disons que nous les « vivons » ou que nous les avons « vécus », *parce qu'ils sont vitaux*, parce qu'il s'y joue quelque chose qui concerne notre vie, dans sa tension *avec la mort*, quelque chose qui se passe, *entre la vie et la mort*.

Nous ne les « vivons » pas seulement au sens faible du mot, presque synonyme de voir ou ressentir (« comment l'as-tu vécu ? », « ça sent le vécu »), mais bien au sens vital, je veux dire de leurs effets sur nos vies, positifs ou négatifs, mais jamais neutres et qui peuvent être si graves que, quand nous les revivons même, nous retenons encore notre souffle, incapables presque de respirer. Tel est le combattant qui attend des nouvelles de la guerre et du front dont il est loin ; ou l'amant qui attend des nouvelles de l'être aimé ; et lorsqu'ils revivront même la libération ou la délivrance, ce sera encore avec le sentiment qu'ils ont vécu « quelque chose » à l'extrême d'une chose en effet, dans ce temps « réel », presque opaque même dans sa « réalité », entre la vie et la mort.

Sans cette dimension vitale, comment comprendre l'intensité temporelle et relationnelle de ces événements et de ces expériences et surtout lorsque, comme aujourd'hui, ils se généralisent ?

C'est cette dimension vitale, toujours, qui est première, et sur quoi joueront même les plus ridicules ou dangereuses manipulations des événements, de ce « live » qui (et certes pas par hasard !) apparaît aujourd'hui, avec tant d'insistance sur tous nos écrans !

Si je me rappelle encore aujourd'hui avoir vécu avec sidération tel ou tel événement en train de se dérouler, et parfois sans pouvoir rien « y faire », par exemple cette chute qui se déroule encore aujourd'hui pour moi au ralenti alors qu'elle a pris une fraction de seconde il y a tant d'années, ou ces avions qui percutent une tour puis une autre, c'est pour cette raison : c'est comme si j'avais vu, en temps réel, se faire la *bascule* entre la vie et son contraire, de manière ensuite irréversible, cette bascule qui nous rappelle à la fois et dans le même instant que la vie est réelle *et* temporelle, et l'on peut dire réelle *donc* temporelle, temporelle *donc réelle.*

Tel est le premier aspect du temps ici, qui nous fait moins souffrir d'abord en lui-même que bien sûr par ce qu'il nous révèle ou nous rappelle brutalement : le fait que « la vie », cela n'existe pas, en tout cas pas comme un fait donné ou une propriété éternelle.

Car « la vie » est intrinsèquement et intégralement temporelle : elle consiste, intégralement, dans une continuation menacée par une interruption, et donc elle n'est pas un fait mais un acte, et toujours menacée par son contraire, donc par la mort. On ne vit « en temps réel » quelque chose que si, à des degrés divers, on est replongé dans cette réalité-là. Chaque événement que l'on nous transmet en « live » veut nous prouver son importance vitale par l'enjeu mortel qui est au fond le critère ultime. Tous n'en relèvent pas, bien sûr, et ce sera l'objet d'un soupçon sur lequel on reviendra. Mais tous doivent y prétendre, et le commentateur de la finale de Coupe du monde est là, avec ses cris, pour nous prouver que l'enjeu est capital et en fait vital. Et il en va de même pour la télé dite « réalité » qui prétend toujours être un jeu de vie et de mort et qui parfois le devient, bien sûr, « pour de vrai » tant le réel, la vérité et la polarité entre la vie et la mort ont quelque chose d'inséparable, même quand on cherche à les parodier ou à les défigurer.

Quoi qu'il en soit, il faut insister sur ce premier point, car c'est lui aussi qui se généralise aujourd'hui dans ce que nous devons bien appeler le « moment du vivant » que nous vivons, et où se multiplient les événements collectifs qui nous frappent par l'irruption soudaine de l'alternative la plus profonde : entre la vie et la mort.

Un tel moment, ce n'est plus celui de tel ou tel événement exceptionnel, mais d'une succession de crises durables ayant toutes le même effet vital, temporel et relationnel : la crise climatique qui nous plonge dans l'incertitude sur l'avenir, ou de façon sidérante la pandémie de coronavirus par son changement permanent en direct. Là, les événements sont clairement vitaux ou, plus exactement, la dimension vitale déborde de « l'événement », pour définir l'époque, d'une façon peut-être inédite mais aussi insupportable.

Ce serait le cas, en tout cas, si l'on devait s'en tenir à cet enjeu vital immédiat, comme s'il nous tombait dessus sans aucune distance.

Mais est-ce bien ce que cherche à signifier cette expression même sur laquelle nous réfléchissons ici : « en temps réel » ? N'y a-t-il pas dans chaque événement ainsi « vécu » une double distance, temporelle et relationnelle, qui redouble sa souffrance mais qui peut aussi nous permettre d'y résister ?

C'est bien ce qu'il nous semble et il faut revenir sur chacune d'elles : la dimension temporelle, donc, et la dimension relationnelle, dans ces événements vitaux, pour le meilleur et pour le pire.

## UNE EXPÉRIENCE TEMPORELLE — ET SA DOUBLE PEINE

De fait, l'enjeu central ici, inséparable de l'enjeu vital, c'est celui-ci : *le sentiment du temps, en tant que tel*, qui apparaît justement dans l'urgence vitale, lorsque tout n'est *pas encore* joué.

C'est comme une apparition du temps.

Je veux dire, une prise de conscience soudaine, explicite, constante, obsédante, d'un temps qui auparavant était bien là, sans doute, non moins réel sans doute, mais caché, implicite, continu, insensible et sans doute aussi heureux, sans prendre conscience de lui-même, heureux peut-être, qui sait, pour cette raison même.

Or, imaginez une « urgence » vitale.

Avec le danger, surgit l'horloge.

Impossible de les séparer. Le mot même, urgence, les unit, en français et sans doute dans toutes les langues. Ce mot dit à la fois la blessure qui s'écoule et le temps, qui s'écoule aussi, dont on prend conscience. On entend le souffle qui s'aggrave ou le cœur qui bat, et tout à coup dans le même mouvement le tic tac qui retentit, et le cœur qui, à nouveau, bat, plus fort. Il bat deux fois, c'est comme une double souffrance ou une double peine.

Mais n'exagérons-nous pas ?

Non.

Au contraire, notre thèse est plus radicale et plus générale car elle va au-delà de cette expérience et de cette évidence de l'urgence qu'on dit à bon droit vitale (ou mortelle).

Nous soutenons que, dans tous les cas, lorsque le temps *apparaît*, c'est-à-dire est représenté consciemment par les humains dans son déroulement et sa mesure, dans l'horloge ou le chronomètre, il apparaît non pas seulement pour être connu ou mesuré, d'une manière abstraite, théorique ou scientifique, ni même seulement (comme disait déjà Bergson) pour les besoins de notre action, mais avec un sentiment bien spécifique qui est toujours négatif, qui est toujours *une souffrance.*

Nous soutenons aussi que cela renvoie au cœur de la vie humaine, comme une sorte de nouveau degré, de nouvelle puissance, au carré pour ainsi dire, de la polarité vitale de tous les vivants, comme si, dans nos cœurs, la tension entre la vie et la mort se redoublait en conscience passionnée du temps.

Et nous soutenons enfin que la preuve en est, non seulement dans cette souffrance certes générale, dont il faut repartir, mais dans ses degrés extrêmes qui peuvent là aussi aller jusqu'à la mort (quand le temps réel nous pétrifie vivants) et se retourner en source de joie (quand il nous ravit de surprise, fût-ce avec un pincement). N'est-ce pas, dans tous ces degrés, la preuve que le temps est réel, et vital ?

Mais repartons justement de la moindre des expériences, qui nous semble déjà le prouver, avec évidence.

Vous suivez une conférence, ou vous lisez un livre, vous êtes absorbé dans la chose même, bonheur. Vous commencez à regarder votre montre : ennui, et qu'on dit, sans savoir pourquoi cela peut être juste, précis et profond, « mortel ».

Qui a commencé ? Est-ce la négativité du livre, ennuyeux, raté, ou de la conférence, pesante, ou bien est-ce le regard sur l'horloge, qui tout à coup distrait, détache, rejette ? On ne sait, mais c'est justement parce qu'ils sont inséparables.

C'est ce que nous appellerons ici *la double peine.*

Et nous l'énoncerons comme un théorème : à tout danger vital, s'ajoute une souffrance temporelle ; et inversement : toute conscience explicitement temporelle est déjà une souffrance vitale, et peut devenir réellement mortelle.

N'est-ce pas notre condition, aujourd'hui, à l'époque des catastrophes annoncées et dont l'annonce est terrible déjà en elle-même, ou du retour traumatique du passé, qui nous fait souffrir autant par le fait même de son retour que par ce qui revient ? « Quoi, ce passé, encore ? » disons-nous. « Quoi, cet avenir-là, toujours ? » nous écrions-nous.

Comment douter que le temps soit réel ? Il l'est, bel et bien, puisqu'il nous fait souffrir. Bergson avait raison de critiquer la « spatialisation » du temps, au nom des besoins vitaux ; mais il a longtemps pensé que cela nous introduisait dans un temps fictif, irréel, déformé. Que ce ne soit pas le seul temps où nous vivions, oui, certes, il y a le temps où nous vivons sans « le » vivre, sans le voir, sans en souffrir. Mais ce temps que nous vivons consciemment, nous avons bien raison de le dire « réel », puisqu'il nous fait souffrir.

On pourrait douter pourtant, retomber dans les complications philosophiques infinies sur le temps. Qu'est-ce qui est réel, demandent certains : l'événement qui nous tombe dessus, avec sa durée propre, ou bien le temps où nous le situons, et nous avec, et qui passe, entre futur, présent, passé ? Mais comment ne pas voir que *les deux* sont bien réels, justement, *dans leur ordre, à leur place, dans le vivant* ? D'un côté il y a le temps de l'événement, de la chose même, oui ce cœur qui bat et qui pourrait cesser de battre, ce temps qui s'écoule, comment en douter ? Mais d'un autre côté il y a ce cœur encore ou cette conscience affolée qui traduit cela en inquiétude, en représentation douloureuse de cet avenir comme s'il était déjà là, et le passé qui commence à coaguler, et cet « instant hostile » de la mort dont parlait Bachelard devant le souvenir de son propre deuil contre lequel il lutta ensuite avec les armes de la science et de la poésie conjuguées, mais pour cela encore fallait-il l'éprouver dans sa réalité tranchante. Oui le temps est réel, comme dimension du vivant humain et de son inquiétude, comme son inquiétude même. C'est une représentation, direz-vous ? Eh bien qu'est-ce que cela change, ne sont-elles pas réelles, nos pensées ? Ne nous affectent-elles pas, mais enfin de quel droit les excluez-vous de nos vies, alors qu'elles peuvent être aussi mortelles que les blessures de nos corps, et saignent, elles aussi ? On dit que saint Augustin s'interrogeait sur le « mystère » du temps. Oui, certes, mais pas sur sa réalité douloureuse pour l'être humain ! Le moment où il s'interroge, lui, le grand théologien, c'est lorsque cet « écartèlement » temporel le renvoie à la condition humaine, signe que l'humain a perdu le contact avec l'éternité, et en appelle à celle-ci, au-delà de nous. Mais si nous nous en tenions à l'humain, que dirions-nous : eh bien oui, le temps, c'est la représentation douloureuse et bien réelle de l'irréel même, de la mort par exemple, du passé, du futur. Aussi imaginaire soit son contenu, aussi réel est cet imaginaire, pour nous. Il nous réjouit ou il nous brise, et c'est par là aussi qu'il prouvera qu'il est réel, et vital, et mortel, évidemment.

Ainsi, pour nous, vivre « en temps réel », c'est voir le temps surgir comme une réalité qui nous affecte, autant, encore une fois, que l'événement lui-même. Dans l'ennui même, ne disons-nous pas que nous voyons le temps « passer », il est interminable, chaque minute est un supplice, la goutte d'eau ou le grain de sable s'insèrent vraiment dans notre chair.

Mais l'ennui, ce n'est qu'une forme, souvent minime, de cette souffrance temporelle qui vient toujours doubler, comme son ombre, la souffrance vitale. Il y en a d'autres et celle que nous redécouvrons aujourd'hui en continu, comme si elle devenait l'obsession constante, ravageuse de l'époque, c'est celle du basculement devenu constant : *l'incertitude*, consciente et douloureuse au plus haut point pendant cette expérience à cet égard inouïe et constamment relancée de la pandémie. Mais on y reviendra, et encore une fois la question est plus générale et vaut pour tous les événements singuliers de nos vies, dans tous les degrés de cette prise de conscience, et de souffrance, temporelle, du plus mortel et jusqu'à une joie, paradoxale !

Que le temps soit vital, nous l'avons vu, c'est lié au fait même que la vie est temporelle : elle « peut » à tout instant basculer de la vie à la mort.

Mais il est vital aussi en un autre sens : au sens où la conscience du temps, *elle aussi*, peut être mortelle, ou vitale !

Elle comporte elle aussi des degrés, du moins au plus douloureux, ou elle devient mortelle, et nous ne pourrons faire mieux que les esquisser ici.

Mais le moment le « pire » ce n'est certes pas, comme le pensait Heidegger (pour nous éloigner de la vie), la représentation abstraite de cette « possibilité » en elle-même, à l'avenir, à l'horizon !

C'est l'instant où cela « peut » basculer, sur le fil du rasoir, comme une balle dans un jeu qui tombe sur le filet tout à coup heurté, et va basculer d'un côté ou de l'autre, ici du côté des morts ou bien là, du côté des vivants.

Douloureuse incertitude, mais où nous pouvons et devons vivre, avec aussi ses chances. Il y aura là, aussi, un espoir qui surgira dans une distance ou dans un écart avec la menace elle-même, une distance temporelle qui, Bergson l'avait bien vu, est aussi spatiale, avec ce lien intime entre l'espace et le temps qui permet l'action, dans nos vies.

Nous en souffrons, mais c'est aussi parce que nous savons qu'il y a « encore » une chance. Si nous étions complètement « en » temps réel, nous ne nous représenterions pas même ce temps, nous y serions, « dedans », plongés noyés, sans pouvoir respirer, ni agir.

Or, ce temps qui nous fait souffrir, c'est aussi pour nous permettre d'agir. Il y a encore une minute. Tout peut arriver. Arriverons-nous à répondre à l'urgence ? C'est bien sûr la première question. Ce serait bien déjà de répondre à l'écoulement du sang ; mais peut-on aussi répondre à l'écoulement du temps, le transformer sans le nier en action, le « vivre », mais cette fois pleinement ? Ah, si l'on pouvait répondre à l'urgence en éliminant sa cause, en cessant même d'y penser ? Comment faire, si notre époque est tissée de ce rapport au temps, pour reconquérir ce rapport heureux et actif au temps qui seul nous délivrera de cette double peine ? On aura, bien sûr, à y revenir, c'est l'objet, au fait, de ce livre.

Mais les deux extrêmes nous entourent.

Ce sera d'abord, le moment où le temps réel nous tombe dessus et nous pétrifie semble-t-il, à jamais. Je racontais tout à l'heure la chute d'un enfant sur le sol. Même anodine, elle s'est gravée en moi, avec l'acuité redoublée de son enchaînement d'images. Et qu'en serait-il si l'issue avait été plus grave ? Aurais-je survécu ? Oui, sans doute, je serais parmi vous. Mais ne serais-je pas enfermé dans ce que j'aurais alors vécu et que je ne cesserai de revivre ?

À l'inverse, pourtant, la souffrance temporelle peut se renverser. C'est le cas d'une apparition joyeuse, dont je me souviendrai aussi toujours, dont je souffrirai de voir qu'elle est passée, qu'elle passera, mais dont le surgissement me marque encore et pour toujours, comme si la joie pouvait dépasser cette peine qui en nous temporellement l'accompagne, si nous y pensons. Car, si nous y pensons, ce pincement nous rappellera que même dans la joie la plus pure, le revers est là, dans notre conscience explicite du temps.

Il y a pourtant quelque chose à retenir dans ces deux extrêmes, une dernière dimension, qui est tout aussi vitale que les deux autres.

C'est, bien sûr, la dimension relationnelle, le partage relationnel du temps. Car c'est lui, au fond, que l'on oublie le plus souvent dans notre expérience temporelle et vitale. Or, c'est lui, aussi, la source des plus graves dangers, des manipulations par exemple, mais aussi des plus grandes ressources et des plus grandes joies.

## UNE EXPÉRIENCE RELATIONNELLE — ET AMBIVALENTE

Il y a en effet quelque chose d'autre qui est frappant lorsque nous disons vivre ou avoir vécu un événement « en temps réel ».

Qu'il s'agisse d'un attentat terroriste, d'une finale de Coupe du monde de football, ou d'une annonce politique nationale ou internationale (par exemple instituant le « confinement » national en France le 14 mars 2020), tout se passe comme si l'importance de l'expérience et son intensité temporelle étaient telles, qu'elles en viennent à masquer la *relation* qui la caractérise aussi, qui est même sa dimension la plus cruciale pour le meilleur et pour le pire.

La preuve en est que, bien souvent, on la retrouve, plus intense encore, mais sur le mode brutalement inversé de la critique ou du soupçon, comme si la fascination s'inversait ! On passe d'un extrême à l'autre. Après y avoir « collé », y avoir « cru », voici qu'on ironise, qu'on soupçonne, on dit, on déclare, qu'on ne nous y « prendra » plus, ou pire encore. « On » veut nous faire croire que la relation est « en direct », « live », sans distance, dans le temps comme dans l'espace. Et ensuite « on » doutera de ce « on » : qui est-il et pourquoi a-t-il intérêt à cette fascination ? Ainsi surgit la question fondamentale qui, on le voit, n'est pas celle de la réalité ou de l'illusion de cette expérience, car elle existe bien, mais de son usage, entre les humains. Ne critiquons pas directement le temps, ou le présent réel, mais certains de ses usages. Et défendons-en un autre ! En commençant par admettre en effet la réalité de cette relation et de la dimension relationnelle du temps et de la vie en général.

De fait, nous l'avons déjà dit, il n'y a jamais dans ce « vivre en temps réel », et *même dans sa dimension temporelle*, une expérience de « coïncidence » pure, sans aucune distance ou différence. Au contraire, regardons-y bien : lorsque nous disons vivre ou avoir vécu « quelque chose » en temps réel, nous savons bien qu'il s'agit d'une relation *entre deux temps réels.* Il y a le temps où se passe l'événement, et plus encore le temps *de* celles et de ceux *à qui il arrive*, ce footballeur qui va tirer un penalty décisif, et que je regarderai des dizaines de fois avec le même suspense haletant. Et il y a bien sûr « mon » temps, non moins, réel, le temps où je regarde cet événement, *où je le « vois »* et où je dis, tant il entre dans ma vie que, justement, je le *vis*. Vivre quelque chose en temps réel c'est toujours aussi une expérience relationnelle. C'est cette dimension relationnelle que nous masquent toujours en partie, et pour de bonnes raisons, l'importance vitale de l'événement et son intensité temporelle presque oppressante et elle aussi bien réelle !

Mais cette dimension relationnelle pose surtout une autre question essentielle ou plutôt vitale, et à nouveau mortelle, celle de son usage dans les relations humaines !

Ils iront, là aussi du plus positif au plus négatif, sur le fond de cette expérience douloureuse du temps réel, entre les humains.

Ainsi faut-il commencer par le soin, qui peut remettre en mouvement presque jusqu'aux pires épreuves du temps réel (ou du réel temporel, qui nous est tombé dessus, rappelons-nous). Ainsi dans la thérapie peut-on nous aider à « revivre » autrement ce que nous revivons si douloureusement, et ainsi à accéder à un autre revivre (mais à condition de repasser d'abord par ce temps réel aussi douloureux soit-il).

Il y a aussi la fiction, le récit, sur lequel insistait à raison, mais à l'excès sans doute Ricœur, car cela doit se généraliser à toute l'expression humaine, à l'art, tout entier, qui est une expérience temporelle réelle et qui en effet « reconfigure » notre expérience du temps, en est un usage libre et créateur entre nous.

Tout cela est fondamental. Mais il y a aussi les usages destructeurs et d'abord ceux qui loin de nous en libérer vont jouer, reproduire, démultiplier la fascination possiblement mortelle du temps réel !

Qu'il y ait là un risque bien réel, c'est tout à fait certain et cela redouble même le risque de l'urgence aujourd'hui ! Aujourd'hui où l'urgence se généralise, vont se généraliser aussi, bien sûr, la manipulation et la concurrence des urgences, ainsi sur nos écrans de télévision ! Il faudra y revenir, puisque c'est le danger le plus grave du moment. Mais on doit déjà en dire un mot, et ce mot n'est-il pas révélateur que cela soit justement celui-ci, le « live » ?

La forme que prend cette généralisation aujourd'hui nous fait sentir son danger : c'est justement la forme d'une généralisation de l'exceptionnel, sous son aspect temporel et précisément sous le signe de ce « vivre en temps réel ».

Il suffit en effet de penser à cette concurrence constante des événements qui nous sont signalés comme « en train » de se dérouler et qu'on nous invite à vivre en temps réel en se servant même de cet étrange mot apparu en Anglais et adapté dans toutes les langues et présent sur tous les écrans : « live ».

« *Live* », « en *live* », « direct » ou « en direct » : voici donc ce qui ne fait plus irruption ou intrusion de manière exceptionnelle sur nos écrans, mais d'une manière désormais presque constante qui, cependant, continue à se manifester comme exceptionnel. C'est à qui sera le plus « *live* » de tous. Et bien sûr la quête du « *scoop* », de la « nouvelle » et la volonté de nous tenir haletants devant son suspense en cours, cela n'est pas nouveau. Mais ce qui est nouveau c'est plutôt que cette irruption se généralise sans cesser d'être une irruption ou une intrusion dans nos vies, en continuant donc, paradoxalement, de se présenter comme le signe d'un événement à chaque fois exceptionnel.

Il existe donc bien ce que François Hartog appelle avec profondeur le « présentisme »[1] : cette fascination pour un présent que l'on ne situe plus dans le temps d'une histoire et qui nous interdit toute action. Mais il n'est que l'usage destructeur d'un présent vital qui est, quant à lui, le signe réel de notre condition et qui est susceptible d'un autre usage, non pas destructeur, mais réparateur et même créateur. Il ne faut pas confondre l'expérience du temps réel, du présent réel, qui relie nos vies réelles, qui définit un moment nouveau d'une histoire, une relation, le contemporain, et la diversité de ses usages possibles, qui comprend en effet les pires dangers, que François Hartog a raison de dénoncer. Ce n'est pas parce que le moment du vivant est intrinsèquement fondé sur l'expérience et les dangers du présent

1. Voir notamment son dernier livre : *Chronos. L'Occident aux prises avec le temps*, Gallimard, 2020, Bibliothèque des histoires.

que celui-ci devient fatalement le présentisme obsessionnel. Il peut au contraire devenir un moment partagé. C'est l'alternative cruciale de l'époque, que l'on retrouvera plus loin.

De fait est-il sûr, insistons encore, que cette dimension relationnelle soit seulement une distance, un spectacle, un piège, à opposer radicalement à cette impression, dans notre vie, d'un contact et d'une relation réelle ?

J'ai bien l'impression d'avoir vécu en temps réel ta naissance, ou notre rencontre, ou même cet événement politique commun, et la façon dont ses acteurs eux-mêmes le vivaient, l'annonçaient, le partageaient, par exemple la chaleur ou la froideur, avec laquelle un responsable politique annonce une catastrophe médicale ou un attentat, ou les larmes des victimes ou la joie aussi des acteurs lorsque par exemple un mur tombe et là aussi, parfois, « en direct ».

Était-ce donc une illusion ?

Non.

Cette relation, bien réelle, avec ses risques comme toute relation humaine, de manipulation, d'abus, mais aussi ses chances, de partage, de participation, d'action, de lien avec toutes les autres dimensions de nos vies, tout cela existe bien. C'était, aussi, une merveille, une fascination en quelque sorte libératrice, de le voir et de le vivre, ou de le « vivre », d'un coup, aux deux sens du mot.

Vivre en temps réel, ce n'est donc pas un vain mot. Ce n'est pas seulement une expérience psychologique douloureuse, rare en principe et qui ne se généraliserait que par une manipulation dangereuse.

Tout au contraire, cette généralisation elle-même, sous le signe du « présentisme » et du « live » nous montre une importance vitale et historique — qu'il ne faut en rien sous-estimer.

Ce n'est pas le lieu d'aller plus loin sur la question générale et si l'on veut philosophique du temps, puisqu'il convient maintenant de parler de notre temps. Mais soulignons quand même ce qui s'impose ici : le temps est réel, quand il nous apparaît, avec ses effets sur nos vies, et nos vies aussi sont réelles lorsqu'il les relie. Ainsi la simultanéité de nos vies est une réalité, et Jankélévitch déjà, ajoutait à la pensée de Bergson ce lien réel entre les « durées » à travers la réalité (refusée par Bergson) de l'instant. Leur débat serait bien sûr essentiel à reprendre.

Mais ce n'est pas encore le « contemporain ». Car ce qui définit le contemporain, c'est le sens, l'enjeu de cette relation temporelle. De quel côté ira la relation entre nos vies ? Faudra-t-il attendre le dénouement de « l'histoire » pour savoir ce que veut dire l'expérience « en temps réel » de la pandémie comme d'avoir vécu l'assassinat de JFK ou l'attentat du 11 septembre ? Il est vrai de dire que ces expériences exceptionnelles, comme les accidents dans nos vies, prendront sens après coup par le récit et la bataille pour le sens du contemporain.

Mais aujourd'hui il en va autrement. C'est « en temps réel » que nous devons définir le contemporain. Cela ne veut pas dire céder au « présentisme ». Cela veut dire au contraire que l'on y résiste pour construire autrement ce moment présent qui est bien le moment du vivant et de la justice que nous évoquions déjà au terme d'un essai sur la philosophie contemporaine. Oui, ce moment qui n'est toujours pas joué, mais qui ne peut pas attendre un après-coup éventuel pour se décider, et auquel il faut maintenant venir, pour de bon.

# II

## Généraliser l'urgence ? Le tournant de la pandémie

Chacun sent que l'événement que nous sommes en train de vivre, la pandémie de Coronavirus, change ou révèle quelque chose d'essentiel. Chacun sent qu'elle pousse à une limite extrême l'expérience de vivre « en temps réel » dont nous venons de parler. Chacun sent aussi que cette expérience temporelle est au cœur de cet événement, du problème qu'il soulève, des réponses qu'il faut y apporter. Chacun le sent, mais comment et pourquoi est-ce exactement le cas, et comment décrire cette expérience sans s'y tromper ?

Car il y a deux manières de la comprendre et, si l'alternative est simple à décrire, elle est capitale à comprendre.

Ou bien nous vivons la pandémie comme n'importe quelle autre expérience « en temps réel » : avec son enjeu vital, sa dimension relationnelle et, au fur et à mesure qu'elle se déroule et se prolonge, le sentiment subjectif, conscient et douloureux, du « temps ». Tout cela, avec seulement plus d'intensité que d'ordinaire. La pandémie serait un événement du même genre, dans le temps en général, avec la conscience douloureuse que celui-ci suscite en nous, mais seulement plus intense et pour ainsi dire plus vaste, dans l'espace, d'ailleurs (mondial), aussi bien que dans le temps lui-même (particulièrement étendu). Mais tout cela aurait lieu dans un seul ordre, ce « temps » où nous situons donc la pandémie dans nos vies et dans notre histoire, sans les bouleverser plus en profondeur.

Ou bien, au contraire, la pandémie serait un événement si singulier, dans la manière dont nous la vivons « en temps réel », dont elle affecte notre rapport au temps, qu'elle le ferait en quelque sorte *éclater* en directions d'abord contradictoires. Elle ne serait pas alors un événement parmi d'autres, mais un événement d'un autre ordre que les autres, et qui signale, précisément par ce rapport éclaté au temps, quelque chose comme un changement d'époque, appelant donc des réponses tout à fait différentes, pour prendre en charge cette expérience temporelle singulièrement ébranlée et douloureuse. Une dimension temporelle qui dès lors, ne serait pas une dimension secondaire, entre ses dimensions vitales et relationnelles, ou biologiques et politiques, mais plus que jamais une dimension essentielle pour penser et aussi pour affronter les unes et les autres.

Il nous semble, quant à nous, que tel est le cas et qu'il faut aller dans le sens d'une différence non seulement de degré mais d'ordre ou de nature, entre cet événement et les autres. Une différence qui atteste en direct, c'est le cas de le dire, un changement d'époque, aussi bien dans les questions que dans les réponses qu'il faut y apporter.

Il nous faut donc, avant d'apporter (dans l'étape et le chapitre suivants) les réponses que nous croyons nécessaires, justifier d'abord l'hypothèse de cette singularité extrême, mais en même temps révélatrice, qui serait celle de l'expérience temporelle de la pandémie, dans l'époque que nous vivons.

Qu'est-ce qui fait cette singularité ?

Ce n'est pas, selon nous, la simple généralisation d'une expérience temporelle unique que l'on pourrait ramener à une seule catégorie, par exemple et en particulier celle de l'urgence prise en un seul sens et étendu à tous les domaines, même s'il est tentant de décrire cette pandémie à travers la généralisation de cette « urgence ».

Ce qui fait cette singularité, selon nous, c'est plutôt la manière extrême dont cette extension de l'urgence se fait sentir bien sûr, mais d'abord dans trois directions temporelles différentes et même contradictoires entre elles, et réellement *éclatées*, auxquelles on ne pourra donc pas répondre sur un plan unique, comme il est tentant de le croire !

Ainsi, l'expérience de la pandémie conduit à une alternative claire et fondamentale non seulement quant à sa nature mais quant à la réponse à y apporter.

Comme nous tenterons de l'indiquer dans la partie suivante dont ce sera la proposition majeure, il y a *deux* façons d'étendre l'urgence vitale que nous vivons aujourd'hui et la différence entre les deux est l'enjeu capital pour tout le moment que cet événement cristallise.

Il nous faudra opposer une extension unilatérale de l'urgence à une tout autre approche : une articulation de l'expérience douloureuse et certes indéniable de l'urgence avec *toutes* les dimensions du temps qu'elle ébranle aujourd'hui, et qui ne se déroulent pas sur un seul plan, mais dans toutes les directions de la vie et de l'histoire humaine !

On peut déjà le dire, les deux réponses morales, sociales, politiques, qu'il faudra opposer, consisteront dans *deux traitements de l'urgence*, l'un qui écrase tout sur elle, l'autre qui la relie, sans la dénier, à toutes les autres dimensions du temps révélées et en quelque sorte feuilletées dans cette expérience même, et que nous ramènerons à trois principales.

Car la pandémie se traduit par un éclatement de la vie, « en temps réel », dans les trois dimensions en effet différentes et contradictoires, selon nous, de la *durée* (de l'événement lui-même qui s'étend et qui dure), de *l'instant* (constamment changeant) dans cet événement et *de l'histoire* (au-delà de cet événement et rejoignant tous les autres).

Que cet événement nous donne le sentiment douloureux d'une longue voire interminable durée, d'un changement permanent et d'une conjonction inexorable avec les autres événements de l'époque dans tous les domaines, comment ne pas y voir une contradiction mais aussi une indication, sur les réponses à y apporter ?

Mais encore une fois : n'allons pas trop vite.

Car il faut décrire d'abord ces trois expériences temporelles extrêmes que nous vivons « en temps réel », pour dépasser le risque de leur réduction à une seule et même urgence généralisée. On pourra ensuite proposer d'autres réponses. Celles-ci ne seront pas seulement des réponses négatives, en quelque sorte par défaut et dans l'urgence, même si elles en gardent en quelque sorte de cette urgence la morsure et la nécessité. Elles pourraient bien aussi être positives dans l'urgence *et* « dans la durée », si du moins l'on ne se trompe pas sur celles-ci, et donc sur le diagnostic de ce qui nous arrive, ses causes profondes et la manière dont nous le ressentons *subjectivement*, à travers notre expérience *temporelle*. Cette expérience temporelle qui, encore une fois, n'a rien de secondaire, mais qu'il faut prendre plus encore au sérieux que l'on ne croit, dans cette période où elle est enfin passée au premier plan ! Comme si cette épreuve pouvait être vitale, sociale, politique, sans passer par une dimension subjective qui est d'ailleurs collective et relationnelle, autant qu'individuelle et personnelle.

Suivons donc tour à tour ces trois dimensions du temps réel aujourd'hui : la durée de cet événement, son incertitude, et enfin son lien, au-delà de sa durée propre, avec un temps plus long encore et les autres « catastrophes » du moment, avec l'histoire du monde ou de la vie, avant de venir à l'alternative pratique et elle-même urgente à laquelle elles conduisent !

## UN ÉVÉNEMENT QUI DURE LONGTEMPS

Ce qui caractérise le tournant que nous sommes en train de vivre, avec la pandémie de Coronavirus, ce n'est pas une multiplication d'événements urgents dans tous les domaines, ce qui certes nous donnerait déjà le tournis.

C'est d'un autre ordre.

On peut le caractériser d'une manière simple.

C'est le fait que nous ayons le sentiment de vivre un événement vital, médical ou sanitaire, unique et global qui plus est, qui surtout et tout à la fois est *urgent*, et se prolonge et cela sur une certaine *durée*, ce qui semble redoubler la sidération, temporelle que produit déjà sur nous son urgence.

Il semble facile de le dire ou de l'écrire ainsi : voici, c'est un événement un peu long, vous voyez, comme certaines guerres que l'on résume par leur durée, on dit d'un air léger « 14-18 » en résumant quatre ans en quatre chiffres et un tiret, on dit déjà un peu moins légèrement « 39-45 » et en remontant dans l'histoire on parle de guerres « de trente ans » (et elle déchira l'Europe) ou de guerre « de cent ans » et c'est vite dit.

Nous découvrons en fait, aujourd'hui, la singularité de cette expérience en quelque sorte de l'intérieur cette fois, et nous comprenons « ce que cela fait » de vivre chaque instant d'une telle interminable et unique durée, et cela fait « drôle », c'est déjà une souffrance qu'il faut décrire, même si elle semble assez légère, dite ou racontée ainsi, après coup, un peu comme si nous en étions les spectateurs.

Mais, nous le savons désormais, vivre un événement en temps réel n'est jamais une expérience neutre. Ce n'est pas un « spectacle ». Et surtout lorsque l'événement, comme on le dit là aussi d'une manière si légère, « dure ». On n'insiste pas souvent sur ce mot. Mais ne voit-on pas son sens, son défi, son enjeu ? Il est simple à résumer : on fait comme si la durée d'un événement *ne le transformait pas* de l'intérieur dans sa nature même, pour le meilleur ou pour le pire, mais en tout cas jamais de manière neutre et indifférente ! Comme si sa durée ne pouvait et ne devait pas, l'aggraver ou permettre aussi de l'apaiser voire d'y répondre, mais en tout cas agir sur lui et en changer le sens. Et comment ne serait-ce pas encore plus vrai si cet événement, *tout du long*, pour ainsi dire, gardait son urgence vitale, en raison d'abord de l'absence de solution immédiate ou magique à lui apporter. Mais alors ne voit-on pas que les deux forces du temps se conjuguent, son urgence vitale et la souffrance qui va avec, et sa durée profonde avec les transformations qu'elle implique, pour le meilleur et pour le pire ? Ne voit-on pas l'impossibilité de rester indifférent devant la transformation temporelle de l'urgence elle-même et du sens qu'elle peut prendre pour les humains ? L'urgence n'échappe pas à la durée, elle se transforme avec le temps et ne se contente pas de simplement « s'étendre » comme si on la voyait du dehors. Mais il est vrai aussi de dire que la durée n'échappe plus à l'urgence, et que notre vie individuelle et collective se transforme, dans de tels événements vitaux et durables, sous le signe de l'urgence et de son changement de sens, avec ce qu'il nous impose, comme alternative, de l'intérieur même de son déroulement et donc, c'est plus que jamais le cas de le dire, « en temps réel ».

Mais revenons un instant sur chacun de ces points, le sentiment étrange d'abord, mystérieux, pénible déjà, de cet événement qui se prolonge, mais aussi le double destin que cette durée même recèle, et qui certes ne doit pas nous laisser indifférent, puisqu'elle comporte même pour nous, de l'intérieur quelque chose comme un choix, et non seulement une occasion, mais une obligation. Un choix, une occasion, une obligation qui surgissent, Jankélévitch après Bergson ne nous l'avait-il pas assez dit, de la durée elle-même, mais d'une manière qu'aucun des deux sans doute n'avait ainsi décrite (car la durée bien sûr devient elle-même douloureuse ici, lorsqu'elle prolonge une urgence vitale, même si elle continue d'offrir la ressource d'un choix ou d'une obligation pour nous qui « en » sommes, et qui certes ne sommes pas seulement spectateurs, comme au cinéma).

Et certes il est paradoxal de vivre cet événement qui se prolonge et qui, à l'heure où nous écrivons, est déjà décrit comme « interminable », comme si on risquait de n'en voir jamais « la fin ».

On comprend pourquoi ce paradoxe nous saisit.

On croit toujours qu'un événement est quelque chose de soudain, en tout cas de bref ou de rapide. Comment un « événement » pourrait-il durer ? N'est-ce pas une contradiction dans les termes ? N'appelons-nous pas « événement » le contraire même de ce qui dure ? Justement ce direct, ce « live », qui prétendent à l'instantané, ne nous livrent-ils pas l'essence même de notre idée de l'événement et ce qu'a donc de paradoxal, de douloureusement contradictoire l'idée d'un événement prolongé voire celle (presque insupportable) d'un événement *interminable* ?

Dans le domaine médical, cela semble bien connu : n'est-ce pas ce qu'on appelle la maladie « chronique », par opposition à celle que l'on dit « critique », la première n'étant pas temporaire mais au contraire durable et même incurable, et la seconde en revanche ayant un début, un milieu et une fin, dans un temps limité, compté, le plus court possible, au sein de notre vie ?

Oui, mais justement, ici, ce n'est ni l'un ni l'autre. La pandémie de Coronavirus pourra peut-être devenir un jour « chronique » comme d'autres terribles épidémies (la grippe par exemple ou le Sida). Mais cela voudra dire qu'on a réussi, sinon à l'éliminer et à la guérir, du moins à la *contenir*, comme nous le montrions déjà dans un ouvrage sur *Les maladies chroniques de la démocratie*. Elle ne serait plus (ou du moins plus de manière générale ou massive) *mortelle*, et nous savons que c'est ce danger qui définit à proprement parler *l'urgence*. Or la pandémie restera critique tant qu'elle sera mortelle au moins en ce sens qui est ici fondamental, parce qu'elle s'étend plus vite que nos moyens de la guérir, qui existent pourtant ! La souffrance de la pandémie tient à cela : des morts à la fois *évitables en principe, et inévitables en fait* ! Évitables en principe, si nous avions suffisamment de moyens, mais inévitables tant qu'elle s'étend et *de toute façon* au-delà de nos capacités ! N'est-ce pas la pire des souffrances, et temporelles dans son essence, puisqu'elle reste durablement critique, *tant que*, en effet, nos moyens ne permettront pas de la contenir et de la rendre chronique ? Et n'est-ce pas là aussi la source de notre obligation, morale, sociale, politique, d'agir et donc d'éviter tout ce qui est évitable, et même plus, de faire *reculer cet inévitable* qui dépend lui-même de nous ?

On reconnaîtra que c'est là un point capital. Et qui ne tient pas seulement à des circonstances locales, qui peuvent l'aggraver bien sûr. Mais à un événement d'un genre nouveau et appelé à durer.

Nous vivons donc ici un cas très particulier.

Ce n'est pas un bref épisode critique, mais ce n'est pas non plus une maladie devenue chronique.

C'est le cas douloureux d'un épisode critique long, avec une urgence réelle mais qui dure longtemps, et cela qui plus est en s'étendant aussi dans l'espace et dans la société, dans toutes les régions du monde et dans toutes les sphères d'activité.

Mais saisir cette urgence qui dure, ce n'est pas encore saisir ce que la durée *fait* à l'urgence.

Et on pourrait être tenté, il est même inévitable de commencer par cette tentation, de décrire cet événement qui dure, à notre plus grande sidération, certes, mais malgré tout comme une sorte de drame qui se déroule et auquel nous serions extérieurs. Et c'est comme si nous cherchions à échapper à cette souffrance temporelle interne pour déjà vivre l'événement après coup du dehors et comme historique. Mais n'est-ce pas par son importance et sa durée, radicalement impossible ? La raison en est surtout dans un aspect capital et sur lequel il faudra revenir, car il recèle la ressource pour s'y opposer, la racine pour ainsi dire de la branche positive de l'alternative qui est la nôtre !

Quel est cet aspect ? C'est le fait que, à travers et au-delà de la diversité de ses effets et de ses conséquences, et de son déroulement quasi interminable pour ceux qui le vivent, la pandémie est ou reste bien un événement *unique*.

Et nous le savons bien : il n'est pas fait d'une constellation d'événements éclatant pour ainsi dire les uns après les autres dans le monde ou sur nos écrans. Au contraire il se déplie pour ainsi dire peu à peu, progressivement, avec ses retournements et ses coups de théâtre, et s'il dépasse tous les scénarios que nous pourrions imaginer, c'est bien pourtant encore sur le mode d'un drame qui se noue et un jour se dénouera sans doute, mais non sans avoir marqué, entre temps, un avant et un après. Nous le savons, un peu comme d'une guerre (et c'est, avec les grandes guerres, la seule comparaison qui vaille), aussi longues soient-elles, et justement pour cette raison, elles ont comme une tragique unité, qui se marque aussi dans la cicatrice qu'elles laisseront sur le siècle, et qui aura quelque chose d'irréversible. Et comment les ont vécues celles et ceux qui les vivaient au jour le jour ? C'est ce que nous nous demandons. Toutes proportions gardées (espérons-le du moins) nous en avons maintenant, en ce moment, un léger parfum, ou comme un avant-goût (et espérons que nous saurons ne pas en avoir, à notre tour, le terrible après coup).

Tel est l'événement que nous vivons et c'est en cela qu'il est à la fois unique et emblématique de l'ensemble de « notre temps ». Et non pas comme une rafale, encore une fois, d'événements même majeurs se succédant en « live » sur nos écrans. Il y a une unité, il y a ou il y aura, quoi qu'il arrive, un sens d'ensemble (et une bataille pour l'écrire, redisons-le, a déjà commencé).

C'est pourquoi aussi nous avons une tendance irrépressible à l'imaginer comme déjà fini, à le voir dès maintenant depuis un point de vue historique et rétrospectif et donc aussi à nous projeter dans ce que certains (et ils sont nombreux) appellent déjà « l'après » !

Comme s'il était évident qu'il y aurait un après, ou que l'événement séparerait en deux l'avant et l'après ? Mais ne se peut-il pas au contraire que l'événement soit le changement *lui-même* et que le passage de l'avant à l'après ait déjà eu lieu ou soit, plus exactement *en train d'avoir lieu*, sous nos yeux ?

À vrai dire, nous savons désormais que nous vivons la cristallisation d'un changement d'époque ou de moment, dans lequel cet événement lui-même a lieu, un changement de moment qui est le réel événement que nous vivions jusqu'ici sans le voir ou le savoir, mais que la pandémie nous révèle et nous impose « en temps réel » !

Elle le fait, bien sûr, en dépliant *peu à peu* tous ses effets, et cela dans tous les domaines, au point de les transformer radicalement *sous nos yeux*, du plus intime au plus collectif.

Toutes nos questions sont déjà au futur, et concernent cet après supposé, comme si la transformation n'était pas en train d'avoir lieu ! Comment nous aimerons-nous, comment travaillerons-nous, comment voyagerons-nous, comment nous soignerons-nous, bien sûr, et on en passe, telle est la suite infinie d'inquiétudes qui résonnent en nous et entre nous, pendant cette période dont nous savons qu'elle laissera des traces, partout, et quoi qu'il arrive. Et c'est ainsi que la pandémie nous donne aussi le sentiment confus d'un changement global *d'époque* comme si elle avait rejoint ou même dépassé, d'un coup, toutes ces autres « catastrophes » qui nous donnaient déjà, mais plus abstraitement sans doute, ce même sentiment. Nous savions bien que quelque chose était en train de changer : le climat, ce n'est pas rien, les techniques et par exemple le numérique jusque dans la santé, c'est quelque chose, et ainsi de suite. Nous y reviendrons. Mais la pandémie nous donne en quelque sorte *dès maintenant* cette impression de « fin du monde » que d'aucuns prévoyaient sous des formes plus tonitruantes, mais qui arrive comme une vapeur respiratoire entre les humains, éclipsant déjà et peut-être provisoirement les autres prétendants à l'apocalypse.

On reviendra plus loin sur cet aspect d'ordre historique, et sur le lien avec les autres changements majeurs de l'époque, ce que l'on appelle justement les « catastrophes » du moment. Et certes, cela sera une autre épreuve temporelle concrète.

Mais il faut encore dire un mot, au-delà de la façon dont on « vit » (au sens de « voir ») l'événement de la pandémie, de la manière ou plutôt la double manière dont cette dimension temporelle d'une urgence prolongée nous affecte vitalement ou encore l'alternative vitale devant laquelle, en effet, elle nous place !

Cette alternative est simple à définir car elle s'appuie sur cette tension si particulière entre l'urgence et la durée que nous sommes en train de vivre.

Ou bien en effet l'urgence va s'étendre à tous les domaines au fil de l'extension temporelle de la pandémie et non seulement l'urgence sanitaire, mais à travers la lutte prolongée contre celle-ci, l'urgence dans tous les autres domaines, affectifs, psychiques, sociaux, économiques, idéologiques, et politiques. La durée va aggraver et transformer non seulement en étendue mais en qualité notre angoisse vitale : on ne se situera pas seulement dans le regard rétrospectif d'un avant ou un après, comme si nous étions déjà dans les Années folles ou l'Après-guerre en général. Mais on verra une peur d'abord limitée, un danger précis, devenir la source d'une peur devenue non seulement plus grande mais différente en nature avec le temps : une panique qui aura bien sûr et avant tout des effets politiques dont l'histoire a déjà montré la violence.

Ou bien au contraire, la durée de cette urgence singulière nous permet, sans la nier, la dénier, la renier, ou que sais-je, en continuant donc aussi à en souffrir, mais d'une manière étendue dans le temps, d'agir, pour en trouver les remèdes, et aussi déjà pour en affronter toutes les conséquences, sans attendre l'après !

Il faut donc insister encore sur la durée de cet événement, qui n'est pas seulement une souffrance prolongée, mais aussi, étant liée à l'unicité, la précision (médicale et vitale) de l'événement, la condition de la seule réponse possible : l'action. Et cela tient à cet autre point que l'on a trop tendance à oublier, et qui change tout : c'est que, quoique global, on ne doit pas tout confondre, dans cet événement. La pandémie est un événement global, et durable, mais elle n'en est pas moins aussi un événement vital, médical ou sanitaire, précis et singulier, et en effet cela change tout. Étant précis il appelle une *réponse* précise, et en outre, étant durable, il offre une prise pour agir, confirmant et intensifiant aussi bien sûr une responsabilité temporelle que l'urgence durable redouble encore. On peut le dire dès maintenant ainsi : *la durée de l'urgence* impose une politique de santé publique !

Mais n'allons pas trop vite.

Disons pour l'instant que tout se joue là : un événement long, mais singulier, sur lequel on peut et on doit agir, et sans négliger son effet inattendu dont nous avons déjà compris qu'il était redoutable : la souffrance temporelle qu'il produit sur celles et ceux qui le « vivent ». Répondre à un événement de ce genre, c'est aussi, et ce n'est pas secondaire, affronter le sentiment qu'il nous donne d'une urgence permanente.

Mais comment le ferons-nous, sinon par cette durée, même qui peut le transformer de l'intérieur et en un tout autre sens ? Car elle n'est ni l'instant d'un effondrement total, ni l'horizon d'une catastrophe générale, mais une période qui est *devant nous* et pas au sens d'un spectacle mais au sens d'une tâche, bien réelle.

C'est en ce sens peut-être que la pandémie a quelque chose d'une « chance », échappant à la fois à l'instant fatal et à l'horizon mortel, et remettant l'histoire en action, en temps réel, et on se risquera à le dire, même après le tableau que l'on vient de dresser et qui semble encore bien loin de la réalité.

Mais cette possibilité d'agir contenue dans ce temps long et si pénible de l'événement urgent serait plus simple à saisir, si elle était la seule dimension temporelle de l'événement lui-même !

Or, elle est battue en brèche aussitôt par une autre dimension que la pandémie porte à l'extrême comme on dit qu'on porte aussi une brûlure au rouge, et qui saute aux yeux de tous. C'est qu'elle n'est pas seulement caractérisée par une durée, au sens de la durée d'un « même » événement, ou par les seuls changements que « le temps » apporterait à l'événement. Mais elle est aussi caractérisée par des changements permanents et ce que sur le moment même chacun des sujets de cette pandémie a caractérisé d'un terme comportant lui aussi une souffrance temporelle spécifique et extrême : l'incertitude.

Celle-ci ne viendra-t-elle pas contrecarrer l'alternative offerte par la durée même de l'urgence, ou l'incliner dans le sens le plus redoutable ? C'est ce que l'on peut craindre, et ce que l'on doit étudier, pour ne pas se tromper non plus dans les réponses à y apporter.

## UNE INCERTITUDE PERMANENTE

Il est facile de montrer, d'une formule simple, en quoi l'expérience de l'incertitude semble contredire celle de la durée, dans l'épreuve temporelle de la pandémie.

Pour évoquer sa durée, ne disons-nous ou n'entendons-nous pas une phrase de ce genre : « elle est interminable » ?

Mais pour évoquer son incertitude, et la façon dont elle a semblé croître au fur et à mesure de cette durée même, ne disons-nous pas quelque chose comme : « cela change tout le temps » ?

Oui, c'est vrai, cela semble contradictoire, mais cela vient confirmer aussi (par cette contradiction douloureuse ou ce nouveau tour d'écrou) la souffrance temporelle subjective si particulière et si intense qui est liée à cette pandémie, et qui est un danger en soi. Nous souffrons à la fois de cette extension *et* de ce changement, d'un événement qui est à la fois toujours le même *et* toujours différent, et cela d'une manière deux fois radicale au moins pendant un temps qui devient, deux fois, insupportablement long. Et ce changement est vital aussi parce qu'il affecte d'abord des enjeux vitaux liés à la maladie dans son sens le plus littéral, corporel et médical : la manière dont nous pouvons ou non en être atteints, en mourir ou pas, toujours l'urgence vitale bien sûr ; dont nous pouvons la transmettre ou pas ; dont nous pouvons la soigner ou pas ; et, à travers tout cela, toutes les dimensions des relations vitales entre les humains, qui sont aussi morales, sociales et politiques. La souffrance temporelle qui est liée à l'incertitude de l'avenir vital (ou mortel) la voici redoublée maintenant par ce changement permanent qui accompagne cette longue durée, et qui semble nous interdire aussi d'agir sur elle. Il faut noter la profondeur de cette atteinte subjective, peut-être bien plus douloureuse encore que celle du prolongement de l'événement. On ne savait pas quand cela finirait ; mais ne pas savoir en quoi il consiste vraiment, et le danger que l'on court, et qu'il change à chaque instant, n'est-ce pas quelque chose de plus douloureux encore ? Quoi qu'il en soit, cela devrait conduire à prendre au sérieux déjà la dimension psychique, subjective, de la pandémie, à travers cet ébranlement temporel lui-même. Déjà, dans toute épreuve objective, nous avions vu que surgissait cette autre peine : la souffrance *subjective* dont l'aspect temporel est une caractéristique première, puisque toute conscience du temps est douloureuse, et que toute souffrance se redouble d'une appréhension et d'une peine dans notre esprit, concernant le temps, qui en quelque sorte, nous serre le cœur, nous crispe, nous replie, tout comme au contraire une joie nous ouvre (comme le montrait bien ce grand livre d'Eugène Minkowski, *Le temps vécu*), sur l'avenir. Dans toute réponse à la pandémie, et au fond dans tout projet de santé individuelle ou publique, il entrera donc toujours *le soin psychique de ce rapport au temps*, et des ébranlements qu'il peut subir.

Mais l'apparition ou plutôt l'extension de l'incertitude a un autre enjeu peut-être plus profond encore que ce que l'on vient de souligner, qui peut à la fois aggraver l'effet de la pandémie et permettre d'y répondre, qui est donc une intensité nouvelle dans l'alternative devant laquelle elle nous place, et le choix entre les deux manières dont l'urgence se généralise dans cette épreuve et dans notre moment historique tout entier.

On peut, là aussi, dire la chose de manière très simple : l'incertitude (surtout poussée à ce degré qui fait qu'elle nous saute aux yeux dans ses changements permanents comme quand nous disons : « ça » change tout le temps !) n'est pas seulement une dimension de plus de « la pandémie », s'ajoutant par exemple à son danger objectif et parfois mortel (et parfois bénin, car là aussi est la trace ou le signe de l'incertitude ! On ne sait pas, cela dépend, etc.) !

Non, malgré les apparences, l'incertitude n'est pas seulement un degré de plus dans la souffrance vitale et temporelle de la maladie, comme si celle-ci ne comportait qu'une seule dimension. Elle n'est pas un degré de plus dans la même dimension, mais elle la fait entrer dans une autre dimension.

Car qu'est-ce au fond que la certitude ou l'incertitude ? Il faut les définir avec précision. On appelle « certitude », avec ses degrés et son contraire (l'incertitude), le rapport subjectif à un savoir qui est lui-même objectif ou fondé sur le réel. Elle a donc deux aspects. Un aspect subjectif, lié d'ailleurs au temps, et qui nous oriente de façon vitale, heureuse ou douloureuse. Mais aussi bien sûr un lien au savoir dans son état objectif, scientifique et institué. L'incertitude à son tour porte donc *à la fois* sur la représentation subjective et temporelle de la maladie, et du savoir que j'en ai en quelque sorte moi-même, tout seul, et ce savoir objectif (et c'est, répétons-le, dans toute l'histoire de la philosophie, la différence et le lien entre la certitude et le savoir).

Ainsi, notre certitude ou notre incertitude portent aussi, pour le meilleur et pour le pire, sur le savoir, sur ce que « l'on » sait de ce qui nous arrive en tant que cela fait l'objet d'un état partagé du savoir ou de la science, et cela bien sûr, avec toujours à l'instant t une sorte de partage, assumé, de la limite entre ce que l'on sait et ce que l'on ne sait pas, qui devrait définir en principe la limite entre la certitude et l'incertitude. Ce n'est donc pas seulement la subjectivité, mais le rapport au monde, et le rapport entre les humains qui sont affectés par ce partage du savoir. Que savons-nous, maintenant ? Où en sommes-nous ? L'histoire humaine est toujours aussi histoire du savoir, et pas seulement dans son rapport objectif au monde, mais dans le partage humain de l'action et de la société, dans ce qu'on appelle à juste titre la « confiance » entre les humains comme fondement aussi de toutes leurs relations dans le temps. Lorsque quelqu'un dit que « ça » change tout le temps, n'entendons-nous pas aussitôt un doute sur ceux qui portent ou partagent le savoir autant que sur son contenu, et l'incertitude ne devient-elle pas, plus qu'un doute sur la chose, un soupçon sur la personne ?

Ce qui apparaît donc ici, pour le meilleur et pour le pire, c'est que l'ébranlement de la confiance dans le savoir n'est pas seulement douloureux pour notre rapport vital au traitement et à la maladie ; ni même seulement pour notre vie subjective et sa représentation de l'avenir, donc de nous-mêmes, de la vie et de ce à quoi nous tenons ; mais aussi et peut-être surtout pour nos représentations collectives et sociales.

On comprend pourquoi le débat sur la science a été et restera au cœur de la pandémie et de notre époque, peut-être plus encore que jamais auparavant.

Chaque moment historique est certes défini par son rapport au savoir, ainsi de la Modernité ou des Lumières, et du nôtre, par sa maîtrise du vivant. Cependant, le propre de ce moment du vivant, ce n'est pas seulement de porter sur les sciences du vivant, avec leurs certitudes et leurs incertitudes, mais de comprendre comme enjeu le savoir lui-même, tant il est ébranlé aujourd'hui par ce vivant même que l'on prétendait maîtriser !

Tel est donc aussi l'enjeu.

L'urgence envahira-t-elle non seulement notre « certitude » subjective individuelle mais jusqu'à ce savoir scientifique, collectif, public, humain, historique, qui sous-tend et soutient nos certitudes subjectives et les rend, à sa manière, possibles ? On le voit bien : quand la science ne peut pas me dire si je suis malade ou pas, jusqu'à quand, comment, si je peux transmettre le virus à mes proches ou pas, et avec quelle gravité, tout est miné, et cela peut se retourner contre la science elle-même, dont on comprend alors en quoi elle est au cœur de notre représentation temporelle du monde et de nous-mêmes, et comme la notion de certitude et son contraire, l'incertitude, le disent mieux que tout autre.

Insistons sur ce danger ; mais aussi sur la ressource qu'il comporte. Car si l'urgence peut envahir le savoir ; n'est-ce pas aussi que l'on peut répondre à l'urgence, sans la nier, mais en protégeant et en définissant le savoir jusque dans ses limites inévitables et que l'on cherche en temps réel à définir et à faire reculer ? Car on ne passe certes pas de tout à rien ! Et même il reste bien sûr des certitudes absolues, des cadres du savoir qui sont la condition de la vie humaine, autant que son contenu ! Il faudra donc, ici aussi, lutter non seulement contre une urgence qui risque de s'étendre à tout, mais contre plusieurs urgences d'ordre différent et défendre en particulier plus que jamais le contenu du savoir, donc aussi la délimitation des incertitudes qui permet la confiance dans le temps réel.

Ainsi, on a raison de le dire, ce qui a caractérisé et caractérise encore l'évolution de la pandémie dans sa durée, et qui semble empêcher l'action dans cette même durée, c'est cette autre dimension temporelle qu'elle a en quelque sorte généralisée, l'expérience de l'incertitude.

Un jour, on a cru qu'elle serait la plus bénigne et le lendemain la plus mortelle, un jour la plus circonscrite et un autre jour la plus mondiale, un jour la plus contenue et le lendemain la plus hors de contrôle, la plus ou la moins contagieuse ou mortelle des maladies virales et épidémiques.

Qui n'a pas été affecté par cette incertitude constante, au point de la vivre comme une souffrance et presque comme un effondrement spécifique, capable de tout ébranler ?

Pourtant, cette même singularité temporelle de cette incertitude précise, pendant cette pandémie précise, pourrait conduire à nouveau vers une réponse précise, si on en prenait bien la mesure.

Car l'expérience mondiale en temps réel de la pandémie nous a en quelque sorte confirmé (avec certitude) ce qu'est l'incertitude : un ébranlement au sein d'un savoir humain préalable, et dont on espère qu'il sera lui-même temporel ou plutôt temporaire, qu'on en sortira, ou du moins qu'on le maîtrisera, qu'on saura le délimiter et agir malgré ou avec lui, comme tant de dispositifs depuis plusieurs siècles semblaient nous avoir appris à le faire (du calcul des probabilités aux techniques de l'assurance).

Certes, l'incertitude continuelle fait comme si un savoir chassait l'autre.

Ici, l'incertitude semble envahir non seulement l'individu, mais la société dans toutes les dimensions qui devaient la prémunir précisément de cet imprévu et de cette souffrance temporelle au moins. Notre vie est organisée pour éviter d'être déstabilisée, c'est le rôle de nos savoirs et de nos institutions. Et voici que la pandémie vient ébranler non seulement les patients individuels mais les piliers du savoir et de la société.

Il y a là une expérience temporelle d'une profonde négativité et à laquelle on ne peut pas répondre seulement par des mesures d'*urgence* généralisées, qui viennent encore l'aggraver.

Il faut donc le dire des institutions et de la science elle-même ou de la médecine évidemment : la maladie, bien loin de la fragiliser la rend plus nécessaire et attendue que jamais. Et dans la critique même irrationnelle qu'elle a subie, on sent un désespoir, lié à cette inflation de l'incertitude augmentée par les marchands de doute ou plutôt les colporteurs du soupçon. C'est en fait la déception d'une attente infinie, à la mesure de l'interdépendance humaine, une attente à l'égard de la science, de la médecine et du soin.

Ainsi, on prend conscience des dimensions les plus vitales de la vie humaine, et de la nécessité de n'en sacrifier aucune.

Mais tout se passe comme si l'incertitude et la souffrance temporelle recouvraient tout ce qu'elles révèlent, et donc comme si pour affronter tout cela il fallait d'abord desserrer l'étreinte pour ainsi dire temporelle de l'urgence.

Tel est l'enjeu ou l'alternative devant laquelle on se trouve, plus encore que jamais.

Il y a cependant encore une dimension temporelle de l'événement qu'il faut étudier, car elle comporte un risque majeur elle aussi, autant qu'une ressource, intensifiant encore l'alternative que nous imposent les urgences de notre temps.

## UNE CATASTROPHE ANNONCÉE

Cette troisième épreuve temporelle que la pandémie comporte (ou rejoint), il est tentant de la traiter sur le mode du déni, ou du mépris.

On peut la décrire, elle aussi, d'une manière très simple : c'est le fait que la pandémie nous semble confirmer voire « réaliser » un spectre qui hante notre temps et qui est lui aussi temporel, celui de la catastrophe *annoncée*, et notamment de la catastrophe vitale sous sa forme climatique, qui semble être devenue la catastrophe potentiellement « absolue » voire l'horizon de la « fin du monde ».

De ce point de vue, l'expérience « en temps réel » de la pandémie vient se redoubler de cette souffrance temporelle qui semble encore « imaginaire » (mais qui, comme telle, nous le savons, a sa part de réalité) de cette représentation douloureuse d'un avenir globalement catastrophique, et qui serait devenue la représentation dominante d'une histoire humaine ayant rejoint l'histoire naturelle, vitale, et planétaire.

Les représentations douloureuses du temps n'ont pas attendu la pandémie pour hanter notre pensée, on peut même dire qu'elles caractérisaient déjà notre moment, mais la question est de savoir comment l'expérience « en temps réel » de la pandémie va s'y joindre, et si, là aussi, on ne doit pas voir et même au plus haut degré une alternative, celle d'un risque accru mais aussi d'une chance, d'une occasion, d'une obligation, plus profondes que jamais ?

C'est bien le cas.

Que voyons-nous en effet, de ce nouveau point de vue ?

C'est comme si l'expérience de la pandémie était entourée non pas une seule fois mais deux fois par la souffrance temporelle de la catastrophe, qui vient redoubler sa propre expérience négative du temps. Il y a d'abord cette confirmation apparente d'une catastrophe vitale annoncée. Qu'est-ce qu'une catastrophe ? C'est plus qu'un risque, que l'on prévoit, dont on cherche à se prémunir, et surtout qu'on pourra compenser. Le risque est en quelque sorte « assuré » par l'expérience humaine, et presque défini par cette assurance, autant qu'elle lutte contre lui. Mais la catastrophe c'est le contraire, elle se définit par le renversement et surtout la destruction totale de ce qu'elle affecte (de quelque réalité qu'il s'agisse, et bien sûr avant tout, pour le vivant, sur le modèle de la mort), et donc elle ne peut être prévue que pour inviter à être empêchée, d'autant plus qu'elle ne saurait être compensée ou réparée (même si les humains inventent des institutions au moins pour la reconnaître et l'affronter). Mais le paradoxe bien connu de la catastrophe, c'est aussi que l'annoncer ne suffit pas à se la représenter et que finalement il en va pour elle comme de la mort selon Freud. « Je sais que je suis mortel, mais je ne le crois pas ». La catastrophe a beau être annoncée, ce n'est pas ce qui la rend représentable pour un esprit qui a peut-être en lui des mécanismes de protection face à ce qui le menace vitalement. Et tout le débat sur la catastrophe, depuis le « catastrophisme éclairé » de Jean-Pierre Dupuy se concentre aussi sur ce point, avec une analyse temporelle profonde consistant à se la représenter comme certaine, pour éviter qu'elle devienne possible !

Mais voici que la pandémie arrive, et vient en quelque sorte prouver en acte qu'une catastrophe vitale d'ordre global est en effet possible, puisqu'elle est réelle ! Quoi de plus fort en apparence et qui devrait nous pousser à l'action, sur cette catastrophe, mais aussi sur les autres ? C'est en effet possible, on peut l'espérer, on doit y pousser, mais c'est ici aussi qu'intervient une autre représentation imaginaire de la catastrophe, qui vient plutôt nous paralyser que nous mobiliser, et que l'expérience de la pandémie « en temps réel » vient profondément réveiller.

« En temps réel », en effet, la pandémie nous fait aussi « réaliser » une fragilité vitale individuelle, collective, globale, qui semble venir tout ébranler, y compris nos capacités à y répondre et à agir. Mais le plus grave n'est pas là. Ce n'est pas seulement que notre avenir est fragilisé, c'est que cela réveille dans le sujet humain, dans notre psychisme, qui est décidément au cœur du réel, une autre expérience enfouie, celle que Winnicott désigne sous le nom de « l'effondrement », mais de l'effondrement « qui a déjà eu lieu ». Ce n'est pas seulement la catastrophe annoncée dans un avenir devenu insupportablement douloureux, c'est la catastrophe *passée*, au moins effleurée par tout sujet, notamment dans la « détresse originaire » du nourrisson, qui a déjà affronté une dépendance absolue, et que seul l'amour inconditionnel du soin primaire peut venir « compenser » ou plutôt sauver car le salut, s'il existe, a déjà eu lieu ! (Et il se prouve par nos vies, actuelles et vivantes !). Il faut ajouter d'ailleurs à cette dimension passée celle de la *répétition* qui fait partie du traumatisme, et que la pandémie vient aussi réveiller. Un traumatisme, c'est aussi ce qui revient, soit dans la mémoire, soit, pire encore, dans les faits, produisant alors le sentiment terrible de la catastrophe *définitive*. La répétition est en acte dans la pandémie même. On parlait déjà, en France, de la souffrance du « deuxième » confinement comme si on parlait de la « deuxième » guerre mondiale[1]. On n'y « croyait » pas, car il donnait l'impression d'une impuissance absolue, comme si on allait toucher encore plus « le fond ».

Mais dès lors il ne faut pas s'étonner si l'expérience de la pandémie nous fait « réaliser » dans son advenir rapide et au ralenti à la fois, cette réalité effective d'un ébranlement intérieur et global, avec le risque qu'aucune action ou relation humaine ne suffise à nous en prémunir !

Telles sont les représentations du temps que l'on aura beau dire psychiques, culturelles, sociales, historiques, mais qui sont bien réelles, et que la pandémie rejoint. Elles dépassent son propre déroulement et elles l'inscrivent dans une « durée » plus longue encore, celle d'une histoire qui n'est pas, un cadre abstrait ou indifférent car il est certain que la représentation même de l'histoire est un acteur de l'histoire.

---

1. Il est vrai aussi que même grave, la répétition, comme l'a montré Bergson, est le ressort du comique. Comme le montrent les sketches récents sur le 53e confinement pour lutter contre le 46e variant du virus !

Mais est-ce le seul effet possible de la pandémie sur ce plan ?

Par son « urgence » même, ne déplace-t-elle pas aussi l'expérience de la catastrophe sur un autre plan, avec une autre possibilité qui définit l'alternative peut-être la plus cruciale de cette époque, que décidément, cet événement « cristallise » ?

Il y a en effet cette autre possibilité avec deux aspects principaux.

Le premier aspect consiste bien sûr dans l'expérience effective du temps *réel*. Nous le disions, la catastrophe cesse d'être une fiction, elle se déplie devant nos yeux, atteignant tous les domaines. Mais elle le fait bien sûr, nous l'avons vu, en étant une catastrophe *précise*, concrète, appelant des moyens eux aussi bien précis pour s'y opposer *tout de suite*. Bref la réalité de *cette* catastrophe devrait, en réalité, nous amener à renoncer à l'imaginaire de « la » catastrophe unique et générale ou totale, « l'apocalypse » ou la « fin du monde ». C'est une maladie, bien précise, point. L'horizon obscurci de l'avenir, le retour indéfini du passé, ce ne sont pas les mêmes risques que celui du présent lui-même, devant lequel nous place cet événement bien précis : la pandémie. Au contraire, en nous remettant devant un présent épais, vital, réel, il nous permet d'échapper aux spectres temporels qui hantaient jusqu'ici l'époque. La catastrophe en train de survenir pourrait-elle nous libérer de la hantise de celles qui ont déjà eu lieu, et de celles qui nous attendent ? C'est le défi, devant lequel on ne peut plus reculer !

Mais il y a une autre dimension peut-être plus importante encore, car elle doit orienter les réponses que l'on peut apporter à cette expérience que nous faisons en temps réel, et qui est, nous le savons bien désormais, une expérience douloureuse *du* temps réel !

Ce n'est pas, comme certains le disent ou l'espèrent d'une façon abstraite, un lien positif entre « les » catastrophes, comme par un souci humain qui s'étendrait par magie de la pandémie au climat. Non, c'est un lien plus précis, et vital, qui passe par la question en effet vitale du soin ou plutôt de la *santé*. C'est le fait que pour lutter contre la pandémie *elle-même*, on doit lutter en effet *dès maintenant sur le long terme*. Nous le verrons plus loin : c'est parce que la question de la « santé publique » implique dans l'urgence même une action sur des facteurs *de long terme*, et notamment sur l'environnement humain et les relations entre les humains (la prévention, mais aussi l'enseignement, l'éducation, etc.), c'est pour cette raison très *concrète* et liée à la nature vitale précise de la pandémie qu'elle peut et en fait qu'elle doit non seulement se connecter en théorie mais entamer en pratique, dès maintenant, la lutte contre les catastrophes annoncées. À cet égard et à cet égard seulement, on peut voir comment l'urgence sanitaire n'est pas seulement une urgence parmi d'autres ou comme une sirène qui traverse la nuit pendant que nous dormons et espérons qu'elle passera. Elle est plutôt comme le point d'appui d'une prise de conscience, qui n'est pas seulement une souffrance mais un progrès, et qui peut nous procurer de la joie parce qu'elle améliorera aussi concrètement la qualité de nos vies.

Car un dernier point doit être souligné dès maintenant qui nous conduira au point suivant. Il faut refuser la confusion entre les catastrophes. Mais il est vrai pourtant que *chaque* catastrophe concerne de manière précise *toutes* les dimensions de la vie humaine. Et ainsi, nous ne lutterons contre la pandémie qu'en luttant aussi contre la détresse psychique (notamment temporelle) qu'elle implique, et aussi les injustices entre les humains qu'elle réveille et qu'elle risque d'aggraver. Et cela, dès maintenant.

Dès lors, on le voit bien, l'imaginaire même de la catastrophe annoncée trouve dans l'urgence à la fois une confirmation et un démenti, un risque d'aggravation et une occasion de résistance.

Oui ; il est vrai de dire que nous vivons en temps réel une catastrophe, c'est-à-dire un danger ou un risque non pas local mais global ; et qu'elle est liée aux autres catastrophes qui nous menacent (dont la catastrophe climatique qu'en un sens aussi nous commençons à voir se dérouler « pour de vrai »).

Il y a quelque chose de sidérant dans la réalisation soudaine de ce qui semblait annoncé pour un temps très lointain et qui se rapproche.

Mais ce qui se produit ce n'est pas la réalisation soudaine de « la » catastrophe.

C'est l'expérience concrète de l'urgence d'agir dans la longue durée et cela dans le temps même de l'événement précis avec son danger immédiat.

Ce n'est pas comme si la pandémie était *La* catastrophe, mais comme si elle rejoignait de l'intérieur toutes les causes même les plus lointaines en apparence de la mort y compris morales, sociales, politiques, contre lesquelles elle nous permet et nous impose donc de lutter.

Nous voici donc bien reconduits, à travers ces épreuves temporelles poussées à l'extrême, à une seule alternative, qui tourne désormais autour de cette redoutable catégorie vitale et temporelle : l'urgence.

## LA DICTATURE DE L'URGENCE ?
## UNE ALTERNATIVE

On comprend pourquoi, devant l'épreuve de la pandémie, certains ont pu parler d'une dictature de l'urgence. Car on ne voit pas bien, au premier abord, comment l'extension de l'urgence, qui semble résumer toutes les dimensions temporelles que l'on vient de relever, n'irait pas jusqu'à la politique et à l'organisation de la vie sociale, à toutes les échelles. Face à des dangers comme ceux que l'on vient de rappeler, inséparablement vitaux et temporels, individuels et collectifs, instantanés et durables, comment l'urgence ne prendrait-elle pas aussi le sens politique qui est le sien, à savoir de mesures qui dérogent aux règles habituelles de droit, au motif de devoir préserver la vie dans des délais temporels contraints ? Ainsi c'est une triple *peine* que cache ce petit mot qui n'a l'air de rien : *l'urgence*. Un danger vital, une souffrance temporelle et, indissociablement, la sortie des principes habituels de la morale et de la politique, des interdits les plus catégoriques (comme dans la légitime défense) et de l'État de droit. Parler de la dictature de l'urgence, ce n'est certes pas une métaphore, puisque l'urgence collective semble imposer en politique le recours à la dictature, ce mot auquel les anciens Romains prêtaient une dimension temporelle, ou plutôt temporaire, mais dont on sait qu'il a tendance, comme l'état d'urgence, une fois instauré, à ne plus pouvoir se limiter. Face au danger commun et au salut public, il semble que l'on doive sacrifier certains principes, et en particulier ceux qui ne semblent pas tournés d'abord contre ce danger vital, et ce seront donc les principes démocratiques puisqu'ils sont en effet tournés contre d'autres dangers vitaux[1], l'abus de pouvoir en particulier et l'injustice intérieure à une société, et que ce sont les premiers qu'on sacrifiera, dans un premier temps, si l'urgence l'impose. Redoutable danger, donc,

1. Nous nous permettons de renvoyer ici à notre travail sur *Les maladies chroniques de la démocratie* (Desclée de Brouwer, 2017, 2e ed 2020).

contenu presque inévitablement sans doute dans l'extension ou la généralisation de l'urgence.

Pourtant, tout ce qui précède nous montre qu'il y a une autre possibilité, une autre voie, un autre chemin possible, qui ne repose certes pas sur la fuite ou le déni de l'urgence, mais sur une autre conception de son extension, comme si tout se jouait là, et non seulement pour la pandémie, mais pour notre moment ou notre époque en général puisque, on le sait, la pandémie n'en est que le concentré qui la révèle en accéléré (et par exemple le climat, même si son changement n'est pas aussi bien réglé sur notre rythme vital que ne l'est la pandémie, dans son déroulement, sous nos yeux effarés).

Oui, il y a un autre chemin, qui part certes de l'urgence mais qui n'aboutit pas à la dictature, qui conduit peut-être au contraire au renforcement de ce qui s'y oppose.

Tout repose donc en fait sur ceci : il importe de distinguer absolument et de ne jamais confondre *deux extensions de l'urgence* dans son épreuve temporelle même.

La première extension de l'urgence peut être dite en quelque sorte « horizontale » : c'est l'extension d'une même urgence à tous les domaines et au même rythme. Ainsi, par exemple l'extension de l'urgence sanitaire, vitale, médicale au sens strict du terme, dans la « pandémie » *stricto sensu.* Il y a plus de malades, plus de morts et d'abord plus de morts évitables, mais aussi plus de saturations d'hôpitaux, et cela partout dans le monde. La pandémie, catastrophe sanitaire, qui impose des mesures et des normes en effet exceptionnelles pour y répondre. Alors elle débordera dans les autres champs de la vie humaine, pendant le temps (certes cette fois si insupportablement long) de ce débordement qui reste exceptionnel, comme une crue. Et elle risquera en effet d'envahir jusqu'au champ des activités économiques et des libertés politiques. Oui, même pour la santé, même (et certains diront avec un sourire sarcastique : *surtout*) *au nom du soin*, on peut voir s'installer alors une dictature qui n'aura peut-être bientôt plus rien de temporaire. L'urgence sanitaire devenue état d'urgence révélerait en l'appuyant sur la vie la nature profonde du pouvoir politique.

On ne peut nier qu'il y ait là un risque.

Mais ce qu'on peut et ce qu'on doit nier c'est qu'il soit fatal, sans alternative, le seul chemin possible, depuis l'urgence, elle que l'on ne peut certes plus nier !

Car, toutes les analyses qui précèdent le montrent, c'est *une autre forme d'extension de l'urgence* que nous vivons, dans l'épreuve temporelle si singulière de la pandémie, qui ne fait que révéler, encore une fois, la structure de notre époque.

Quelle est cette autre extension de l'urgence, qui n'affaiblit pas mais renforce au contraire les principes et les règles démocratiques, et cela dans le long terme ?

Cette deuxième extension de l'urgence, c'est celle que nous dirons verticale. C'est l'urgence, apparue aussi pendant l'urgence vitale, de construire les instruments pour sortir de l'urgence, les instruments ou les institutions de la certitude ou plutôt de la confiance, mais aussi ceux qui lutteront dans le long terme et cela dès maintenant.

Autrement dit, ce n'est pas l'urgence instantanée pour ainsi dire, qui se répandrait partout !

Bien au contraire nous découvrons une urgence *feuilletée*, depuis l'urgence immédiate vers l'urgence orientée par le long terme, avec entre les deux l'urgence de construire un monde humain fiable, contre le risque toujours récurrent de la guerre. L'urgence du long terme, l'urgence de la justice et de la paix sociale, civile, mondiale, ce n'est pas l'extension horizontale et indéterminée de l'urgence sanitaire et du salut public. C'est au contraire l'urgence verticale et structurée de l'urgence vitale, mais aussi morale et politique, et c'est, on le verra, la structure temporelle de la santé publique. Une santé publique qui a une tout autre structure temporelle que le salut public, contrairement à ce que certains veulent laisser croire, sous une métaphore de Terreur qui n'a rien à voir avec la réponse nécessaire à une urgence qui dure, qui se prolonge, qui rejoint le long terme et l'Histoire.

On le voit donc, il ne s'agit pas de nier l'urgence vitale, sa souffrance temporelle, les mesures de légitime défense politique qu'elle impose inévitablement.

Mais il s'agit de ne pas se laisser écraser par elle et son extension unilatérale sans limite et sans structure dans tous les domaines qui servent de prétexte facile à la pire des dictatures ! Laquelle dictature se définit toujours par la suspension de la lutte contre l'injustice au nom d'un danger vital supposé tout emporter et tout justifier. On peut même être surpris, vraiment, que les apprentis dictateurs n'y aient pas vu, sauf dans la terrible Chine de Xi Jinping, une occasion de redoubler encore leur pouvoir sans limites ! Mais l'erreur des démagogues comme Trump, qui a été sans doute le dernier salut de nos démocraties, a quelque chose de révélateur : ils se soucient bien peu de la santé publique et même du salut public ! S'ils avaient saisi la chance de pouvoir absolu qu'offrait la crise de la pandémie, nous serions dans un monde entièrement bardé d'uniformes et d'hôpitaux ressemblant à des prisons. Mais les démagogues ont préféré dénier la puissance du virus, dont ils voyaient bien qu'il suppose, comme réponse légitime, de construire un monde juste, bien loin d'une dictature totale ! Seule la Chine, encore une fois, s'y essaye et réussira peut-être, en se saisissant de cette terrible arme à double tranchant de la santé, et même si celle-ci suppose, pour y répondre, le temps de la science et de la démocratie, de l'alerte, du débat et de la justice.

Mais quoi qu'il en soit le débat est clair : l'urgence sanitaire ne conduit pas fatalement à la dictature que certains appellent « biopolitique » en donnant à ce mot profond un sens simpliste ; au contraire elle conduit aussi à la structure feuilletée de la bioéthique que nous n'opposerons d'ailleurs pas à la biopolitique, puisque celle-ci est nécessaire dans l'action humaine malgré les maux qui la menacent. L'urgence n'écrase pas fatalement les niveaux de l'action humaine, il se peut au contraire qu'elle nous permette et même nous impose de les relier, comme fait en un clin d'œil le médecin appelé au chevet d'un corps en danger qui est aussi une vie humaine avec son mystère, sa liberté et ses droits, et comme cela peut être le cas aussi sur le plan collectif où l'urgence actuelle peut aussi relancer l'action en vue de la durée et de la justice.

De ce point de vue, on touche au cœur de l'épreuve temporelle de la pandémie, et de toute épreuve temporelle en général, lorsqu'elle se redouble en menace dans les relations entre les humains, et jusqu'au cœur des institutions politiques.

Et, une fois de plus, c'est une ressource, nous n'osons dire une chance, qui se présente devant nous.

C'est la chance de ne pas répondre à l'urgence par sa généralisation mais par son organisation qui permet l'action pleinement humaine vitale et juste, non pas par l'état d'urgence ni (résistons à toute symétrie trop facile) par l'urgence de « l'État » mais plutôt du politique et disons le mot tout de suite de la *démocratie*, qui affronte et surtout qui doit concilier la lutte contre tous les maux humains.

Cela sera-t-il le cas ?

Ce n'est pas sûr, mais telle est en tout cas l'alternative devant laquelle nous nous trouvons et on voit bien à présent qu'il n'y a pas de choix plus important ni, si l'on ose dire, plus urgent.

# III

## Agir dans la durée

On pourrait reprocher à tout ce qui précède d'avoir abordé la vie « en temps réel » par son côté le plus passif et le plus sombre : cette souffrance temporelle devant les événements en train de se produire sous nos yeux, que nous avons décrite comme une double peine, et que la pandémie a portée et porte encore à une limite nouvelle et historique. On nous dira sans doute : la vie « en temps réel » — et tout spécialement aujourd'hui où nous n'avons plus le choix — ne comporte-t-elle pas aussi une part d'action, et particulièrement gratifiante peut-être ? Vivre en temps réel : n'est-ce pas aussi ce qu'il y a de plus actif, de plus fascinant, de plus grisant, comme nous le ressentons d'ailleurs devant les acteurs sur la scène du monde ou même ceux qui reproduisent cette action sur toutes les autres scènes et nous la font revivre ? N'est-ce pas aussi une lutte en acte contre les maux qui surviennent dans leur urgence même, et n'est-ce pas cela qui donne tout son sens à nos vies ?

Oui bien sûr, il y a — et heureusement — cette part d'action, sa nécessité, sa fascination, ses ressources.

Mais justement cette action « en temps réel » oublie souvent, trop souvent, presque toujours, le risque qu'elle comporte d'aggraver le mal qu'elle prétend résoudre, et que nous avons décrit ici, comme si elle oubliait de répondre à toutes les facettes de la situation qu'elle affronte, y compris à notre souffrance temporelle sous ses diverses formes, dont nous venons de voir que les épreuves vitales de l'époque les intensifient et les multiplient.

Cet oubli a d'ailleurs une raison de fond : c'est que l'action semble par principe effacer la souffrance du temps réel, ou la dépasser et c'est pourquoi elle nous paraît grisante ou fascinante, avec de bonnes raisons, et aussi des risques non moins réels. Quand nous agissons, concentrés sur une tâche, n'est-ce pas comme si nous oublions le temps ? Ou bien, si nous y pensons, n'est-ce pas pour en relever le défi et avec le sentiment de le vaincre, ainsi lorsqu'un médecin ou un héros en général parvient à relever le défi de l'horloge et le tic-tac qui pouvait aussi conduire son patient à la mort ? N'est-ce pas là, encore, le ressort des « suspenses » dans les récits et des films d'action qui nous font vivre la souffrance du temps réel comme une dimension de plus, dans l'exploit des acteurs ?

Or, il fallait prendre la mesure de la souffrance temporelle pour comprendre le défi véritable de l'action en temps réel, dans la vie ordinaire, comme dans le moment historique, tout à fait singulier, que nous vivons et qui continuera pour un moment (redisons-le et quoi qu'il arrive) d'être le nôtre.

Nous savons bien que l'action est et sera l'épreuve de vérité de la vie en temps réel.

Mais il ne pourra pas s'agir de n'importe quelle action.

Il ne pourra pas s'agir de céder à la fascination pour ce rapport au temps, qui en redoublera la souffrance et l'emprise.

Si c'est pour remplacer le vertige de l'impuissance par celui de la toute-puissance, cela n'en vaut pas la peine, au contraire, ce sera ajouter une peine encore à une autre, ajouter à une souffrance objective un pouvoir ou plutôt un abus de pouvoir entre les humains.

Nous savons au contraire que l'action dans la durée doit *assumer* la souffrance même de l'ébranlement temporel et nous savons aussi que c'est possible et qu'il y en a des exemples, des modèles ! Car il est bien évident que l'action concrète et complète *dans la durée* ne nous a pas attendus : qu'il y en a déjà eu dans l'histoire de l'humanité, déchirée mais aussi ouverte de l'intérieur, et qu'il s'agit donc de ne pas s'y tromper, de bien comprendre ce qui la définit pour la *reprendre*, en quelque sorte, aujourd'hui.

Que signifie donc cette expression que nous entendons d'ailleurs aussi dans les discours politiques, désormais, autour de la pandémie : « agir dans la durée » ?

Ce ne peut pas être une « promesse », car nous savons que cela ne fait qu'aggraver notre souffrance temporelle !

De quoi s'agit-il alors ?

C'est bien simple en effet.

Agir *dans la durée*, c'est agir concrètement, dans le temps réel, contre *tous les maux* qui nous y menacent, en allant jusqu'à ceux qui ne sont pas les plus lointains dans le temps (c'est là l'erreur capitale !!), mais qui sont bien, en revanche, et dès maintenant, *les maux de notre rapport au temps.*

Or, comment agira-t-on non seulement contre le mal urgent qui nous requiert mais contre ces maux-là qui nous privent même de l'accès au temps de notre vie et à la durée ?

C'est bien simple : il faut construire les conditions d'un rapport apaisé au temps, que viennent toujours et de plus en plus fragiliser nos épreuves temporelles.

Il faut donc au-delà de l'action ces trois dimensions : les conditions d'une *subjectivité* capable d'affronter les épreuves (c'est, à nos yeux, la véritable *prévention* !) ; le cadre *politique* qui permet d'affronter les urgences (et qui passe par un système d'*institutions*, incluant la santé, et avant tout la santé publique, dans un ensemble politique plus vaste, bien loin de réduire la politique à son urgence !) ; enfin et peut-être plus que tout (et réunissant les deux premières !) il faut répondre au *sentiment d'injustice.*

Disons un mot dès maintenant de ce dernier point, peut-être le plus inattendu et le plus fondamental. Dans la pandémie, par exemple, on a pu être surpris de revendications qui viennent en quelque sorte *déranger et parfois contester* l'urgence et cela au nom bien entendu d'autres urgences.

Les libertés, l'égalité, la solidarité, par exemple.

Mais ces revendications qui semblent n'avoir « rien à faire » avec la pandémie, comment ne pas voir au contraire qu'elles surgissent de l'urgence imposée par celle-ci ? L'urgence affecte toutes les relations et ce qu'elles avaient construit pour nous protéger des dangers vitaux dans le temps y compris la violation des relations vitales entre les humains, l'injustice elle aussi mortelle. Et voici qu'une urgence vient réveiller les autres ! Peut-être même, faisant à cet égard le travail de la démocratie, en révéler d'autres, creuser d'autres clivages (ainsi entre les « jeunes » et les « vieux ») et appeler à les prendre en charge dès maintenant. Ainsi ces autres urgences ne peuvent pas être suspendues ou reportées, sinon très brièvement. Dans une urgence durable, au contraire, nous sommes reconduits à ce qui est de toute façon le défi de la vie humaine, à savoir *la conciliation des urgences* et qui seule nous donne le sentiment de la durée, à savoir : la justice.

Car seul le sentiment de justice rend la confiance et la paix dans le temps.

Et donc seul le sentiment que non seulement on lutte contre la maladie mais on construit le cadre et même on fait progresser la justice entre les humains, dès maintenant, nous rend le temps et la durée même.

Bergson l'avait dit, lui, le penseur de la durée, qui savait que seule l'action juste, la morale ouverte, nous en rendait l'accès, si souvent empêché non seulement par les besoins vitaux en général, mais par la guerre et la société « close ».

D'une manière plus générale encore, seul le sentiment de justice (surgi de l'expérience de l'injustice, comme c'est malheureusement toujours le cas) nous permet de *vivre* réellement dans le temps réel.

Telle est donc bien l'action « dans la durée » seule capable de répondre à l'épreuve désormais irréversible de la vie « en temps réel ».

Mais où la trouverons-nous ?

Encore une fois, il ne s'agit pas d'inventer une telle action, de la prescrire de l'extérieur, comme si la philosophie ou la réflexion humaine en général avait ce pouvoir !

Tout au contraire : nous avons, dans la vie et dans l'histoire humaine, des modèles d'une telle action.

Il faut s'y reporter.

S'il y a un travail de réflexion à mener, et qui reconduit bien sûr à l'action individuelle et collective, sociale et politique, ce sera bien plutôt d'en soutenir les prolongements, dans le moment que nous vivons.

Il faudra donc comprendre comment ce modèle de l'action complète, dans la durée, nous conduit à la *prévention*, aux *institutions* et à la *justice*, qui sont dès maintenant la condition de notre avenir.

## ACTION : UN AUTRE MODÈLE

S'il faut commencer par se donner un modèle de l'action ou si l'on veut de l'homme ou de la femme d'action, nous savons déjà que cela ne peut pas être n'importe lequel et que cela importe de manière cruciale pour aller plus loin, au-delà même de l'héroïne ou du héros qui pourtant nous serviront toujours de boussoles.

Elle, ou lui, redisons-le, vivent pleinement « en temps réel », peut-être sont-ils dans l'acte en train de se faire, et sans avoir le temps d'y penser, donc sans avoir la souffrance qui accompagne, nous le savons, cette pensée du temps. Ils répondent à la situation en train de se produire, en acte, aurait-on envie de dire, ils sont comme on dit « *en elle* » ce qui veut dire ici qu'ils y agissent et précisément que non seulement ils et elles y sont, ou en sont, même en un sens fort et participatif (comme quand on dit, « j'en suis ») mais qu'ils et elles la *font*, cette situation, cette vie, ce temps. Ils le font, en tout cas, ou y contribuent, autant qu'il est en eux de le faire et d'autant plus, est-on tenté de dire, qu'ils se regarderont moins agir. N'ont-ils pas, dès lors, les bienfaits du temps « réel », sans ses souffrances ?

Oui, cela est vrai. Et pourtant cela n'est pas suffisant, et nous savons maintenant pourquoi. S'ils peuvent servir de modèle, ce n'est pas seulement à ce titre.

Toute action en temps réel ne saurait être un modèle et certaines comportent même, redisons-le, un piège redoutable, la fascination pour l'urgence pour elle-même, qui consiste à en jouir de façon ambiguë, comme si c'était un jeu. Et c'est bien ce que certains jeux, en effet, cherchent à produire ou à reproduire.

Mais l'action n'est pas un jeu, et il ne suffit pas pour qu'elle soit réelle qu'elle se déroule en temps réel, mais il faut qu'elle réponde à la situation réelle, et plus encore bien sûr lorsqu'il s'agit d'un événement global et grave comme celui que nous vivons. Ce n'est pas cela l'action humaine, cette abolition en quelque sorte réflexe et apparemment radicale du temps qui risque de n'être que déni, à nouveau. Est-ce même simplement possible, aujourd'hui où de toute façon nous vivons, non pas un événement instantané avec son adrénaline, mais un événement durable et dont la durée n'est jamais seulement la nôtre, mais aussi celle du monde, des autres vivants, et qui se déroule à son rythme ?

Non, il y a bien un modèle de l'action, ou c'est dans l'action que nous trouverons un modèle. Mais pas dans n'importe quelle action. Ce ne sera pas le modèle trompeur de la fusion avec l'événement. Cela ne peut pas être, non plus, celui de la vision d'ensemble instantanée et presque magique, par exemple du grand général avec son intuition du champ de bataille (même s'il peut y avoir quelque chose de cela). Et cela ne peut pas être non plus celle du soldat s'il est égaré ou désemparé comme dans la scène célèbre du héros de *La Chartreuse de Parme*, Fabrice, à la bataille de Waterloo.

Mais alors quel modèle pour quelle action ?

Une première réponse s'impose, même s'il s'imposera aussi de la préciser, pour répondre aux défis qui sont les nôtres aujourd'hui.

Notre modèle ce ne sera pas l'action de celles et ceux qui fuient, nient, ou prétendent dépasser, mais de celles et ceux qui *assument* pourrait-on dire, qui *expriment* même et qui partagent *la souffrance du moment*. Ils agissent, mais ils ne perdent pas de vue l'épreuve à laquelle ils répondent, ils ont conscience de tout ce qui est ébranlé et qu'il faudra maintenir et rétablir pour ainsi dire *dans la durée*, tout ce dont la reprise et la réunification, au-delà même de leur action, oui, *au-delà de l'héroïsme lui-même*, et presque comme un miracle plus grand encore, quoique plus ordinaire, définiront le bonheur et la joie des vivants humains. Oui, ils ou elles le savent, ils ou elles ont à agir dans un temps démembré et l'un de leurs buts premiers, absolus, est de le rétablir, et c'est la conscience qu'ils ont à la fois de ce déchirement et de la nécessité d'y répondre qui donne à leur action son caractère complet et en fait un modèle et une orientation.

Ils et elles savent d'ailleurs que, au-delà de leur action, il y a deux conditions pour répondre au déchirement temporel : non seulement l'horizon de *la vie* heureuse dans ce temps qui restera difficile, mais aussi le *cadre* collectif, historique, interhumain, politique, que l'événement a ébranlé aussi et qui est la condition pour l'affronter durablement en temps réel. Ils et elles ressentent l'exigence de ce cadre dont l'ébranlement justement, comme s'il avait glissé sous leurs pas, a requis leur intervention.

Ainsi pendant la Deuxième guerre mondiale le général exilé en Angleterre ou le préfet résistant en France agirent-ils dans l'instant mais aussi dans la durée parce qu'ils organisèrent la République dans la Résistance et avaient conscience non seulement de l'urgence de l'heure mais de tout ce qu'elle avait presque détruit et qu'il faudrait renouveler de manière plus durable « ensuite » ou « après la bataille », mais en y pensant et en parlant, et en fait en commençant à y travailler dans la bataille et donc *dès maintenant*. Bien loin de se réduire à « une » action, sans déchirement ni perspective explicitement temporelle, la femme et l'homme d'action en sont si conscients qu'ils inventent aussi dans cette action, toujours, un projet et en fait déjà une *institution* collective, publique, sans laquelle il n'y aura rien d'historique dans ce qu'il ou elle aura fait. On s'étonne que le « grand homme de bien », selon Bergson par exemple, soit aussi un fondateur ou un refondateur, mais ce n'est pas accessoire, c'est au contraire un critère ; il répond à un tremblement de terre temporel qu'il a perçu non moins et plutôt plus fortement que les autres et il y répond par une dimension temporelle qui ne peut certes pas se réduire à l'instant, même si c'est dans l'instant qu'il lance, déjà, ce qui permettra et encadrera l'avenir, dans un geste instituant dont c'est la définition même. Et si ce fut vrai au cœur de la guerre, qui avait failli emporter toutes les institutions, combien cela doit être vrai aussi dans notre temps, qui doit impérativement en inventer de nouvelles, pour affronter des urgences qui, comme on l'a vu, ne sont pas près de cesser. Et donc aussi pour permettre d'autres actions et même l'action *de tous*. Car ce sera le critère de l'action juste, de permettre à tous d'agir et de participer.

On pourrait donc commencer par l'action héroïque à condition qu'elle soit non pas inconsciente mais consciente au contraire de l'épreuve temporelle où elle se situe et qui la tourmente, et à laquelle elle doit répondre. Comment imaginer dès lors que le héros humain ne soit pas, en même temps qu'héroïque, profondément tourmenté ? L'image surhumaine, même chez Bergson, d'une sérénité détachée du temps, est forcément trompeuse. Humain jusque dans l'action qui sert de modèle aux autres humains, il ou elle l'est, car il ressent le déchirement, la douleur d'une bataille même s'il indique que le combat continue, la douleur du sacrifice de soi et de ses proches, même et surtout s'il accepte d'y laisser son visage et sa vie. Cette douleur, comment oser la lui reprocher, comme s'il n'était pas assez héroïque ou mystique ? C'est tout le contraire, elle nous indique à quoi il répond et ce qu'il vise à rétablir, c'est notre boussole.

S'il fallait un modèle, à tout prendre ce serait plutôt le médecin, conscient du drame qui se noue et de la nécessité d'y répondre dans l'urgence mais aussi dans toutes ses terribles dimensions, et jusque dans le récit qu'il fera de son épreuve, de la douleur qu'il ressentait, de la séparation d'avec les proches, du deuil ou de l'injustice qu'il a vu accompagner la maladie, dans le moment même où il s'y dévouait d'abord et en priorité. Ce sera, par exemple, Rieux, dans *La Peste* de Camus. Mais justement le héros solitaire du roman, dans la catastrophe, en appelle à des institutions politiques et une reconnaissance durable au-delà d'elle. Il n'est pas besoin de métaphore pour comprendre le sens politique de *La Peste*.

De notre côté, donc, nous rejoindrons l'action et même en particulier l'action médicale, dont la pandémie nous permet et nous impose de refaire un modèle. Mais nous pouvons et devons aussi la situer dans son double horizon plus large : celui de la construction des cadres de la prévention et des institutions qu'il nous appartient de réparer ou d'améliorer lorsque, elles aussi, elles se fragilisent ou s'écroulent.

L'action, donc, non pas dans le feu simplement, moins encore dans le déni, mais dans l'épaisseur concrète et complète du temps réel.

Telles sont les étapes à franchir encore, si l'on veut répondre à cette épreuve qui est celle de l'époque. Mais si l'on y parvenait, on relierait justement tous ces temps réels, notre vie, la justice, et l'histoire.

## PRÉVENTION : DE LA SCIENCE À LA SUBJECTIVITÉ

Le récit de *La Peste*, il ne faut pas s'y tromper : ce n'est pas seulement un modèle de l'action, ni des mémoires d'un événement du passé, même sous forme de fiction.

C'est, avant tout, un avertissement.

La catastrophe peut revenir et il faut s'en prémunir, il faut la *prévenir*, et ne pas se tromper non plus sur le sens de cette prévention ou comme dit Camus lui-même de ces « précautions ».

N'écrit-il pas ces phrases mémorables, dès le début du livre, que nous pouvons citer ici à nouveau :

« Les fléaux en effet sont une chose commune, mais on croit difficilement aux fléaux lorsqu'ils nous tombent sur la tête. Il y a eu dans le monde autant de pestes et de guerres. Et pourtant pestes et guerres trouvent les gens toujours aussi dépourvus. »[1]

---

1. Albert Camus, *La Peste* (1947) in *Œuvres*, Gallimard, Quarto, p. 518. Voir par exemple notre commentaire déjà dans *Pandémie et justice*, in *Le moment du soin*, PUF 2010, 2e ed 2021.

Ce que souligne ici Camus avec des termes bien proches de ceux de Freud que nous avons cités plus haut (« Je sais que je vais mourir mais je n'y crois pas »), c'est l'obstacle qui se heurte à ce qui pourtant devrait être premier dans notre réponse temporelle à l'urgence, à savoir la préparation et la prévention. Cet obstacle, il est dans la représentation, Camus dit souvent « l'imagination », de l'avenir et du danger. Mais comment y répondre ? Camus refuse d'abord un humanisme facile : « Le fléau n'est pas à la mesure de l'homme, on se dit donc que le fléau est irréel. C'est un mauvais rêve qui va passer. Mais il ne passe pas toujours et, de mauvais rêve en mauvais rêve, ce sont les hommes qui passent et en premier lieu les humanistes parce qu'ils n'ont pas pris leurs précautions. »[1]

Mais est-ce à dire qu'il ne faut pas être « humaniste » du tout ? Bien au contraire, comme le montre la figure du docteur Rieux, toute précaution passe par la subjectivité humaine, alliée à la science et à

1. *Ibid.*

la politique. Il faut donc relever le défi d'une précaution complète et concrète qui passe par toutes les dimensions de la subjectivité, à l'image du docteur et de l'écrivain qui ne font qu'un.

« Mieux vaut prévenir que guérir », cela n'est-il pas d'ailleurs la devise de la santé publique et ce qui devrait accompagner désormais l'époque ?

C'est vrai, mais c'est bien sûr insuffisant, si on s'en tient à cette évocation ou cette invocation encore générale et abstraite, qui risque même de nous effrayer ou plus exactement de nous faire subir encore et peut-être le pire exemple de cette double peine temporelle à laquelle toute cette étude est consacrée !

Comment éviter que la prévention, la médecine préventive, la santé publique ne deviennent une souffrance de plus, ce qui amènera aussi à un refus de plus ?

L'idée que notre *avenir* consistera à *prévenir* ne suscite-t-elle pas en nous une profonde *rétractation* dont nous comprenons maintenant les ressorts psychiques profonds et inévitables ? Cette souffrance temporelle viendra nourrir le moulin de notre ambivalence (pour reprendre une expression partagée avec François Ansermet, qui a un regard si profond sur toute cette question) et de notre refus de sacrifier notre vie à la préservation de la vie, qui est lui-même fondé sur cette ambivalence. Car au nom de ce refus de prévenir nous ne nourrissons pas, comme le croient certains, ou en tout cas pas *seulement* le désir de bien vivre, mais en fait le désir de mourir et cette pulsion contraire à la vie dans notre vie même que les psychanalystes ont raison d'appeler la pulsion de mort ! Il y a en nous deux dépassements du désir de survivre, l'un vers le bien vivre, mais aussi l'autre vers la mort, et parfois le second prend le masque du premier, comme un menteur diabolique qui dit nous entraîner vers plus de plaisir, alors qu'il nous entraîne, avec le renfort de nos désirs les plus négatifs, vers la mort. Et Camus connaissait bien sûr, la puissance de ces aveuglements volontaires, de ces fascinations qui se disent vitales et qui ne sont que morbides, car comment notre désir de bien vivre ne devrait-il pas lutter non seulement contre la mort mais en fait contre *tous* les visages de la mort, entre les humains ?

Mais alors revenons à notre question : que serait une prévention qui prendrait en compte les dangers psychiques de la prédiction même la mieux intentionnée, que révèlent aussi sa dimension temporelle et la souffrance qu'elle implique, inévitablement ?

Une fois le problème bien posé, on en comprend bien sûr la réponse.

La prévention complète ne sera justement pas seulement une *prédiction*, ni même une *préparation* objective, même si celles-ci sont absolument nécessaires, elle sera d'abord quelque chose comme une *prévenance*.

Je veux dire : elle ne consistera pas seulement dans le fait de prévenir quelque chose, même le pire des maux, mais aussi de prévenir *quelqu'un*, et même de constituer quelqu'un en sujet de la prévention, à travers cette prévenance.

Car il s'agit d'abord par l'action de la prévention nécessairement de long terme et relationnelle (qui passe par le soin, l'enseignement, l'éducation notamment) de constituer des sujets capables de *supporter* la prédiction et la préparation ainsi que leurs défauts et l'urgence éventuelle qui s'ensuivra, et surtout, évidemment, les souffrances temporelles qui les accompagneront et que nous vivons aujourd'hui, comme on l'a rappelé, dans cette pandémie. Comment supporter en effet cette urgence qui dure, cette incertitude et cette fatalité, et ces risques de sacrifier les principes de la justice ? Eh bien justement d'abord par une prévention dont la perfection ne tiendra jamais seulement à sa perfection technique bien sûr inatteignable, mais d'abord à sa construction subjective et profondément relationnelle qui la relie à la construction même de nos vies et en fait aussi l'un des principes du progrès entre les humains, chez lesquels cette dimension vitale est le plus souvent enfouie et oubliée. Quel progrès en effet si cette exigence de la prévention-prévenance sous le signe de l'urgence de la santé publique faisait progresser la constitution des subjectivités humaines au lieu de les fragiliser jusqu'à l'effondrement !

Bien sûr, il faudra, pour que cette construction soit complète, des institutions qui permettent la confiance, et le sentiment de la justice qui, encore une fois, est la seule garantie que nous ayons pour supporter les épreuves temporelles.

Mais on peut aussi dire l'inverse et c'est le cercle possiblement vertueux de la vie humaine : car pour fonder et faire vivre ces institutions et pour permettre cette justice qui nous permettra de supporter la vie « en temps réel », il faut d'abord des subjectivités construites par les actions de soin préventif complet, du soin le plus technique (les vaccins, la prévention en général) jusqu'au soin le plus subjectif et adressé, le soin de quelqu'un.

Car dans l'urgence et inévitablement, nous faisons surtout attention au geste de soin, ou plutôt au traitement, que nous disons « technique ».

Mais derrière cet acte ou plutôt en lui, et même dans l'urgence, il y a son intention et son adresse subjectives, avec sa propre fragilité et tout ce qui peut la menacer. Jusque dans l'urgence, l'acte médical ne sera complet que s'il prend *le temps*, ne fût-ce qu'un instant, de rappeler cette intention et cette relation, suspendue par le geste technique alors même qu'il en est pourtant issu, dans l'histoire de l'espèce humaine !

Dès lors, agir dans la durée, c'est aussi, et sans doute d'abord, maintenir cette action et cette adresse concrètes, au fil du temps et des relations humaines. Dès la naissance, dans cette « détresse » initiale vécue dans un temps insupportablement réel par les nourrissons, l'apaisement viendra non seulement de la réponse immédiate mais de son retour constant qui permettra aussi, progressivement, d'apprivoiser le temps et de *supporter l'intervalle*. Lui aussi, il effacera le sentiment du temps, ce travail du soin, de l'éducation, de la parole et de la justice et il fera comme si nous pouvions vivre enfin sans urgence, ennui, ou crainte, dans l'oubli heureux de la souffrance temporelle qui nous menace. C'est cette prévention-là qui semble la condition première pour vivre dans le temps réel.

Pourtant, elle doit lutter aussi contre une autre source de danger et d'urgence, de négativité, ce que nous appelons depuis toujours pour notre part la *violation*, et qui appelle au relais politique par les institutions de justice lesquelles, encore une fois, ne sont pas secondaires, mais tout aussi premières, puisqu'elles répondent aux besoins vitaux spécifiques aux humains, qui surgissent de leurs relations les plus vitales elles-mêmes !

Il ne faut donc pas céder à la fascination pour la présence, et les plus grands philosophes du temps réel nous l'ont toujours appris. Mais ces présences restent pourtant la condition de la vie en temps réel. Ainsi de ces deux extrêmes bien sûr : la présence enfouie des liens les plus profonds, qui ressurgiront en chacun face à l'épreuve vitale ; et la présence même fugitive de l'adresse relationnelle, jusque dans le discours adressé du professionnel, le médecin ou le politique, dont le geste technique n'aurait pas de sens s'il ne rappelait aussi, fût-ce d'un regard ou d'un geste de la main, qu'il ou elle *est là*, et que son action est aussi un signe, et en fait une parole, à quelqu'un ou quelqu'une. Entre ces deux extrêmes, chaque ordre de la vie peut nous soutenir de plus d'une présence que nous avons en tête même dans l'absence ou dans la suspension parfois inévitable des relations, ainsi ces amis, ces livres, ces collègues, ces êtres plus vieux, plus jeunes, avec qui nous partageons le temps réel et qui ont chacun leur durée, mais qui sont coprésents avec nous dans la distance même que le temps nous impose parfois, dans la pandémie par exemple, mais que nous pouvons supporter et surmonter en sachant que nous pouvons aussi nous y retrouver car ce sera là, aussi, le critère ultime de la vie heureuse, en temps réel.

Ce sont ces autres présences qui sont enfin la condition de la mienne, de la nôtre. Elles nous permettent d'être présents au temps réel, d'être nous-mêmes réels, d'agir, enfin, dans la durée, nous aussi. Nous ne sommes pas seulement les spectateurs, en temps réel, de ce qui arrive à autrui sur un écran. Au contraire, une société juste nous donne les conditions et les moyens pour être aussi les acteurs, sur notre scène, de ce temps que nous savons partager et où chacun a sa place.

On n'obtiendra pas cette participation des acteurs, même aux moments les plus urgents, par une injonction vide ou creuse : soyez les acteurs de votre propre santé, de la santé publique, par exemple, ou dans ce qu'on appelle la « responsabilisation » extérieure et souvent violente et les formes abstraites ou torturantes de l'éducation thérapeutique. Mais par un accompagnement et une confiance *dans la durée*, et qui doit s'en donner les moyens. Cela vaut dans tous les ordres y compris bien sûr dans la vie sociale et dans le travail, avec par exemple le revenu universel inconditionnel, et le temps libéré dans le travail concret, sur lequel nous reviendrons ailleurs.

Mais, d'abord, cette prévention n'aurait aucun sens si elle ne prenait place dans ce qui la rend possible et qui prolonge cette fois l'action urgente au lieu de la précéder et de la fonder subjectivement, à savoir bien sûr les institutions politiques dont la médecine, à nouveau, nous fournit un modèle.

## INSTITUTIONS : DE LA SANTÉ À LA SOCIÉTÉ

On peut repartir en effet du mot qui a finalement traversé tout ce travail avec sa pression constante sur notre rapport au temps, et pour un moment, et que nous ne risquons plus d'oublier : l'urgence.

Elle a, en médecine, dans l'institution médicale, une petite, une minuscule modification typographique dont on peut montrer qu'elle change tout, et en particulier notre rapport au temps !

Cela n'a l'air de rien, d'abord, c'est minuscule, une petite lettre, seulement, mais c'est là que tout se joue, et nous le savons même si nous l'oublions et le refoulons, puisque cela suppose encore une souffrance temporelle, mais transformée. Oui, cette petite lettre, je veux dire le pluriel mis à ce mot encore : *les* urgences, donc.

On tend toujours à insister sur l'urgence *au singulier*, l'urgence extrême, l'urgence vitale je veux dire bien sûr : immédiatement vitale, la sirène, le gyrophare, la course dans les couloirs sous l'œil des caméras, réalité ou fiction. On a raison, bien sûr, et nous devons le redire : nous critiquons la fascination mais refusons aussi le déni. Oui, l'urgence vitale est le point de départ et doit rester la boussole. Il est certain que c'est le critère premier. Le plus indifférent des humains, qu'il y vienne, si le feu prend dans sa maison ou dans ses organes. Il ne s'agit donc pas d'y renoncer, bien au contraire, et nous savons qu'il y a des urgences extrêmes de ce genre quoique invisibles encore, des urgences apparemment lointaines mais pour lesquelles il est sans doute déjà presque trop tard, ainsi pour la perte de la biodiversité dans le temps le plus long et si soudainement accéléré ou pour les enfants assassinés ou maltraités ou laissés sans soin ni éducation. Mais tout est là justement : il faut prendre au sérieux la pluralité des urgences, c'est la définition même de la vie, de l'action et de la politique humaine et l'on est bien forcé pour cela de mettre le pluriel, c'est le premier geste, mais de ne pas tout mettre sur le même plan et, *dans le danger comme dans le temps*, de « prioriser », de hiérarchiser, de ne rien négliger mais de tout répartir. Ainsi dans « les urgences » d'un hôpital en France, on arrive avec son urgence, immédiate, douloureuse, toujours, même si (n'étant pas médecin) on ne sait pas à quel point. Et là notre surprise est grande : tous ces autres humains, toutes ces autres urgences.

Nous disons (qui ne s'y est pas surpris) : mais c'est incroyable, c'est *la cour des miracles* ! Je suis là, avec toi, qui te tords le bras ; mais cette femme à côté elle semble souffrir « plus encore » ; et que dire de cet homme au corps, au visage et à la voix défigurés par la souffrance et la détresse, et que les pompiers viennent de déposer sur un brancard ? Oui nous le savons et c'est comme une image du monde. Il y a plus d'une urgence, et l'institution de l'hôpital est faite pour y répondre, et d'abord en les accueillant, en les organisant, puis en les répartissant, en effet, dans « les étages », les services, où le temps, plus long, reprendra son cours. C'est notre image, la seule, de *la vraie politique du temps*, à tous les niveaux, local national et global : structurer le temps en répondant à toutes les urgences, ou plutôt c'est l'inverse : répondre à toutes les urgences en structurant le temps, cela vaut désormais au niveau mondial, de la pandémie au climat, comme aux deux extrêmes de ce « moment » du vivant qui est décidément le nôtre.

Mais on se récriera et pour plus d'une raison, la première étant sans doute que cette politique du temps n'abolira pas, elle non plus, toute souffrance temporelle.

Et on aura raison, car c'est bien le cas, et comment le pourrait-elle, d'un coup, magiquement ?

Au contraire on le sait bien et c'est tout le paradoxe : *le temps des urgences, c'est l'attente* !

J'arrive aux urgences, je sais que je vais attendre, enfin je le sais, plus ou moins, et tout l'enjeu politique est là : va-t-on me le dire, me l'expliquer, me permettre de le subir avec la confiance dans cette organisation du temps humain qui est la condition pour dépasser la panique temporelle et la guerre sociale ? La question n'est pas, en tout cas, d'abolir la douleur de l'urgence. Au contraire, en la mettant au pluriel, on commence par la démultiplier elle aussi. Je suis à la fois dans l'urgence elle-même, donc dans l'impatience ; et dans l'institution qui hiérarchise les urgences et donc qui détermine celles qui *peuvent* et en fait qui doivent *attendre*. « Cela peut attendre » : geste parfois de mépris, parfois aussi de soulagement, si on desserre l'emprise du temps sur nous, mais dans la confiance, l'assurance, qu'on le fera *à son heure*. À son heure, cela voudra dire aussi bien sûr : avant que cela devienne vital et/ou mortel, et dans le temps prévu, organisé, expliqué, *juste*, qui est au principe des institutions politiques et sociales, qui est leur sens et leur fonction première. Juste à temps : il ou elle sera là, avec la sirène s'il le faut, tranquillement si l'on peut, en retard même si on ne peut faire autrement, mais dans le partage social et moral du temps réel, sans lequel nous ne pouvons ni respirer, ni survivre.

Il y a donc bien une souffrance temporelle, mais l'action politique consiste à l'assumer et ainsi à inscrire le temps des vivants dans l'histoire humaine. Il y a, nous le savons, deux souffrances redoublées politiquement par les humains : celle de l'urgence absolue, permanente, totale et totalitaire ; ou celle au contraire de la promesse vague, vide, creuse, trompeuse, de l'avenir où tout ira bien, vous verrez. Mais entre les deux la seule parole politique qui vaille c'est celle qui dit : nous allons *instituer*, ensemble, et respecter, ensuite, un partage des urgences. Instituer, c'est définir une règle pour éviter la guerre et répondre aux maux des humains, et cela vaut bien sûr avant tout pour la réponse aux urgences vitales, dans une société partielle et désormais à l'échelle de la planète. Quelle société n'arbitre pas entre le danger immédiat qui peut justifier, on l'a vu, un état d'urgence provisoire, et la structuration des autres dangers qui est justement la règle temporelle que l'exception ne vient que confirmer ! Ainsi, tout l'édifice social, mais aussi nos subjectivités et nos vies dépendent de cette organisation des urgences. Et certes cela suppose aussi des temporalités diverses, des choses qui peuvent attendre.

Ou plutôt, et c'est là l'essentiel bien sûr : ce n'est pas la société qu'il faut comparer à l'hôpital, mais la priorisation médicale des urgences qu'il faut replacer dans l'organisation sociale de la justice, dans son ensemble, entre toutes les urgences dans tous les ordres de la vie humaine ! Insistons ici car c'est fondamental. La santé publique ne consistera pas dans la médicalisation de la société mais dans la démocratisation de la santé, dans le fait de replacer les « urgences » médicales dans les urgences sociales qui sont bien sûr encore vitales.

Telle est la justice : une réponse d'abord institutionnelle à nos épreuves temporelles et à tous les besoins urgents c'est-à-dire dont l'absence de réponse nous conduirait à la mort.

Mais en fait même cela est déjà en acte dès maintenant : nous prévoyons des lieux pour ce qui est d'une urgence lente et par exemple et avant tout la culture et l'école ; tout cela prend du temps ; mais il est urgent aussi ; il faut donc instituer ce temps et le protéger avec force dans l'espace social, et ainsi de tout le reste y compris du temps que l'on dit « libre » dans et au-delà du travail ou du temps partagé. C'est vrai aussi dans l'urgence médicale comme lorsque le médecin prend le temps de la parole et du regard adressés, ou lorsque l'on « permet » aux proches ce temps que l'on croit à tort secondaire, mais qui est vitalement tout aussi premier que la perfusion ou la réanimation, mais que l'on sait pouvoir reporter s'il le faut, à condition que l'on soit sûr qu'ensuite il revienne, sinon à quoi bon avoir échappé au danger ?

### JUSTICE

Il résulte de ce qui précède une conclusion très simple : c'est que l'action en temps réel *et* dans la durée doit concilier non seulement des temporalités mais, à travers elles, des dimensions de la vie humaine toutes fondamentales, mais très différentes entre elles. Telle est la première étape de la justice. Mais elle nous conduira, à travers les institutions, à l'action, et cette fois à l'action de tous et de chacun.

Dès lors, ce « temps réel » qui apparaît et est pour nous une épreuve, aussi bien dans un événement isolé que dans un événement durable comme c'est le cas désormais, il a beau nous paraître exceptionnel, il ne l'est que parce qu'il nous révèle quelque chose de structurel et en fait la vérité de notre condition, et des contradictions qui la traverse.

Pourquoi y aurait-il une telle épreuve dans le sentiment de l'urgence si ce n'est qu'elle nous fait subir non seulement un danger vital, mais une *contradiction entre nos exigences vitales* (par exemple la santé et la liberté, ou ma vie et celle des autres), et donc, plus fondamentalement ou plus vitalement encore, l'exigence des exigences qui est l'exigence de justice ?

On pourrait croire en effet que l'urgence écrase tout, au sens où elle autoriserait tout, et cela au nom de « la vie ».

Mais on s'aperçoit que c'est le contraire. Le sentiment de l'urgence, par sa négativité ou la souffrance même qu'il implique, s'affiche déjà comme une violence qui nous est faite, parce qu'il menace toujours une relation humaine qu'il porte jusqu'au suspens ou au suspense, comme une violence morale, une violence dans les relations morales, et donc une *violation*.

Pourquoi est-ce si douloureux de te voir tomber « en temps réel » ? Ce n'est pas seulement parce que tu es menacée mais parce que je ne peux rien faire et est-ce que je ne vais pas me le reprocher *toute ma vie* ?

Mais si cela est déjà vrai pour une expérience individuelle et exceptionnelle, sur laquelle on pourrait et devrait donc revenir une dernière fois ici, ne serait-ce pas plus vrai encore aussi pour l'expérience continuelle et collective que nous vivons aujourd'hui ?

Il y a un bienfait de l'urgence dans sa douleur même et surtout lorsqu'elle continue : ce n'est pas qu'elle écrase tout, c'est le contraire, c'est qu'elle oblige à voir les contradictions de la vie humaine.

Nous souffrons de la tension entre santé et liberté, entre vie et économie, entre la protection des uns et celle des autres, entre l'immédiat et le long terme ?

Mais enfin, avons-nous envie de dire : pourquoi avions-nous donc besoin de cette souffrance temporelle pour prendre conscience de ce qui définit en réalité notre condition vitale et humaine en tant que telle ?

Vous faut-il cette pointe dans la chaussure ou cette sirène dans vos villes pour que vous compreniez que la vie humaine est chose tiraillée, entre des urgences qui se contredisent et qu'il faut concilier, et surtout que, au cœur de toute urgence, il y a la conciliation ou le déchirement et la violation des relations humaines ?

Mais certains pourront douter encore.

Prenons donc un dernier exemple dans la vie individuelle, et même collective, mais encore dans des événements isolés, qu'il faudra transposer ensuite, une dernière fois, sur le plan des événements durables qui définissent notre « moment ».

Soit donc ce que l'on appelle la « légitime défense ».

Dans l'instant d'une agression qu'il subit quelqu'un doit décider, en temps réel et dans l'urgence, de savoir s'il est prêt à transgresser pour se défendre un interdit moral et politique et même d'aller dans ce cadre jusqu'à enlever la vie de son agresseur, s'il ne peut pas faire autrement.

Il y a là en fait la vérité de l'urgence humaine, portée à sa vérité nécessairement tragique. Il faut imaginer ce dilemme moral, minuté par l'horloge, qui en est plus que jamais inséparable. Comment arbitrer entre le fait de préserver ma vie et l'interdit de tuer autrui ?

Le but des institutions est bien sûr de l'éviter, et aussi de prévoir l'exception, qui devra ensuite être réintégrée dans la règle.

La loi a prévu avant (ou prévenu) qu'elle jugera après, que les institutions continueront, reprendront, évalueront l'exception qui en a provisoirement déchiré le tissu et rompu le cours.

Et il en sera de même pour la guerre dite « juste » qui ne peut être que le combat de « légitime défense », et en vue de la paix. La douleur qui accompagne ici le combattant, et qui le distingue de l'agresseur content de lui, a été soulignée pendant la résistance aussi bien par Malraux que par Camus. L'un est joyeux d'attaquer, et tue sans remords, l'autre est triste de se défendre, et transgresse sa propre loi dans le déchirement, en vue de la rétablir et même de la faire progresser à l'avenir, pour éviter que cela ne se reproduise.

Il faut généraliser : tout sentiment d'urgence est non seulement une crainte vitale, mais une demande de justice, entre les humains, qui parfois va même s'adresser « au-delà », traduisant ainsi, selon nous, la priorité de la relation, au sein de nos besoins vitaux.

Oui, toute urgence est en fait une agression, et toute vie heureuse une paix.

Une paix, qui n'est jamais seulement une conciliation égoïste, avec le monde ou avec son corps, une survie ou une « santé » qui serait ce seul « silence des organes ». Une paix qui passe nécessairement par son sens littéral de paix morale, sociale, civile, entre les humains. Comment serais-je en paix avec le monde si je craignais constamment l'agression humaine et même si je ne savais, derrière l'agression possible du monde, la protection possible des humains ?

Mais si cela est vrai de notre vie individuelle, si le bonheur y dépend d'un oubli de la souffrance relationnelle de la conscience du temps, comment cela se traduira-t-il et comment surtout cela sera-t-il possible dans une expérience non seulement collective mais continuelle de cette violence ou plutôt de cette violation ?

Eh bien, vous avez raison, cela n'est plus possible ! L'urgence ne nous laissera plus tranquilles.

Mais en se déployant dans la durée, elle nous obligera à une conciliation constante, et aussi à l'échelle globale, planétaire, mondiale, des contradictions qu'elle ne cessera de nous rappeler. Nous aurons à construire une paix civile mondiale sur la base des tensions dont nous savons maintenant qu'elles sont là, comme on dit, *pour durer*, et avec la chance paradoxale qu'elles s'y sont installées sur la base d'une urgence vitale commune, qui certes entre en contradiction avec toutes les autres, et d'abord la concurrence et la guerre, mais qui justement oblige désormais à une conciliation toujours complexe et surtout avec toutes les violations qui déchirent les humains.

Nous sommes surpris par exemple : voici, dans les démocraties, encore un nouveau conflit potentiel, inattendu, entre les « jeunes » et les « vieux ». N'avions-nous pas déjà toutes les injustices du monde à prendre en charge, non seulement l'abus de pouvoir politique, mais les injustices économiques et sociales, le lourd passé des injustices raciales ou sexuelles ? Oui, c'est vrai, et même à l'égard du monde animal et du vivant en général !

Mais l'apparition de ces nouvelles sources d'indignation est révélatrice. L'urgence vitale ne fera pas disparaître les urgences sociales, morales et politiques, dont s'occupe la démocratie !

Au contraire, elle les intensifie toutes, les rend prioritaires, et en réveille même d'autres, inattendues !

Enfin on prend conscience des inégalités devant le soin, du poids vital des pathologies lourdes, de toutes les questions qui accompagnent non pas une vague vulnérabilité commune (« tous les hommes sont mortels » voilà qui est bon pour les manuels de logique formelle et abstraite !) mais des différences entre les humains et même au-delà.

En fait, si l'urgence provisoire oblige à une rupture exceptionnelle et une conciliation rétrospective, c'est l'inverse avec l'urgence durable dans laquelle nous sommes en train d'entrer !

Nous sommes obligés désormais à une tension et à une conciliation, mais aussi à une progression ou un progrès constant, contre toutes les régressions !

Car la tension de l'urgence ne disparaissant plus, nous aurons à tout concilier en acte et en permanence, et même les contradictions les plus lointaines en apparence, si on s'en tenait à sauver les vies, mais les plus intimes en réalité, si le danger vital persiste. Oui, les naufragés de nos fictions sur leur radeau sont plus solidaires que ceux qui se croient tranquilles pour l'éternité et menacés seulement de loin en loin par un tremblement de terre !

Mais notre image de la catastrophe, ce n'est plus l'événement soudain, la foudre ou en effet le séisme, comme à Lisbonne, ou alors nucléaire, parce qu'il s'accompagnerait d'une durée infinie, comme à Fukushima.

Non, notre image de la catastrophe c'est désormais celle de la terre définitivement mouvante comme les sables du même nom ou les vagues de la mer, mais avec en prime, comme toujours, les déchirures, les fratricides, les risques supplémentaires que nos violations intimes nous font courir en pareil cas.

Dès lors, les institutions les plus importantes ce sont bien sûr celles de la conciliation humaine des urgences, les institutions du débat politique fondamental, celles de la démocratie, où la parole humaine permet d'exprimer les tensions qui ne cesseront plus qui n'ont en fait jamais cessé !

Ce sont ceux qui ont cru à la fin de l'histoire qui ont nourri le sentiment d'une trahison des élites.

En fait la conscience des injustices et même une conscience des nouvelles injustices surgies ou bien du progrès moral ou bien des risques vitaux et parfois des deux est le moteur d'une histoire qui continue et qui doit partager de nouveaux dangers et surtout une action et une parole véritablement communes. Tel est le dernier point crucial à soulever.

La participation à l'événement, c'est la mobilisation non seulement consultative et critique, mais active et bien réelle à tous les niveaux, et prise en compte par les institutions politiques les plus fondamentales, du plus local au plus mondial.

Certes, le sentiment de la contradiction n'est pas seulement exceptionnel et intime ; il est continuel et mondial ; il peut et doit irriguer tous les débats démocratiques, les revendications et les arbitrages.

Et la seule façon de les accepter dans la durée, c'est de savoir que les contradictions de la vie humaine ont été prises en compte, que le déchirement s'accompagne d'un progrès, qui sera toujours partiel et critique, une conciliation jamais un idéal.

Ce sentiment-là, en temps réel, n'est-ce pas ce qui, partagé par une société ou pour l'humanité, permettrait de vivre dans la durée ?

La preuve ultime cependant de ce sentiment de justice, ce sera le retour à l'action et même à la création et à la vie, de chacun et dans tous les ordres. De même que le héros ou l'héroïne sont amenés dans l'urgence à tout concilier et à réconcilier les humains avec le temps, de même les institutions vitales et critiques nous permettent de le faire sans être des héros mais dès maintenant et de manière durable. La santé publique est à ce prix : des sujets, des citoyens, qui agissent dans l'urgence, mais parce qu'ils savent que celle-ci s'inscrit dans la longue durée de la justice et même du projet de celle-ci. Non seulement dans la lutte contre un virus, par exemple, mais contre les inégalités dans cette lutte, et contre le déni dans la construction d'un monde qui affronte ces dangers et n'en néglige aucun. Il suffit que je sache que cette conciliation est notre but commun, même avec les graves désaccords assumés, pour que ma vie reprenne sens et affronte tous les dangers du monde.

# Conclusion

## La concordance des temps

L'alternative qui s'est dessinée peu à peu au fil de ces pages, elles-mêmes contemporaines de ces changements survenus au fil des temps, est claire.

Ou bien les événements en temps réel vont continuer à morceler nos vies, les trouer de traumatismes de tous ordres qui, en outre, reviendront plus tard nous hanter, enfoncer leurs clous dans nos mémoires.

Ou bien, au contraire, l'expérience devenue continue, mais aussi structurée humainement, du temps réel et vital, pourrait, même douloureuse, fournir la toile de fond et la basse continue (comme en musique) pour la reprise de la vie humaine dans toutes ses dimensions temporelles devenues conscientes d'elles-mêmes non seulement pour le pire mais pour le meilleur.

Nous connaissons bien déjà, dans nos vies, cette alternative.

Parfois, sous le coup de la conscience soudaine et douloureuse du temps réel, tout se désaccorde. Cela peut être une urgence vitale et parfois mortelle qui interrompra notre vie, notre action, ce que nous étions en train de faire et peut-être de créer. Ou bien notre propre incapacité subjective à supporter le temps, la conscience humaine du temps, un sentiment d'ennui qui peut devenir pathologique et mélancolique. Ou bien encore une négativité, n'importe laquelle, dont on sait qu'elle viendra se redoubler de cette souffrance temporelle quel qu'en soit le degré. J'essaie par exemple d'écrire, de me concentrer (ou de lire, ou de parler) et soit que je sois interrompu du dehors, soit que je retrouve mes démons intérieurs (hésitations, scrupules, ou que sais-je), dans les deux cas avec toutes leurs variantes le temps se rappelle cruellement à moi comme pour s'interrompre lui-même. Car c'est cela le plus troublant, cette conscience du temps qui interrompt le temps ! Qu'il s'agisse encore une fois des urgences de la vie physique ou de la vie sociale, ou du vide oppressant de la page blanche ou de la supposée tour d'ivoire, bien vertigineuse dans son isolement, tout se désorganise alors et je vis tout dans une mauvaise humeur qui est comme le pressentiment du malheur (lequel fera éclater la possibilité même de vivre dans le temps). C'est comme si rien ne collait. Ainsi le désaccord est ici littéral, musical, et relationnel aussi, comme une discorde avec moi-même qui se traduit bientôt dans une dispute avec autrui, laquelle aggravera encore bien sûr la disharmonie des temps que nous ne partagerons plus. Parfois rien ne va plus et tout se télescope.

Mais parfois, au contraire, tout se réunit sans pourtant se confondre et l'harmonie des temps me saisit sans que j'aie le sentiment de rien oublier et de rien négliger, pas même les urgences avec leurs contraintes. J'ai alors le sentiment non seulement de vivre en temps réel, mais de vivre ma vie réelle, dans le temps. C'est le cas, quand les contraintes assumées relient les actions au lieu de les séparer, permettent les rencontres au lieu de les empêcher. Je sais (mais je l'oublie si souvent !) qu'il faut pour cela beaucoup de conditions, qui ne tiennent pas seulement à « moi » ou aux « autres », mais à la façon dont notre moi et le leur a été soutenu, abrité, construit presque pour pouvoir se déployer dans ces moments qui semblent si magiquement (et faussement) surgir de nulle part et qui nous permettent de faire face sans trembler non seulement aux souffrances vitales, mais aux épreuves du temps qui ne fait pas que passer, nous le savons maintenant, mais qui nous ébranle, pour ainsi dire, *au passage*. Nous connaissons ces conditions, et nous savons qu'elles sont *d'abord* relationnelles, mais nous les oublions car c'est justement le miracle de cet accord, que le sentiment du temps y devient aussi une surprise joyeuse et oublieuse.

Nous le connaissons, en effet, le critère de la vie heureuse en temps réel : c'est lorsque le sentiment conscient du temps ne surgit pas de l'extérieur d'un événement négatif, mais de l'intérieur d'un acte bienfaisant et sous la forme d'une surprise qui a toujours l'accent de la nouveauté, lors même qu'il peut s'agir d'un retour. Tiens, disons-nous, à nouveau le printemps, cette lumière sur ton visage ou sur l'arbre dans le jardin, tiens, te voilà, j'avais oublié ton sourire, et, semble-t-il ainsi de suite. Mais il y a une surprise encore plus grande, la seule qui soit véritablement un « miracle » ici-bas, et humain, et c'est l'enchaînement des surprises à travers et au-delà des urgences et des contraintes vitales, lorsque tout semble s'accorder, même à travers la douleur du temps réel et dans chaque ordre qui plus est. Cela arrive parfois : sur un « emploi du temps » avec ses contraintes, chaque « plage horaire » comportera un acte réel et une surprise inattendue, le temps avec toi, avec vous, mais aussi autour d'une tâche urgente et pour répondre à un besoin concret, et parmi eux le besoin d'être ensemble et aussi parfois d'être seul, dans une relation toujours cependant car il n'y a pas de surprise solitaire mais c'est toujours une retrouvaille, fût-ce avec la nature ou avec nos plus intimes pensées comme si elles surgissaient pour la première fois à travers une épreuve du négatif et du doute car celle-ci ne nous abandonnera jamais tout à fait. Oui, parfois, les temps s'harmonisent, face aux épreuves et aux violences même les plus radicales du temps réel. Même face à la mort et au deuil demanderez-vous peut-être ? Oui cela se peut, car même la mort peut, si elle est accompagnée par d'autres, trouver sa place elle aussi, sans effacer cependant son épreuve qui a failli nous pétrifier en temps réel, tant la réalité du temps nous tombe alors dessus du dehors.

Mais quoi qu'il en soit de notre vie individuelle, le moment présent et collectif nous permet ou nous impose cette alternative, transposée à un autre niveau : dans la vie publique, historique, où elle prend un nouveau visage, à travers ce qu'elle ébranle, mais aussi ce qu'elle rend possible puisque notre vie individuelle, elle-même, on vient de le redire, en dépend.

Que cette alternative revienne dans l'épreuve historique du temps réel, ce n'est pas propre au moment présent, cela se vérifierait sans doute dans toute grande expérience de ce genre. Les guerres elles-mêmes, on le sait, jusqu'aux plus terribles, connaissent cette alternative, portée à l'extrême. Il y a une souffrance dans l'épreuve durable, par exemple des deux guerres mondiales du XX$^{e}$ siècle, qui est capable bien sûr de tout briser ; mais on sait aussi que pour certains, engagés pour la justice, elles purent être aussi le moment d'un accord miraculeux jusque dans la conscience écartelée de leur déchirement. Certains (des résistants en France par exemple après la Deuxième guerre mondiale) n'ont-ils pas évoqué, même, la douleur du retour à la « normale » après l'exaltation de l'action et, dans son lien avec autrui, jusque dans le deuil, dans la construction politique même clandestine, d'une sorte de miraculeuse concordance des temps ? Nous y sommes souvent revenus presque malgré nous dans cette étude et ce n'est sans doute pas par hasard, ni par obsession personnelle, mais comme un signe ou un héritage des temps. Mais cela n'annulera pas non plus, bien au contraire, la conscience des pires crimes et de leur caractère « irréversible », ou « imprescriptible » selon le mot lui-même inoubliable de Jankélévitch, cette conscience douloureuse, mais aussi revendiquée et contestataire du temps réel, et qui refuse l'oubli. La mémoire des épreuves sera dès lors « aussi forte » pour reprendre l'expression du même philosophe, que celle des miracles et elles attesteront de la double puissance de notre vie dans le temps.

Mais ce qui nous est proposé ou plutôt imposé aujourd'hui, c'est autre chose encore, devant quoi il nous est impossible de nous dérober.

Ou bien nous subissons au long de nos vies et d'un long moment (certains le font aller jusqu'à la fin du monde, laissons-leur cette douleur de plus), le moment du vivant devenu mortel, les souffrances, les épreuves en temps réel qui vont se prolonger, se succéder et tout désarticuler ou démembrer. Tout risquera alors de se briser.

Ou bien, au contraire, nous décidons dès maintenant, sous le signe de cette urgence vitale prolongée et non guerrière mais au contraire tournée contre des maux communs (dont la guerre même), de construire dès maintenant une vie consciente de ses conditions de tous ordres, consciente du temps et de ses dangers, mais aussi et du même coup consciente de la manière dont elle peut, dans le temps qui est le sien, concret, ce temps-ci, cette vie-ci, ce moment « que nous vivons », construire le cadre et pour ainsi dire la maison de la vie humaine commune et complète dans le monde. Pourquoi le temps devenu sensible du souci pour la vie humaine, et au-delà, menacée, ne se doublerait-il pas de la conscience des actions nécessaires et des progrès possibles et cela dans toutes les dimensions temporelles de la vie humaine ?

Il faudra certes pour cela renoncer à l'insouciance, qui est aussi la source de l'injustice, entre les humains.

Oui, car nos bonheurs ont pour condition secrète le partage de contraintes vitales et sociales sur cette Terre, qui désormais nous sautent aux yeux et qu'on ne peut plus dénier, sauf à fuir ce temps réel qui en est désormais pour nous le signe.

De ce point de vue, la prise de conscience douloureuse et continue désormais de ce temps est un progrès et la condition de tous les progrès réels (bien au-delà de l'illusion ou de la désillusion du progrès en général !). Il n'y a jamais eu d'être humain juste, qui n'ait d'abord et en fait tout le temps été hanté par l'injustice ! Pourquoi y échapperions-nous ? Ne regrettons pas, dès lors, l'insouciance d'avant, car elle masquait les dangers de maintenant qui ont fini par nous rattraper, mais que nous pouvons affronter sans céder au désespoir ni à la panique.

Car il ne faut pas non plus se confier aux vertus supposées de la peur, comme si elle était le seul moteur de l'action juste.

Bien au contraire, tout comme dans une société suffisamment juste (au sens où Winnicott parle de la mère « suffisamment bonne »), nous pouvons nous défendre de tous les dangers et d'abord l'injustice, de manière suffisante pour tout retrouver, y compris les moments de surprise et de joie, de même la santé publique locale et globale est la condition aujourd'hui, une fois construire explicitement et consciemment dans toutes ses dimensions temporelles, de l'urgence au temps long, pour mener une vie heureuse, ce qui veut dire aussi active et créatrice. Et ce sera même en réalité un critère. Nous savons que nous sommes « mortels » plus encore que les civilisations qui, selon Valéry, auraient déjà dû l'apprendre de l'épreuve des guerres du siècle précédent. Mais cela ne nous empêchera pas de vivre.

Il est certain au contraire maintenant que la durée même des épreuves du moment n'appelle pas seulement des mesures d'urgence et moins encore un désespoir abstrait, mais une vie humaine complète et structurée dans toutes les dimensions du temps réel.

Ce sera alors ce qu'on peut appeler la concordance des temps, une expression de grammaire qui permet de se repérer dans la phrase et dans la vie grâce à la conjugaison harmonieuse des verbes qui exprime le temps.

Très concrètement, nous aurons le sentiment de la prévention de long terme, de la préparation juste des urgences et surtout la vigilance constante et critique, et politique, sur tous ces aspects, qui est le pilier de l'ensemble.

Car ce qui fait tenir le tout de cet édifice ce ne seront jamais seulement nos bonheurs intimes, ni les engagements héroïques, mais l'institution d'une discussion critique qui empêche l'urgence de devenir une dictature mais veille à ce qu'elle reste un aiguillon pour que toutes les urgences soient prises en charge y compris la plus grande de toutes, qui est toujours l'urgence architectonique, de la justice.

Cette urgence des urgences, c'est elle qu'on ne peut plus se contenter de confier à des subjectivités heureuses ou héroïques, ou même au miracle des rencontres, mais qu'on peut et qu'on doit aussi construire, instituer et partager, pour permettre justement ces rencontres, et faire que chacun puisse vivre une vie consciente — en temps réel — de ses conditions, mais aussi de ce dont elle est elle-même la condition, et qui en vaut la peine.

# Remerciements

Je ne pensais pas, quand je me suis engagé dans ce livre à l’invitation de Lidia Breda, qu’il m’accompagnerait en temps réel pendant la première année de la pandémie. Ce fut le cas. Ce travail a représenté un effort et un soutien, en cohérence avec son propos. Merci à Lidia, et aux éditions Bayard, Pierrette Rieublandou en particulier, qui l’ont accompagné, en pleine cohérence partagée. Nombreux seraient les autres remerciements à exprimer. Je pense aux auditrices et auditeurs des cours sur la philosophie contemporaine et le moment du vivant à l’ENS qui porta pendant un an sur « le temps réel » en 2018-2019. Je pense aussi aux travaux actuels et à venir sur la santé publique. Je pense à des rencontres et des conversations, à des deuils aussi pendant l'année 2020, à certaines et certains qui ne liront pas ce livre, je pense aussi à celles et ceux à qui je pensais déjà en l'écrivant, et si peu d'entre eux y sont cités. Je pense enfin à la génération qui accompagnera ce moment dans la durée et qui y participera par ses créations. J'espère que ce livre leur donnera l'envie de poursuivre.

# Du même auteur

Nous nous permettons de renvoyer ici à quelques-uns seulement des travaux, livres et articles (les plus récents) qui ont conduit dans la durée à ce travail que nous espérons aussi continuer en temps réel, et de plus d'une façon.

*Ouvrages principaux*

*Bergson ou les deux sens de la vie*, PUF, 2004, 2013.
*Le moment du soin. À quoi tenons-nous ?* PUF, 2010, 2021.
*Revivre, éprouver nos blessures et nos souffrances*, Flammarion 2012, 2015, Prix lycéen du livre de philosophie.

*La vie qui unit et qui sépare*, Payot, Rivages, 2013.
*Penser à quelqu'un*, Flammarion, 2014, 2019.
*Les maladies chroniques de la démocratie*, Desclée de Brouwer, 2017, 2020.
*Pour un humanisme vital. La vie, la mort et le moment présent*, Odile Jacob, 2019.
*Sidération et résistance. Face à l'événement, 2015-2020*, Desclée de Brouwer, 2020.

*Articles récents*

« Le temps ébranlé par le soin, rétabli par le soin », in *Le soin, l'aide, care et cure*, J.-P. Cléro et A. Hourcade (sous la direction de), PURH, Rencontres philosophiques, 2018, p. 101-106.
« Le temps du vivant » *AOC*, analyse, 13 novembre 2019.
« La souffrance temporelle en fin de vie et comment y répondre » in *Éthique du grand âge et de la dépendance*, R. P. Droit et D. Monneron, PUF, 2020, p. 151-168.
« L'urgence ne peut pas durer », *Libération*, Philosophiques, 15 octobre 2020.

# Table

Composition et mise en pages
Nord Compo à Villeneuve-d'Ascq

Cet ouvrage est imprimé sur des papiers PEFC

Achevé d'imprimer en France en février 2021
dans les ateliers de Normandie Roto Impression s.a.s.
61250 Lonrai
N° d'impression : 2100499
Dépôt légal : mars 2021

René & Mirabelle Coudris

# IM TRANCE-DIALOG MIT 'C.G. JUNG'

## ODER KONTAKTE MIT DEM UNBEWUSSTEN ?

Channeling Chronik I
2/85 – 11/87

Originalausgabe

VERLAG »DIE SILBERSCHNUR«

*Wir bedanken uns herzlichst für alle Energien, die das Entstehen dieses Buches ermöglichten, insbesonders bei Tom, Renate, den beiden Marias, Willi und Jutta, Viktoria, Familie G., Ferdinand, Manfred, Gabrielle, Daniel und allen anderen. Ganz besonders möchten wir uns bei 'Ce Ge Jung' und seiner Gruppe sowie den im Hintergrund tätigen unsichtbaren Helfern bedanken.*

*Die Autoren*

Printed in Germany


D-5451 Melsbach, Gartenstraße 15
1. Auflage – 10/88
Lektorat: Tom Hockemeyer, Berlin · Grafische Gestaltung: René Coudris
Umschlagbild nach einem Foto des Bildarchivs Preussischer Kulturbesitz
Herstellung: Manfred Huber · Produktion: Strüder-Druck, Neuwied
ISBN 3-923 781-28-8

**Von 'Jung' am 21.7.1988 anstelle eines Vorwortes übermittelt.**

## *Worte sind wie Blumen*

*Wenn du sie pflückst,*
*ohne ihre Kraft zu fühlen,*
*sind sie wertlos.*

*Wenn du dich ihrer Schönheit*
*und Wahrheit öffnest,*
*egal in welcher Dimension,*
*wirst du zum Genuß der*
*Schwingung ihres Innenlebens finden.*

*Sieh die vielen Blumen,*
*sie alle warten auf Erfüllung,*
*aber gib acht,*
*daß du nur die pflückst,*
*von denen du fühlst,*
*daß du sie liebst und*
*zu höherem Bewußtsein führst.*

*Denn achtlos gepflückte Worte*
*können dir viel Kraft rauben.*

# *INHALT*

## Prolog – Auf dem Weg zu einer spirituellen Meta-Psychologie

# *Ein geistiges Abenteuer*

Lieber Leser!

Als wir vor rund sechs Jahren mit unserem Trance- Training begannen, war der Begriff ›Channeling‹* in unseren Breiten noch völlig unbekannt. Inzwischen hat sich dieser aus den USA importierte Terminus nun rechtens auch in unserem esoterischen Sprachgebrauch etabliert, denn er trifft die Sache auf den Punkt. ›Spirituelles Kanalisieren‹ ist, um es vorerst mal leger auszudrücken, das innere Benützen einer Art kosmischen Rohrpost, duch die uns Informationen aus ansonsten verschlossenen, höheren Dimensionen des Geistes zufließen können – wenn wir es verstehen, uns direkt (als Channel) oder indirekt (mittels eines Channels) mit diesem universalen Nachrichtennetz zu verbinden.

Die Naturwissenschaft hat gerade erst begonnen, sich mit diesem psychischen Phänomen tiefer auseinanderzusetzen, aber noch zu keinem gemeinsamen Nenner gefunden. Die

---

* Sprich ›Tschänneling‹, von engl. channel = Flußbett, Kanal, Durchlaßröhre und to channel = hindurchleiten, kanalisieren.

›morphogenetischen Felder‹ seien hier nur als Stichwort erwähnt.

Arthur Hastings, der Präsident des kalifornischen Institus für Transpersonale Psychologie, definiert zum Beispiel Channeling als › Prozeß, in dem eine Person Botschaften von einer behaupteten, unverkörperten Quelle außerhalb seines oder ihres Bewußtseins transportiert ‹.*

William Kautz, ein amerikanischer Pionier in der Arbeit mit Channels, umschreibt es noch offener, wenn er sagt, ›Trance-Channeling ist ein Aspekt der Medialität bzw. ein mentaler Vorgang, in dem ein Individuum sein Wachbewußtsein zur Seite stellt, um einem Wissen jenseits der normalen Wachheit den Fluß in den Geist zu erlauben‹.*

Der renomierte Psi-Journalist Scott Rogo sieht Channeling als ›das Durchlassen einer Art Intelligenz, die – in ihrer Natur undefiniert – den Zweck verfolgt, spirituelles Leben zu verbreiten und philosophische Diskussionen anzuregen‹.*

Nach der Bewußtseinsforscherin Margo Chandley und ihrer Dissertation über Channeling werden wir schließlich herausfinden, ›daß die ins Channeling involvierte, nichtphysikalische Energie ein Teil von uns allen ist, und der Grund, warum wir diese Energien als außerhalb von uns liegende Wesenheiten bezeichnen, darin zu suchen ist, daß wir keinen anderen Weg haben, um mit ihnen zu kommunizieren‹. *

Wie auch immer, das Phänomen des Channeling ist als wichtiger Aspekt des menschlichen Bewußtseins erkannt worden und hat in den Staaten – u.a. durch die Bewußtseinsarbeit Shirley MacLaines – via TV und Radio erstmals in der Geschichte breite Bevölkerungsschichten erfaßt. Viele Sucher ergreifen heute die Chance, durch Channeling-Erfahrungen ihrem Innersten wieder nahezukommen und ihre Ganzheit und Einbettung in der All-Einheit wieder mehr zu erkennen. Unseres Erachtens ist die zunehmende Popularität des Channelns keine, vielfach behauptete, Modewelle, sondern Ausdruck des globalen Paradigmenwechsels der Wendezeit und ein Schritt zu einer spirituell bewußteren Gesellschaft. Die Tradition der inneren Führung durch Wesenheiten, die aus

* Zitiert aus Jon Klimo ›Channeling – Investigations on Receiving Information from Paranomal Sources‹, J.P. Tarcher, Los Angeles, 1987.

dem Un-, Unter- oder Überbewußten hervorgehen, beziehungsweise durch aktive Imagination erscheinen, und ein dynamisches Eigenleben entwickeln, ist belegbar Tausende von Jahren alt. In archaiischen Ekstasetechniken fanden bereits unsere prähistorischen Vorfahren Kontakte mit Naturgeistern aller Arten. Vom alten Ägypten über China und Japan bis Indien läßt sich die Zwiesprache mit den ›Göttern‹ nachweisen.*

Es ist anzunehmen, daß dieses uralte Erbe überlebt hat, weil es sich in den aufeinanderfolgenden Kulturen – zumindest im Geheimen – stets als dienstbar erwiesen hat. In noch jeder geschichtlichen Epoche hatten, wie es scheint, Menschen am Weg erkannt, daß diese intuitive Verbindung von unschätzbarem Wert für fortschreitendes geistiges Wachstum und psychisches Wohlbefinden ist. Vielleicht wäre die Menschheitskultur ansonsten auch längst in einer Sackgasse zu ihrem Ende gekommen.

Andererseits konnte dieses transzendente Phänomen gar nicht von der historischen Bildfläche verschwinden, da es wahrscheinlich – und das wird in den letzten Jahren immer deutlicher – einen mehr und mehr erwachenden funktionalen Part der menschlichen Psyche an sich darstellt. Das heißt, in gewisser Weise ist jeder ein Channel, und jeder kreative Akt bedingt eine innere Führung. Der bewußte Gebrauch unserer sensitiven Antennen kann in der gegenwärtigen Evolutionsphase unseres Planeten sogar zur einzigen Chance werden, die Hürden des Zerfalls der alten Welt zu nehmen und wieder zur Integration zu finden.

Im Auf und Ab der Zeitalter hat es stets Wissende gegeben, die an den Ufern der Vollkommenheit wandelten und – bevor sie das irdische Kleid ablegten – den ›Sterblichen‹ ihre Erkenntnisse hinterließen. Einer dieser Wanderer, der dazu angetreten war, die Fülle des Lebens zu ergründen und eine weite Strecke entlang des Ufers – den Blick in die Fluten des Lebens gerichtet – gegangen war, hieß Carl Gustav Jung.

Wer war nun dieser C.G.Jung in den Augen der Öffentlichkeit? Um Nichtkundigen einen Eindruck von der historischen Persönlichkeit Jungs zu vermitteln, sei umseitig ein kurzes lexikalisches Portrait seines Forscher-Lebens eingeblendet:

---

* Auch C.G.Jung sah im Kollektiven Unbewußten einen Ausdruck des Göttlichen.

*CARL GUSTAV JUNG* **26. 7. 1875 † 6. 6. 1961*

lebte als weltbekannter schweizer. Psychotherapeut in Küsnacht am Zürcher See, war Sohn eines Pfarrers und interessierte sich zeit seines Lebens für religiöse Probleme und für eine andere, ewige Welt, deren Realität für ihn – zumindest in Grenzsituationen – erfahrbar war. In ausgedehnten Expeditionen erforschte er alte Kulturen Afrikas, Arizonas und Indiens.

In seinen psychologischen Konzepten ging Jung von der Psychoanalyse S. Freuds aus, erweiterte aber bald dessen Begriff der ›Libido‹ im Sinne allgemeiner psychischer Energie. Er sah in der einseitig trieb-dynamischen Auffassung des Unbewußten einen Grundirrtum und stellte ihr die Lehre entgegen, daß das Unbewußte zum Bewußtsein in einem Kompensationsverhältnis stehe. Nach seiner Trennung von Freud (1912) begründete er die Züricher Schule der ›Analytischen Psychologie‹, später auch ›Komplexe Psychologie‹ genannt. Traum- und Mythenmotive führten Jung zur Auffassung, daß die menschliche Psyche nur zu einem Teil einmalig, subjektiv und persönlich sei. So unterschied er zwischen individuellem und kollektivem Unbewußten. Das erstere betrachtete er als erworben, das letztere als allgemeinmenschlich und charakterisiert durch Archetypen, d.h. typisch menschliche, aber archaiische Prägungen von Reaktionsmustern. Den Weg von den Mächten des Unbewußten zur bewußt geprägten Person bezeichnet die Jungsche Lehre als Individuationsprozeß.

Während seines ganzen Lebens beschäftigte sich Jung neben Mythologie und Alchemie auch mit den okkulten Erscheinungen. Zu ihrer wissenschaftlichen Einordung erstellte er die Synchronizitätstheorie, die besagt, daß Natur und Psyche nicht nur durch Kausalzusammenhänge, sondern auch durch Sinnzusammenhänge verbunden sind, welche die Raum- und Zeitschranken überschreiten.

Sowohl Neurosenlehre, Psychotherapie, Anthropologie, Ethnologie, vergleichende Religionsgeschichte und Religionspsychologie, wie auch Jugendpsychologie und Pädagogik wurden von Jungs Lehre beeinflußt.

Hauptwerke: Psychologische Typen (1921), Die Beziehungen zwischen dem Ich und dem Unbewußten (1928), Psychologie und Religion (1940), Psychologie und Erziehung (1946), Gestaltungen des Unbewußten (1950). Von den Wurzeln des Bewußtseins (1954). Gesammelte Werke in 19 Bänden.

In seinen Schriften berichtet C.G.Jung übrigens von eigenen Konversationen mit einer Art geistigem Mentor namens ›Philemon‹*, über den er schrieb:

›Psychologisch stellte Philemon eine überlegene Einsicht dar. Er war für mich eine geheimnisvolle Figur. Zu Zeiten kam er mir fast wie physisch real vor. Ich ging mit ihm im Garten auf und ab, und er war mir das, was die Inder als Guru** bezeichnen‹.

Im heutigen Kontext würden wir sagen, daß Jung Philemon ›channelte‹. So ähnlich, wie Edgar Cayce seine Life-Readings oder Jane Roberts das Seth-Material übermittelte, nur daß es bei Jung ein leiser, innerer Prozeß war. Was nimmt es wunder, wenn der hinübergegangene Jung dieses Phänomen nun auch von der Spiegelseite her auskostet?

Wie läuft nun der Prozeß des Channeling konkret ab? Hier können wir nur für uns sprechen, da vielfache Varianten der paranormalen Informationsübermittlung praktiziert werden. Uns selbst ist es erst im Laufe jahrelanger geistiger Schulung und intensiven autodidakten Trainings gelungen, die mediale Anlage Miras soweit zu verfeinern, bis der heute beinahe störungsfreie Empfang gegeben war.*** Dazu hieß es für meine Frau oftmals, an ihre äußersten Grenzen und darüber hinaus zu gehen, intensive Ängste aufzuarbeiten und sozusagen viele Tode zu sterben.

Um es für Laien verständlich zu machen: Miras Aufgabe beim Channeling ist es, auf einer möglichst hohen Eigenfrequenz in (vollbewußte) Trance zu gehen und – bildlich gesprochen – ein optimaler, medialer ›Satellit‹ zu sein, der in die feineren Bewußtseins-Spähren aufsteigt. Meine primäre Funktion hingegen war es in den ersten Jahren, eine gut abgestimmte, sensitive Bodenbegleitstation für sie zu sein und die Aktivitäten ihrer rechten Gehirnhälfte sanft zu leiten. Sobald der geeig-

* U.a. nachzulesen in ›Erinnerungen, Träume, Gedanken von C.G.Jung‹, aufgezeichnet und hrsg. von Aniela Jaffé im Walter Verlag, 1971.

** Guru bedeutet in etwa ›vom Dunkel zum Licht‹, von indisch ›gu‹ = dunkel und indisch ›ru‹ = hell.

*** Die spannende Geschichte unseres Zusammenfindens und unserer medialen Entwicklungsarbeit beschrieben wir in unserem ersten Buch über sensitive Embryo-Kommunikation (siehe Anzeige auf Seite 204). Einer der Gründe, warum wir auf medialem Gebiet ein gutes Team werden konnten, liegt u. a. in vielen gemeinsamen Inkarnationen – darunter oftmals als Bruder und Schwester – begründet, in denen wir uns aufeinander abstimmen konnten.

nete Mental-Kontakt hergestellt war oder sich einstellte, fungierte ich auch mehrheitlich als Dialogpartner der jeweiligen Entität(en). Inzwischen ist Mira in der Lage, ihre Gehirnhälften voll synchron zu schalten und steht medial auch alleine ganz gut ihre Frau.

Für die obengenannten Vorgänge ist kein mystisches Brimborium notwendig, die Gespräche laufen wie normale Gespräche ab. Allerdings ist es, wie im hier publizierten Fall, möglich, daß eine männliche Wesenheit die Stimmbänder eines weiblichen Mediums benützt.

Zum Niveau und zur Qualität medialer Durchsagen sei angemerkt, daß es auch in diesem Bereich so ist, daß Gleiches Gleiches anzieht. Das heißt, geistige Intelligenzen manifestieren sich möglichst durch adäquate Channels, mit deren Eigenschwingung sie harmonisieren. Höher entwickelte Bewußtseinsströme gehen deshalb in der Regel keine Kooperation mit wenig entwickelten Medien ein. Aber natürlich spielen auch karmische Faktoren eine gewichtige Rolle.

Wenn Mira sich zum Channeln hinsetzt, benutzt sie in der Meditation ein bestimmtes inneres Ritual, um abgesichert rasch und tief in Trance zu gehen. Sie geht dann wohlgemerkt – im Gegensatz zu den meisten Tieftrance-Medien – in eine voll bewußte Trance. Dieser wache Prozeß ist nur bereits sehr transformierten Channels möglich, denn – um den jenseitigen 'Jung' (aus 1988) zu zitieren – ***›bewußte Trance geschieht nur, wenn sich das Tagesbewußtsein des Mediums nicht von seinem medialen Erlebnis getrennt fühlt. Unbewußte Trance nenne ich es, wenn das Bewußtsein des Kanals in das Kollektive Unbewußte absinkt‹.*** Vollbewußte Trance ist also ein erstes Qualitätssiegel für die übermittelte Information.

Nach einigen Minuten der Verinnerlichung gibt Mira schließlich ihren Kanal frei und bittet die jeweilige Intelligenz zu sich. Sobald sie deren Anwesenheit spürt, begibt sie sich soweit wie möglich auf eine gemeinsame Frequenz. Wenn 'Jung' erscheint, verstärkt sich der passive Zustand Miras fast automatisch, ihre Persönlichkeit tritt zurück, und es nimmt nur noch beobachtendes, nicht mehr wertendes Bewußtsein am Übermittlungsvorgang teil.

Mit dem Gefühl, daß sich ihr Körper dehnt und dehnt, fängt Mira sich innerlich zu drehen an und wird ›wie von einem

Windhauch sanft aus dem Körper gehoben‹. Ihre somatischen Funktionen reduzieren sich dann oftmals merklich, d.h. ihr Atemrhythmus wird langsamer, ihre Hautfarbe etwas blasser und die Körpertemperatur sinkt gelegentlich meßbar ab. Ich bemerke an der Schwingung im Raum und am Gesichtsausdruck Miras, der einen Hauch von 'Jung' annimmt, seine Präsenz. Er gibt seinem Medium dann den Impuls zu sprechen, und schon läuft das Gespräch direkt.

Im selben Augenblick, da Mira 'Jungs' Anwesenheit bewußt erfährt, empfindet sie auch seine Welt, seine Liebe und seine hohen Einsichten, die sie nie selbst formulieren könnte. In dieser Situation kann sie auch über nichts nachdenken. Es hängt völlig von den diesseits und jenseits des ›Vorhangs‹ Anwesenden ab, was sich dann abspielt.* 'Jung' selbst geht es insbesonders darum, durch Erweiterung seines irdischen Werkes – auf der Basis seiner heutigen Unterscheidungskraft – zu helfen. Er meinte erst kürzlich, ***›daß er die Menschheit zu seinen Lebzeiten zu sehr mit dem Intellekt beglückt hat und heute mit einfacheren Worten direkt zu den Herzen sprechen möchte‹.***

Nach der Trance, aus der Mira oft mit Freudentränen und energetisch aufgeladen wieder zu ihrer Persönlichkeit findet, muß sie des öfteren ein wenig massiert werden, damit sie wieder ganz in ihren Körper einkoppelt. Angemerkt sei hier am Rande auch, daß diese Vorgänge nichts mit fragwürdigem Spiritismus zu tun haben, wohl aber mit Spiritualismus, also mit einer von spirituellem Hintergrund getragenen Geisteshaltung.

Mirabelle Coudris hat übrigens nie ein irdisches Werk C.G.Jungs gelesen, noch sich um dessen Weltbild samt seinen Definitionen bemüht. Und auch ich muß gestehen, daß die wenigen Bücher von und über Jung, die in meiner Bibliothek stehen, von mir nur angelesen wurden. Aber das ist für meine Funktion nicht unbedingt negativ, so konnte Mira die in diesem Buch präsentierten Inhalte wenigstens keinesfalls aus meinem Unterbewußtsein abgezapft haben.

Nachdem ich etwa ein Dutzend Kontakte mit 'Jung' erlebt und abgetippt hatte, konnte ich es nicht länger verantworten, die

---

* Je nach Situation kooperiert 'Jung' auch mit einer jenseitigen Wissenschaftlergruppe oder einzelnen Wesenheiten, die mit dem jeweiligen Dialogpartner in engerem Bezug stehen.

Texte in der Lade liegenzulassen. Mira zuliebe habe ich jedoch, bevor ich nach außen zu gehen dachte, das vorliegende Material der Schweizerischen Parapsychologischen Vereinigung zur Begutachtung übersandt. Durch eine von dieser Gesellschaft in die Wege geleiteten ›Prüfung‹ der vermuteten Identität des uns übermittelnden geistigen Wesens, wurde von vier qualitativen Medien bzw. deren astralen Quellen unabhängig voneinander 'C.G.Jung' als Autor bestätigt. Natürlich war das kein Beweis, aber es gab uns immerhin ein gutes Gefühl.

Zweiflern und ungläubigen Kopfschüttlern sei gesagt, daß auch wir nicht finden, daß es so sehr von Bedeutung ist, welche Identität eine übermittelnde Wesenheit angibt. Wichtiger ist vielmehr, ob Menschen durch die Inhalte solch zweiweltlicher Gespräche innerlich transformiert werden, d.h. ob jemand dadurch in seiner geistigen Evolution voranschreitet und wieweit durchgegebene wissenschaftliche Fakten innovative Impulse für eine holistische Betrachtung des Mensch-Seins eröffnen. Daß wir zu wissen glauben, mit wem wir sprechen, sollte den Leser nicht bevormunden. Der Sinn einer versuchten Authentizitäts-Klärung liegt in diesem Fall einzig in der dadurch möglichen, direkteren Erreichbarkeit der – an den übermittelten Gedankengängen sicherlich besonders interessierten – sogenannten ›Jungianer!‹ Durch in diesen Kreisen vielleicht ausgelöste Diskussionen wäre es eventuell denkbar, den Jungschen Psycho-Logos mittels unserer Dialogmöglichkeit noch weiter zu erkunden und den Weg zu einer spirituellen Meta-Psychologie aufzuzeigen.

Ich ging also daran, essentielle Auszüge unserer 'Jung'-Kontakte vorzubereiten, mit der Absicht, sie im Eigenverlag zu publizieren. Um das Interesse daran auszuloten, gab ich zuerst in der Zeitschrift ›Psychologie Heute‹ eine Anzeige auf, in der ich unsere Broschüre – noch bevor ich sie vervielfältigte – anbot. Unter den knapp hundert Rückmeldungen war auch ein Brief, der uns ziemlich schockierte. Die C.G.Jung-Erbengemeinschaft hat uns darin faktisch verboten, jenes Druckwerk zu verbreiten. Nach einiger Bedenkzeit habe ich schließlich im Manuskript den Namen C.G.Jung mit sechs X-en zensuriert und die Heftchen – samt der Korrespondenz mit den Jung-Erben im Anhang* an die Interessenten und einige ein-

* Diesen Briefverkehr finden Sie auch im Anhang dieses Buches, Seite 199–202.

schlägige Verlage dann doch versandt. So fand sich auch der Kontakt zum Verlag, dessen Buch Sie nun in Händen halten.

›Zufällig‹ ergaben sich zur gleichen Zeit auch Treffen und ausführliche Debatten mit mehreren Urheberrechts-Experten, durch die wir schließlich die juristische Sicherheit fanden, daß die Verbreitung unserer 'Jung'-Dialoge rechtlich nicht unterbunden werden kann, wiewohl dieser Bereich legistisches Neuland darstellt. Die oftmaligen Anführungszeichen vor und nach dem Wort Jung stehen dort also des Rechtes wegen und nicht wegen unserer vermeintlichen Unsicherheit betreffs des Übermittlers.

Wir kennen heute bedeutend mehr karmische Hintergründe über die vernetzten Ursachen unserer Kontakte mit 'Jung', als der Leser in diesem ersten Band finden wird. Dennoch sind auch uns noch nicht alle Zusammenhänge bekannt, wir erfahren sie nur stückchenweise, um sie besser verkraften zu können. Der Leser wird deshalb von uns ebenfalls gemäß dem Lauf der Dinge – manchmal auch nur zwischen den Zeilen – in die inkarnationsbedingten Verbindungen eingeweiht. Voraus sei nur soviel gesagt, daß uns bereits ein halbes Dutzend früherer Verkörperungen des letztlebigen großen Kultur-Psychologen bekannt sind. Unter anderem wissen wir inzwischen auch, daß das heute als meine Frau Mirabelle lebende Wesen zum Zeitpunkt des Untergangs von Atlantis eine innige Liaison mit dem inneren Wesen des späteren C.G.Jung hatte. Das aber mag glauben, wer will.

Dieser Band beinhaltet nun die in den ersten drei Jahren der bewußten Verbindung geschehenen knapp vierzig Kontakte in leicht bearbeiteter Form, samt den Kommentaren über unser Überraschtsein, unseren Enthusiasmus, unsere Zweifel und Vermutungen, unsere Ratlosigkeit und unsere Überzeugungen. Die mehrheitlich akustisch übermittelten und per Tonband aufgezeichneten Botschaften wurden (nach Rücksprache mit 'Jung') von Übermittlungsfehlern bereinigt und von manchen (vom Medium verursachten) verqueren Satzstellungen befreit. Weiter wurde der Fluß der Worte einer leicht lesbaren Interpunktation unterworfen. Gelegentlichen phonetischen Betonungen 'Jungs' wurde durch verbale Angleichung Rechnung zu tragen versucht.

Ob sich Ihr Interesse an dieser Publikation nun vom historisch bekannten C.G.Jung ableitet oder auf das scheinbar neuartige Phänomen des Channeling konzentriert, Sie werden in beiderlei Hinsicht überrascht sein. Und egal, ob Sie solche Kontaktmöglichkeiten ernstnehmen oder der Kreativität des Unbewußten zuschreiben, Sie werden schließlich feststellen, daß darin kein unbedingter Widerspruch liegt.

Wenn Sie in dieses Lese-Abenteuer optimal einsteigen wollen, sollten Sie möglichst alle Vorurteile und intellektuellen Scheuklappen beiseitelegen und vor allem offenen Herzens diese Reise ins weite Land der Psyche antreten. Zweifeln Sie ruhig, aber zweifeln Sie positiv! Und nehmen Sie zumindest hypothetisch an, was Ihnen zwischen diesen Buchdeckeln entgegentritt. Horchen Sie genau hin und lassen Sie letztlich Ihre Intuition entscheiden, welche inneren Konsequenzen Ihnen dieses Buch abverlangt.

In diesem Sinne wünschen wir Ihnen ein ebenso durchs Mark rieselndes Bewußtseins-Abenteuer, als es uns eines war und noch immer ist.

Am Attersee im Juli 1988 René Coudris

Inkognito-Kontakt – etwa 1983 – während eines Trance-Trainings

## *Wieder ganz werden*

Obwohl wir ziemlich alle mit 'C.G.Jung' geführten Dialoge chronologisch dokumentierten, tun wir uns neuerdings schwer, einen exakten Zeitpunkt für den Beginn unserer Kontakte zu nennen. Denn kurz vor Drucklegung stellte sich heraus, daß 'Jung' mit uns auch schon Gespräche führte, bevor er sich zu erkennen gab. Einer dieser Texte, von denen wir nun gesichert wissen, daß sie ihm zuzuschreiben sind, finden sie deshalb hier als Vorspann dem ersten bewußten Kontakt vorangestellt. Wir haben diesen inkognito übermittelten Text seit Jahren im Freundeskreis verteilt, weil wir ihn so genial finden. Schon damals, als wir in der Trance um eine Durchsage zur Einstimmung von Leuten, die an Miras Heilmeditation teilnahmen, angefragt hatten, waren wir von der Antwort mehr als begeistert. Wir wollen diese Betrachtungen 'C.G.Jungs' zum Thema Ganzheit dieser Buchreihe als Motto voranstellen.

C-G-J: ***Gesund sein ist gleich heil sein,***
***heil sein ist gleich heilig sein,***
***heilig sein ist gleich ganz sein***
***und ganz sein ist gleich verbunden sein –***
***verbunden sein mit deinem vollen Bewußtsein und der Natur.***

*Solange du den Wunsch hast – getrennt vom Leben –*
*deine eigenen, egoistischen Wege zu gehen,*
*bist du nicht heilig – dementsprechend auch nicht ganz*
*und weder heil noch gesund.*

*Heil werden kannst du nur Schritt für Schritt*
*in dein eigenes, volles Bewußtsein*
*– mit offenen Augen – hinein.*
*Solange du deine Augen*
*vor der eigenen grenzenlosen Ganzheit verschließt,*
*bleibt dein Bewußtsein*
*auf einen kleinen Teil von dir selbst konzentriert.*
*Du schließt somit den Energiefluß*
*in einer Begrenztheit ein, und das erzeugt Leiden.*

*Leiden entsteht aus einer Enge*
*und einem Nichtverstehenwollen von Ursache und Wirkung.*
*Solange du dich weigerst,*
*über die Grenzen deiner verschiedenen,*
*selbsterzeugten Beschränkungen hinauszugehen,*
*wird alles Bemühen um echtes Heil vergeblich sein.*

*Aber jeder Schritt aus deiner Enge hinaus,*
*wird ein Schritt zu deinem Heil sein.*
*Und jeder Schritt zu deinem Heil*
*wird von dir selbst ausgeführt.*
*Es ist das erste Gesetz des Universums,*
*daß nur du allein den ersten Schritt tust.*

*Alles Leben ist Energie, – fließende Energie –*
*pulsierende Energie in Bewegung, die bestrebt ist,*
*in dauernder Veränderung eine Einheit zu werden.*

*Nichts in diesem Universum existiert außerhalb des Lebens,*
*und jeder Punkt des Universums kann deine Existenz sein.*
*Wenn du dich darauf konzentrierst,*
*findest du dich in diesem Punkt wieder als Du.*

*Solange du dich mit einem Punkt identifizierst,*
*wirst du ein Punkt bleiben,*
*und – solange du dich in deinem Körper*
*auf ein bestimmtes Energiegefüge konzentrierst –*
*wirst du dein Bewußtsein auch in ihm lassen.*
*Du bist immer nur dort, wohin du dich konzentrierst.*

*Es gibt keine Gesundheit und keine Krankheit.
Da unser Geist bestrebt ist,
seine Unendlichkeit zu erfahren,
erzeugt die lange Konzentration
auf einen schon erforschten Punkt Leiden.
Es ist unser eigener Geist, der sich immer mehr ausdehnt,
aber solange sich unser Bewußtsein wehrt,
seine Unendlichkeit anzuerkennen —, müssen wir leiden.*

*Wir können alles erleben,
was wir uns wünschen und vorstellen.
Jeder Gedanke und jede Vorstellung
hat genügend Energie zur Verfügung,
um sich auf einer dichteren Schwingung zu verwirklichen
— es genügt allein Konzentration.*

*Wir alle erzeugen täglich unsere eigene Welt
und müssen dementsprechend unsere eigenen Vorstellungen
unserer Umgebung projizieren,
um dieses Bild, das wir geschaffen haben,
im Geist auch zu rechtfertigen und zu erhalten.
Sobald wir aber unsere Idee von der Wirklichkeit fallenlassen,
schaffen wir die Leere für eine neue Schöpfung.
Diese Leere ist noch nicht geformte Energie.*

*Alles ist ewiger Aufbau und Zusammenbruch,
und ohne Leere gibt es keine Fülle.
Verbunden mit deinem Schöpfergeist
wirst du alle Projektionen durchschauen lernen.*

*Ein Mensch, dessen Geist in Verbindung
mit der ewigen Schöpferkraftenergie ist,
öffnet sich jederzeit für die heilenden Energien,
um Seelen, die nach dem Anschluß suchen,
wieder mit der Unendlichkeit verbinden zu können.
Jeder kann jedoch nur soweit verbunden werden,
als er sich zu öffnen bereit ist.*

*Jede ›Krankheit‹ ist ein Mangel an Liebe.*

Von vielen Freunden wurde uns bestätigt, daß man die Tiefe dieses Textes erst so richtig erkennt, wenn man ihn öfter gelesen und Zeile für Zeile auf sich wirken gelassen hat.

Eine Kleinigkeit aus Miras Kindheit spricht übrigens dafür, daß 'Jung' bereits um 1970 herum sein späteres Medium direkt inspirierte. Denn als Zwölf- oder Dreizehnjährige verblüffte Mira ihre Mitschülerinnen mit der bestimmmt vorgebrachten Aussage, daß die Welt deshalb im argen läge, ***›weil die Menschen den Glauben an das Unmögliche verloren haben‹.*** Exakt diesen Satz formulierte 'Jung' vor kurzem, so daß Miras Erinnerung daran hochkam.

Es ist fast mit Sicherheit anzunehmen, daß im Verlauf unserer weiteren Kommunikation mit 'Jung' noch andere Texte aus unseren Übungs-Trancen sich als von 'C.G.Jung' durchgegeben entpuppen bzw. bestätigen, denn aus dieser Zeit warten noch Hunderte von Tonbändern auf Aufarbeitung.

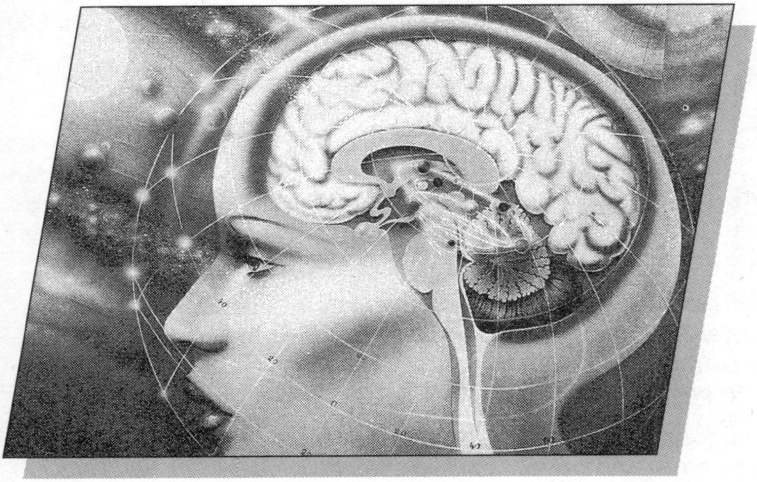

## *Psychophysische Zusammenhänge*

Mira ging während unseres seit Wochen wieder kontinuierlich laufenden Channeling-Trainings diesmal ausnahmsweise liegend in Trance, da es ihre gesundheitliche Indisposition nicht anders zuließ. Üblicherweise stellen wir unsere mehrmals wöchentlich stattfindenden Übungen im Krankheitsfalle ein, in dieser Situation wollten wir jedoch gerade darüber mit Experten in der anderen Welt sprechen. Unser Vertrauen zur symptomatischen Medizin war nämlich auf einen Tiefpunkt gesunken, welcher unser Vorhaben regelrecht herausforderte. Ich versuchte also, mich spätabends mit Mira – neben unserem schlafenden Söhnchen – in das Trance-Geschehen einzustimmen:

***René*** (zu Mira): *Sobald du tief genug bist, schwingst du dich auf unser Problem mit deiner Infektion ein. Dann bitten wir gemeinsam einen weisen Mediziner der anderen Welt, möglichst unsere Fragen zu beantworten.*

Ca. 15 Minuten Pause.

***Mira:*** *Zuerst war – naja, ich sag' halt alles, was ich hör' – es war komisch, erst hörte ich* ***›Jung‹*** *und dann* ***›Gustav‹*** *– ja*

*»**Gustav Jung**‹, ein Herr ›**Gustav Jung ist hier**‹.* Er sagt, **er ist ein Freund von uns** und –*

Abbruch.

***René:*** *Versuch doch, ihn direkt durch dich reden zu lassen!*

Kurze Pause.

C-G-J: (anfangs etwas langsam und stockend): ***Guten Abend, Sie haben angefragt, ob ich mit Ihnen sprechen würde und bei Ihren Problemen helfen kann. Ich bin gekommen, weil Sie ernsthafte Sucher sind.***

***Sprechen wir also über die vielfachen Zusammenhänge zwischen Psyche und Physis. Im Falle Ihrer Erkundigung ist insbesondere die Anatomie des Geschlechtstriebes und die Drüsenfunktion von Interesse.***

Während ich etwas ungläubig überlegte, ob es wohl so etwas wie eine Anatomie des Geschlechtstriebes – also eine Art körperlicher Funkionsstruktur des Sexus – geben könne, empfing scheinbar 'Jung' meine Gedankenimpulse und ging in seinen weiteren Ausführungen gleich darauf ein:

C-G-J: ***Ja, Sie sollten wissen, daß es auch eine physiologische Anatomie des Sexualtriebes gibt. Diese ist mit den Geschlechtsorganen und deren energetischer Aufladung verbunden und funktioniert unabhängig von der psychischen Verfassung des Patienten.***

***Der innere Wunsch eines Patienten muß mit dem äußeren Wunsch verbunden werden, damit der anatomische Geschlechtstrieb mit dem psychischen Geschlechtstrieb wieder eine Einheit werden kann. Anders gesagt, zur Harmonisierung muß der äußere Wunsch eines Menschen mit seinem inneren Wunsch rückverbunden werden. Denn nur der innere Wunsch, der durch Erziehung, Umwelt und negative Einflüsse zum äußeren Wunsch verändert wird, ist der echte, universale***

* Wahrscheinlich empfing Mira Jungs ersten Vornamen ›Carl‹ zu Beginn nicht klar, oder er meldete sich absichtlich leicht getarnt. Irgendwie hatte ich zwar gleich anfangs das Gefühl, daß wirklich C.G.Jung gemeint sein könnte, jedoch hatte ich diese Möglichkeit sofort als zu unwahrscheinlich abgetan und wieder verdrängt. Im weiteren Verlauf des Kontaktes wurde mir dann doch bewußt, daß er es ernstlich sein könnte. Und zwar weniger durch den genannten Namen, als durch die im Raum vorherrschende, beruhigende und liebevolles Verständnis ausstrahlende Schwingung, welche seine Anwesenheit – bei aller Skepsis – nicht mehr ganz unglaublich machte.

*Wunsch. Das heißt, der dementsprechend abweichende äußere Wunsch verursacht eine Spaltung in der Psyche.*

*Eine Aufteilung der Psyche etwa in eine melodramatische, eine hysterische und eine okkulte Verfassung bewirkt sodann im Physischen das Hervortreten parasitärer Streptokokken,* die in den Geschlechtsteilen eine Verwandlung bestimmter Frequenzen hervorrufen. Diese Erkrankungen der innerregulären Sekretionsfunktionen bewirken auch Veränderungen in der Psyche. Diese ist aber ihrerseits wiederum das Regulativ für die innersekretorischen Abläufe.*

*Das kausale Denken unterjocht also sozusagen den inneren Willen und verursacht im weiteren dann eine Aufspaltung des Ichs in Sollen, Müssen, Können, Haben und Sein.*

*Die spezifische Wirkung der Drüsensekretionen ist zusätzlich abhängig vom Spektrum des innerkindlichen Reifungsprozesses in seiner Erhaltung des Ichs.** Jemandes unlöschbare Erlebnisse, seine Taten und deren Folgen, sowie die Reaktionen der Umwelt, wie Bestrafung usw., bedingen die veränderten – den Sekretionen gegenregulativen – Funktionsweisen der Psyche.*

*Durch die Harnröhre beispielsweise gelangen ›Winde‹ und andere Energien in das Universum des Menschen herein, jeweils immer auf genau der Ebene, die seiner innersekretionalen Gebundenheit entspricht. Seiner diesbezüglichen Situation und seiner psychischen Harmonie entsprechend, prallen die Energieflüsse dann entweder aufeinander oder wirken im Gleichklang zusammen.*

*Die Palette jener Wirkweisen ist extrem weit. Und die tiefgreifenden Veränderungen geschehen immer dann, wenn die innersekretionale Harmonie nicht mehr gegeben ist und ein charakteristischer Krankheitszustand entstehen kann. Gemäß den Erfordernissen der Umwelt wird das Individuum sodann mit den Mitteln seines erworbenen Ichs reagieren, was seinen Willen erst recht aus der Bahn werfen kann. Solcherart*

---

* Laut Lexikon sind Streptokokken kettenförmig angeordnete, kugelige Milchsäurebakterien. Einige der etwa 20 Arten gehören zur normalen Flora der Schleimhäute, andere hingegen sind als teils gefährliche Erreger verschiedener Infektionskrankheiten bekannt.

** Auf meine Anfrage hin wurde diese Äußerung in späteren Gesprächen eingehend erläutert (siehe Folgebände).

***freigesetzte Energien beginnen schließlich zu kreisen, wie tobende Hunde vor einem Orkan.***

***Unsere Gruppe schwört auf große Heilung, indem sich der Kranke den Tatsachen und Ursachen seiner Situation herzhaft bewußt wird. Er braucht dazu die geeignete Hilfe, vermittels der er wieder seinem inneren Wollen gemäß handeln und leben kann.***

***Wir äußern hier den Wunsch – über dieses Medium – Kontakt mit Personen aufzunehmen, deren inneres Sehnen es ist, mehr über den Her- und Vorgang ihrer psychischen Energien zu erfahren, um damit gemeinsam der Menschheit dienen zu können. Anhand von Beispielen wollen wir von dem Wissen Kunde tun, das uns erreicht hat auf einer Stufe großer Weisheit. Wir erlangten sie durch langes Proben, Prüfen, Forschen, Erfahren und durch den heiligen Sinn unserer Absicht.*** *

***Ich, 'Carl Gustav Jung', bin ein großer Anhänger des Wissens und der Intuition und auch ein großer Liebhaber der Psyche, welche ein Geschenk des Unbewußten an die Menschheit ist. Wir sollten sie nicht zerstören und keine Bange vor ihrer oftmals undurchdringlichen Wirkung haben. Wollen wir es wagen, in die tiefsten Gebiete unserer Seele, welche das Herz unserer Psyche ist, vorzudringen?***

Anschließend folgte hier eine detaillierte Auseinandersetzung mit den persönlichen psycho-energetischen Hintergründen Miras, die zum Ausbruch ihrer entzündlichen Unterleibsinfektion führten. Aufgrund des intimen Charakters der medizinischen Ausführungen ist diese Passage nicht zur Veröffentlichung bestimmt.

G-G-J (zu Mira): ***Wir wissen, daß Ihnen jetzt durch unsere Ansprache nicht angenehm zumute ist, da in Ihrem Körper nun einige Veränderungen vorgehen. Sie brauchen sich deshalb keine Sorgen zu machen.***

***Fragen Sie nach dem homöopathischen Mittel Borax in***

---

* Dieser Absatz war es, der mich innerlich hoch erfreute und mir letztlich den Mut gab, die Sache sanft weiterzuverfolgen. Als ersten Schritt setzte ich diese kurze, direkte Ansprache ins Schlußwort (der ersten Auflage) unseres Babybuches, um so vielleicht zu weiterem stimulierende Reaktionen zu erhalten. Die Resonanz darauf war zwar mäßig, aber dennoch genügend, um mich in meiner Ambition zu bestärken.

***D10* welches Sie in alkoholischer Lösung — sagen wir, viermal täglich drei Tropfen, eine Woche lang — einnehmen können. Vergessen Sie nicht, eine starke Hygiene zu verabreichen, und nehmen Sie Bäder, welche Kamille enthalten. Gegen den Juckreiz nehmen Sie eine Labilin-** oder auch Ihre Ringelblumensalbe. In jüngster Zeit erprobte man auch ein Mittel —***

Satz nicht vollendet.

***Das Medium ist jetzt sehr erschöpft, weil es um seine eigene Angelegenheit geht, und möchte eine Ruhepause einlegen.***

Da es Mira nun ziemlich schlecht wurde, wie 'Jung' kurz zuvor schon angedeutet hatte, haben wir die Trance abgebrochen, um zwanzig Minuten später fortzufahren.

**René:** *Herr 'Jung', sie erwähnten vorhin, daß Sie für eine Gruppe sprechen. Dürfen wir mehr darüber erfahren?*

G-G-J: ***Wir sind ein Team, als dessen Sprecher es mir obliegt, mitzuteilen, daß wir sowohl exakt wissenschaftlich, medizinisch wie auch parapsychologisch zusammenarbeiten. Wir pflegen unter anderem Kontakte mit Alfred Adler, Sigmund Freud, Gustav Grabner*** und anderen Wissenschaftlern der Psyche.***

**René:** *Stehen Sie auch in Verbindung mit Wilhelm Reich?*****

---

* Ich studierte einige Literatur zur bisherigen Anwendung dieses Mittels und jener Potenz, was mich zum Schluß führte, daß es wohl ein guter Ratschlag sei. Leider war Mira nicht bereit, das Heilmittel einzunehmen, weil sie damals — zumindest im Tagesbewußtsein — von den durch sie empfangenen Durchgaben selbst noch nicht allzuviel hielt.

** Trotz großer Bemühungen konnte ich den genannten Wirkstoff lange nicht recherchieren. Ein Jahr später hielten wir dann eine Babycreme in den Händen, auf deren Verpackung als Bestandteil der Komposition auch Labilin angegeben war. ›Mit Labilin — einem auf spezielle Weise hergestellten Kaseinhydrolysat‹ stand da zu lesen. Nur mit solch kleinen Beweisstückchen konnte ich Mira mehr und mehr nachweisen, daß die in Trance durch sie gesprochenen Texte nicht allesamt ihrer Fantasie zuzuschreiben sind.

*** Wie sich später herausstellte, war dieser Name nicht exakt übermittelt worden. Es handelt sich um Gustav Hans Graber (1893-1982), den Begründer der ›Internationalen Gesellschaft für Pränatale Psychologie‹ mit dem wir 1988 ebenfalls in direkten Trance-Kontakt treten durften.

**** Wilhelm Reich (1897-1957) war m. E. der wichtigste Schüler Freuds und einer der ersten ganzheitlich denkenden Wissenschaftler der Neuzeit. Nachdem ich lange Jahre den Wilhelm-Reich-Archiv-Dienst betreute, interessierte mich diese Frage brennend. Ich hatte schon 1981 über ein französisches Medium zweimal Kontakt mit Reich gefunden und hoffte, ihn nochmals im Geiste zu treffen. Später ergab es sich auch, daß ich über Mira mit ihm noch einigemale in Verbindung trat.

**C-G-J:** **Wir arbeiten nicht direkt mit ihm zusammen. Er ist ein Verbündeter einer anderen Welt. Doch obwohl wir auf verschiedenen Stufen sind, werden sich unsere Wege sicher noch öfter kreuzen. Er ist schon auf der siebten Stufe, einer mehr analog-universellen, energetisch-wissenschaftlichen Ebene.**

**René:** *Wie würden Sie Ihre eigene Stufe bezeichnen?*

**C-G-J:** **Die fünfte Stufe ist noch ein sehr wissenschaftlich-medizinischer Schwingungsbereich.**

**René:** *Psychologen und Esoteriker wird sicherlich gleichermaßen interessieren, wie Sie heute zu den wissenschaftlich-literarischen Arbeiten stehen, die Sie während Ihrer irdischen Lebenszeit produzierten. Möchten Sie dazu etwas sagen?*

**C-G-J:** **Nun, zu meiner Literatur muß ich als Resümee sagen, daß ich nicht mehr mein Leser sein möchte. Doch ich kann mir denken, daß viele Leser – vielleicht so, wie dieses Medium gerade jetzt – mein Herz, mein Gefühl und meine Ehrlichkeit aus den Büchern herausgespürt haben werden. Ich erkannte inzwischen in meinen Schriften eine Reihe von Dingen, die nicht in Ordnung sind, mit vielem bin ich aber auch sehr zufrieden. Mein jetziges Verständnis von Psychologie geht jedoch weit über meinen damaligen Wissensstand und den Rahmen, in dem ich in jenem Leben gearbeitet habe, hinaus.**

**René:** *Herr 'Jung', was halten Sie von der Idee, mit Ihnen und eventuell auch Ihren Kollegen geeignete verkörperte Wissenschaftler konferieren zu lassen und die Essenz solcher sicherlich interessanten Dialoge dann zu publizieren? Auf diese Weise würden sodann weitere geistig offene Forscher erreicht werden, denke ich. So könnten wohl einige Meilensteine in der Evolution unserer Erdenpsychologie gesetzt werden.*

**C-G-J:** **Ja, es wäre vielleicht ein guter Vorschlag. Aber das Medium muß noch sehr viel üben, damit es keine eigenen Einwürfe mehr macht.**

**René:** *Können oder wollen Sie uns mit Ihrer Gruppe hinsichtlich der Verbesserung unserer Trance-Arbeit weiterhelfen oder zumindest Ratschläge geben, wie wir darin perfekter werden?*

**C-G-J:** **Das wäre schon möglich. Voraussetzung ist einmal die völlige Gesundheit Ihrer Frau und zum anderen Ihrer bei-**

***der Ausgeglichenheit. Wir wollen Ihnen hier schon zur Seite stehen.***

**René:** *Ich möchte die momentane Chance jetzt auch nützen, um Sie über den Ausschlag unseres Babies zu befragen. Hätten Sie da Vorschläge zur Besserung?*

**C-G-J:** ***Die Mutter sollte Nahrung, in der viel Zink enthalten ist, zu sich nehmen. Auch ist es von Nutzen, die wunden Stellen lange an der Luft zu trocknen und das Kind viel zu streicheln. Ein sehr liebes Baby.***

***Er ist ein sehr sensibles Bürschchen, hat aber dennoch die nötige Standfestigkeit, um sich in seinem Energiesystem nicht zu sehr verwirren zu lassen.***

**René:** *Wißt Ihr von unserem Buch über die Botschaften, welche unser Sohn während der Schwangerschaft diktierte?*

**C-G-J:** ***Ja, wir haben davon gehört und sind erfreut. – Ich muß jetzt gehen. Das Medium ist müde. Auf Wiedersehen.***

**René:** *Wir bedanken uns. Auf Wiedersehen.*

**Mira:** *Ich kann nicht mehr.*

Wenn Mira nach oder noch in Trance diesen Satz seufzt, bedeutet es, daß ihre Persönlichkeit wieder zurück in den Körper kam oder kommen möchte. Wahrscheinlich gibt es da irgendwo im Unterbewußtsein eine Art Schutzmechanismus, der sich bei Überforderung meldet.

Zu obigem, wie der Leser bereits hörte, nur vermeintlichen ersten Kontakt mit 'C-G-Jung' sei noch angemerkt, daß wir mit den sexualwissenschaftlichen Inhalten dieser Durchgabe vorerst nicht sehr viel anzufangen wußten. Dieser Einstieg und die Art und Weise, psychosomatische Zusammenhänge zu betrachten, war uns einfach zu fremd und zu abrupt. Erst die viel später folgenden Kommentare Jungs ließen uns Zugang zu seiner subtilen, ganzheitlichen Weltschau finden. Deshalb raten wir dem Leser auch, sich vorläufig nicht allzu intensiv mit diesem Text zu befassen. Man macht es sich leichter, wenn man nach dem ersten Einlesen in eine Reihe von Dialogen nochmals hierher zurückblättert. Überhaupt möchten wir ein mehrmaliges geistiges Aufnehmen der Übermittlungen empfehlen, da sich sowohl bei uns selbst, wie auch bei einem kleinen Leserkreis der ausschnittweisen Voraus-Edition der Botschaften zeigte, daß wiederholtes Lesen das Erfassen des

Gesagten in immer tieferer Weise ermöglicht. Mancher unserer Freunde fand so in den Texten Qualitäten, die ihn zu Aha-Erlebnissen führten, welche er auf den ersten Blick hin nicht vermutet hätte.

Beinahe ein Jahr verging, bis wir wieder von 'C-G-Jung' hörten. Wir strebten nämlich – zumindest bewußt – keinerlei weitere Kontakte mit ihm an, wir hatten mit unserem Baby und der Installierung unserer ersten richtigen Wohnung genug zu tun. (Nachdem Mira und ich unabhängig voneinander lange Jahre städtische Wohnprovisorien hinter uns gebracht haben, war uns endlich der Sprung aufs Land gelungen). Zudem nahm Mira jenen ersten Direktkontakt mit 'Jung' weder richtig ernst, noch wehrte sie ihn vollends als Hirngespinst ab. Man kann sagen, daß sie eine ziemlich lauwarme Einstellung dazu hatte.

In der stillen Abgeschiedenheit trainierten wir dennoch viel, um Miras ›paranormale‹ Kommunikationsfähigkeit und ihr Zusammenspiel mit mir als ihrer ›Bodenstation‹ Schritt für Schritt zu verbessern. In dieser Zeit ereigneten sich viele, teils hochinteressante, erfreuliche und manchmal auch nicht ganz ungefährliche und dramatische Dinge, die wir sicherlich später mal publizieren werden*. Ein spezielles Kapitel unserer Entwicklung nimmt in dieser Wachstumsphase das Zusammentreffen mit einem jungen deutschen Medium und dessen Frau ein. Das Kennenlernen dieses Hamburger Paares hat sich in unserer persönlichen Geschichte sehr tief verankert.

Wir trafen Lanto und Lannah während unseres Aufenthalts in einem buddhistischen Ashram in Dänemark. Kurze Zeit später ergab sich aufgrund seltsamer Umstände – sprich karmischer ›Zufälle‹ – daß beide zu uns, in unsere Wohnung am Attersee zogen. Abgesehen von einigen Unterbrechungen wohnten sie dann fast ein Jahr lang mit uns zusammen. In dieser Zeit ereigneten sich laufend Dinge, die ein mit ›Para-Normalem‹ nicht massiv Vertrauter für absolut unmöglich halten würde. Diese uns noch immer etwas unheimliche Begegnung ist sicherlich einer der bisher wichtigsten Meilensteine der

* Unsere diversen Ankündigungen, dieses und jenes zu publizieren, wurden jeweils vom aktuellen Geschehen so stark in den Hintergrund gedrängt, daß wir nun beschlossen haben, uns vorerst auf unsere derzeit wichtigsten Themen, d.s. Embryo-Kommunikation und 'C-G-J'-Kontakte, zu konzentrieren und alle sonstigen, unfertigen Manuskripte zurückzustellen.

medialen Entfaltung Miras hin zum heutigen fantastischen Channeling-›Instrument‹. Zum Verständnis der weiteren Zusammenhänge sei nachfolgend das Geschehen verkürzt erzählt:

Durch dieses Medium Frank oder Lanto, wie sich der damals 23jährige mit seinem spirituellen Namen nannte, sprach, schon bevor wir ihn kennenlernten, des öfteren ein sich nicht klar definieren wollendes Wesen. Während kleiner buddhistischer Meditationsrunden fiel der junge Mann – ohne davon zu wissen – in tiefe Trance und gab unbewußt seine Stimmbänder und später oft auch seinen ganzen Körper für eine Entität namens ›Sephet‹* frei. Auch in unserer Wohnung geschah dies schließlich oftmals auf diese Weise. Ich hatte Lantos Freundin versprochen, ihm diese unbewußten Vorgänge sanft bewußt zu machen und lieh mir zu diesem Zweck eine Videokamera, mit der ich einige der Trance-Kundgaben jener Wesenheit filmte. Anfänglich sprach übrigens Sephet nur in nobelsten Tönen, in einer Weise zu uns, mit der er es fast zwanghaft herausforderte, innerlich von uns das Etikett ›Meister‹ verabreicht zu bekommen. Indem ich also die Ansprachen und die Gestik dieser sich stundenlang inkorporierenden Trance-Persönlichkeit filmte und das Gefilmte nachher vor Lantos nun wieder geöffneten Augen nochmals abspielte, wurde ihm das unbewußte Geschehen zunehmend tages-bewußt, bis er nach einigen Monaten – ähnlich wie Mira von Beginn an – den Übermittlungsvorgang selbst und auch den Inhalt der Ansprachen mitbekam.

Wir konnten das Heranreifen seiner medialen Qualitäten wie im Fluge miterleben, so dynamisch ging das vor sich. Es ergaben sich durch ihn hervorragend plastische Rückführungen (z. B. in Miras letztes Leben am Ganges), viele tiefe, meditative Erfahrungen und auch feinstofflich-visuelle Sensationen im Raum. Mit voller Absicht verbreitete jene Wesenheit Sephet damals ein spirituelles Flair, das uns mächtig beeindruckte.

Wir engagierten uns schließlich für die Organisation von Lantos Seminaren und Privatsitzungen, bis Mira und ich mehr und mehr fühlten, daß nicht alles echt und integer war, was da medial präsentiert wurde. In der von Sephet initiierten kleinen

---

* Der Name ›Sephet‹ entstand offensichtlich durch Verballhornung von Sephiroth, den wirkendenden Ur-Ideen der Kabbalah. Nicht zu verwechseln mit der von Jane Roberts gechannelten Entität ›Seth‹.

Mysterienschule stellte sich unter dem Mäntelchen hochesoterischen Brimboriums bald auch Lanto als selbstgekürter Oberguru dazu. Das ging soweit, daß die Dominanz unserer Besucher auch in der eigenen Wohnung so überhand nahm, bis wir uns letztlich alles andere als frei darin fühlten. Aus, wie wir heute wissen, kleinkarierten Eifersuchtsmotiven – insbesondere jenes durch Lanto sprechenden ›Wesens‹ – wurde uns damals auf subtile Weise verboten, über andere Kanäle als durch Lanto mit der feinstofflichen Welt zu kommunizieren. Wir sollten nur mit dem Höheren Selbst Zwiesprache halten, da uns zu sonstigem die nötige Entwicklung fehle, außerdem wir die ›Helligkeit‹ der Kontakte nicht einschätzen könnten, Mira davon leicht schizophren werden könne, usw.

In den vielen Gesprächen, die ich mit Lanto und dessen zunehmend herrschsüchtiger Wesenheit über unsere eigene, vorausgegangene Trance-Arbeit führte, beharrte ich stets darauf, daß unser damals erster (deklarierter) Kontakt mit 'Jung' wahr gewesen sei – obwohl mir beide das Gegenteil weismachen wollten. Natürlich konnte ich es nicht beweisen, aber mein Gefühl war sich darin felsenfest sicher. Die Diskussionen darüber spitzten sich jedoch derart zu, daß ich mich letztlich breitschlagen ließ, die Textpassage über 'Jungs' Angebot an die Leser unseres Baby-Buches in der zweiten Auflage herauszunehmen und durch eine Botschaft jenes Sephet zu ersetzen. Nachdem ich aber weiterhin darauf beharrte, mit 'Jung' gesprochen zu haben – einfach, weil ich meinem Gefühl nicht abschwören konnte –, willigte zu meinem Erstaunen Sephet plötzlich ein, jenen 'Jung' ausnahmsweise über sein mediales Instrument sprechen zu lassen bzw. 'Jung' zu bitten, über den medialen Kanal Lanto zu uns zu sprechen. Überraschenderweise konnten sowohl Sephet wie Lanto nachher nicht anders, als uns zuzugestehen, daß der Kontakt doch echt gewesen sei. Dennoch gab Sephet weiterhin die Order aus, uns der Kommunikation mit ›Toten‹ zu enthalten.

Dazu sei angemerkt, daß wir in unserer Trance-Arbeit keineswegs daran interessiert sind, mit Jenseitigen zu sprechen, nur weil sie Jenseitige sind. Uns ging und geht es einzig um Kontakte mit psychischen Ebenen oder geistigen Persönlichkeiten, die unser Bewußtsein anzuheben imstande sind. Und das sind gemäß unserer Einschätzung nicht nur sogenannte Erleuchtete und allerhöchste Himmelswelten, sondern auch jene Vibrationen, die knapp darunter liegen. Abgesehen davon ist es ja letztlich eine Frage der Schwingungsaffinität, von welchen ›Geistern‹ man zu lernen hat. Wer sich aus relativ niederfrequenter Fleischnahrung und raffiniertem Zucker seinen materiellen Körper zimmert, wie es Freund Lanto ausgiebig tat, bevor er uns kennenlernte, darf sich nicht wundern, wenn seine Sensitivität und geistige Klarheit darunter leidet. So mußte er sich zur Abwehr der von ihm panisch gefürchteten Dämonenwelt stets ein ganzes Bündel verschiedener Schutzamulette um den Hals hängen, um psychisch halbwegs im Lot zu bleiben.

Um unsere Unterscheidungskraft weiter zu schärfen, trug unser Karma dann noch dicker auf. In der anfänglich von uns begrüßten Begegnung mit unseren Langzeit-Besuchern zeigten sich immer mehr dunkle Flecken, die nicht zu der von ihnen präsentierten Fassade paßten. Das gipfelte unter anderem in horrenden Telefonrechnungen von mehrmals über dreitausend Mark, die unsere ›Freunde‹ direkt oder indirekt verursachten und wir schließlich nicht mehr zu bezahlen imstande waren. Diese Rechnungen ergaben sich, weil unsere Freunde oftmals zwischen uns und Hamburg hin und her pendelten und sich dann von uns rückrufen ließen, weil uns Sephet durch Lanto auch von weit weg übers Telefon stundenlange ›heilige‹ Durchgaben liefern wollte, und das jeden zweiten Tag. Das gehörte einfach zu seinem Konzept der psychischen Gängelung, daß während dieser Predigten auch unser Tarifeinheitenzähler munter darauflosratterte, kümmerte ihn wenig.

Auch der nachfolgende 'Jung'-Dialog ergab sich auf die Weise, daß Lanto in Hamburg in Trance ging und wir dort zu einer vereinbarten Zeit anriefen. So hat es sein wollen, daß ich und Mira am einen Ende der Leitung mit 'C-G-Jung' via Lanto am anderen Ende ein ausführliches, zweiweltliches Telefonat führten. Eines der wenigen Gespräche, die wir gerne bezahlten.

Unseren bezüglich unseres Freiheitsdranges so unsensiblen, selbsternannten Untermietern haben wir übrigens, nachdem die beiden bzw. ›drei‹ eine mehrmonatige Pilgerreise nach Indien antraten – und wir in dieser Zeit wieder Kraft tanken und zu uns selbst finden konnten – sanft, aber bestimmt die Tür gewiesen. Das wahre Gesicht von ›Meister Sephet‹, dem Wesen, das in gewisser Weise – wie wir zunehmend zu ahnen begannen – gar nicht das war, was er vorgab, zeigte sich schlußendlich in seiner Reaktion auf unser Tun. Mit aggressiver bis bedrohlicher sprachlicher Diktion wollte er uns zur Herausgabe der 180 Stunden langen Tonbandaufnahmen bewegen, auf denen unsere während des ganzen Jahres mit ihm und Lanto geführten Gespräche von mir aufgezeichnet wurden. *›Dieses Material sei in unseren Händen zu gefährlich, da wir nicht bereit seien, von der wirklichen Wahrheit zu lernen‹*, ließ uns Sephet wissen, Auf mein Angebot, gegen Kostenersatz Duplikate von den Aufnahmen herzustellen, sind unsere damaligen Freunde nicht eingegangen. Wir haben dieses Medium, das sich später mit seinem bürgerlichen Namen in Inseraten auch als Astrologe und Heiler offerierte, nun gänzlich aus den Augen verloren. Aber wir besitzen nach wie vor die für unsere persönliche geistige Evolution so wichtig gewesenen, auf Toncassetten gespeicherten Erfahrungen. Diese für spirituell ausgerichtete Parapsychologen hochinteressanten Dokumente werden wir eines Tages, sofern wir die Muße dazu finden, wohl noch veröffentlichen, da uns kein gleichartiger derart intensiver Paradefall bekannt ist. Er zeigt auf, daß einseitige geistig-spirituelle Aktivität abseits des Weges führt, wenn der Geist nicht geerdet und der Körpertempel vernachlässigt wird. Wer zur Ganzheit finden will, muß auch seine leibliche Hülle mit geeigneten Frequenzen verköstigen, daran führt kein Schleichweg vorbei.

Wir möchten betonen, daß wir trotz der für uns eher tragischen Qualität jener Zeit, diese uns durch Mark und Bein gegangenen Erfahrungen mit Sephet, Lanto und Lannah nicht missen möchten. Denn letztlich hat uns dieses karmische Lehrstück zu einem ansonsten nicht so leicht zu machenden spirituellen Bewußtseinssprung verholfen. Für astrologisch Versierte sei noch angemerkt, daß dies alles während der Saturnrevolution Miras geschah. Heute sind uns zudem noch aufschlußreiche Zusammenhänge mit bis nach Atlantis zurückreichenden Leben bekannt.

Wie der Leser später noch erkennen wird, hatte auch 'Jung' seine guten Gründe, die Kontaktmöglichkeit mit uns über das Medium Lanto zu nutzen.

2. Kontakt – 6/2/86 – 22.45 h – Telefondialog via Hamburger Medium

## *Traumanalyse*

Das Telefon klingelte zu später Stunde, um wiederum die Direktschaltung zu Sephet via Lanto in Hamburg zu uns nach Österreich zu leiten. Diesmal gab es jedoch keine ›überheiligen Wortsalven und Übungen‹, der versprochene Versuch einer Zwischenschaltung Sephets zu 'C-G-Jung' wurde verwunderlicherweise prompt durchgeführt. Wir zeichneten das folgende Gespräch per Telefonadapter auf:

C-G-J: ***Guten Tag. Sie wollen mich sprechen? Im wissenschaftlichen Sinne, in Sachen Traumanalyse?***

**René:** *Ja, nicht nur wegen der Träume. Ihre gesamte Arbeit interessiert uns. Mich fasziniert besonders die Art und Weise, wie Sie mit psychischen Problemen umgehen.*

C-G-J: ***Sehen Sie tief in Ihr Unterbewußtsein, und Sie werden dort all Ihre Probleme gelöst sehen. Denn alle Probleme kommen aus dem Unterbewußtsein. Ich habe mich seinerzeit auch ansatzweise bemüht, das sogenannte Überbewußtsein zu erforschen. Aber ich hatte kaum noch Zeit, es war schon zu spät für mich, dieses Phänomen zu studieren.***

**So wollen wir uns denn am Traume erfreuen, der uns ja alle umgibt. Ich sage Ihnen, Träume sind keineswegs Schäume.**

**René:** *Es freut mich, daß Sie dies jetzt von der anderen Seite her nochmals unterstreichen.*

G-G-J: **Sie werden vielleicht verstehen, daß auch die Freude — die Freude am Leben — sehr wichtig ist. Denn, wann immer Freude da ist, wird Leben geboren. Der Archetyp dieser Lebensfreude ist für mich wie ein rosiger Apfel. Und das Leben — so sagt auch der Osten, mit dem ich mich ein wenig beschäftigen durfte — ist einfach das Leben an sich.**

**René:** *Wie verhält sich denn nun unsere Traumwelt zum wirklichen Leben? Ist es tatsächlich so, daß ganze Szenen aus früheren Leben im Traum auftauchen können?*

G-G-J: **Ich darf Ihnen zu verstehen geben, daß meine Wenigkeit damals darüber viel studiert hat, auch an vielen Patienten. Eines Tages kam da eine junge Schwester, eine Krankenschwester zu mir. Ein junges Ding, zart im Gemüt und auch für den Mann sehr begehrenswert. Nun, was ich durch sie erfahren habe, ging über meine Traumstudien weit hinaus. Für mich öffnete sich eine neue Dimension. So begann ich jene Sache zu analysieren, die Sie heute Rückführung nennen.**

**Zuerst war ich ein wenig geschockt, aber ich mußte diese Tatsache annehmen, mir blieb keine andere Wahl. Ich hatte eine Hürde überwunden, doch dahinter, jenseits von Zeit und Raum, ging die Reise weiter und weiter. Ja, ich bin über Träume in andere Leben hineingegangen. Sie können sich wahrscheinlich vorstellen, daß ich es nicht ganz habe glauben können. Doch es ist wahr, und heute bin ich sehr froh darüber.**

**René:** *Spielten in diesen Studien nicht auch die Archetypen eine gewichtige Rolle?*

G-G-J: **Wie ich schon sagte, führte mich das Leben auch dazu, mich etwas mit dem Chinesischen zu befassen, das ja eine sehr kompakte Angelegenheit ist. Auch in Studien dieser ruhigen Zen-Meditationen habe ich mich versucht, was mich schließlich noch weiter östlich, nach Tibet, führte. Dort gibt es diese Rollbilder, die ich mir ziemlich genau ansah. Aber ich konnte nicht exakt erkennen, ob diese großen Wissenschaftler, ich meine Buddha und die anderen Riesenpsychologen — ich nenne sie jetzt mal so —, ob sie dieses gewisse Etwas von**

***hohem Niveau auch wirklich erfaßt haben, ob sie wahrlich entdeckten, was ein Archetypus im Kern bedeutet. Jedenfalls haben es diese alten Mönche auf ihren Rollbildern dargestellt. Ich kann Ihnen sagen, diese Angelegenheiten haben mich in meiner Arbeit sehr beeinflußt.***

***Die sogenannte Traumanalyse ist ja nichts weiter als nur der erste Schritt in diese anderen Dimensionen. Ich weiß nun, daß das Unterbewußtsein mit dem Überbewußtsein kooperieren muß, darüber gibt es keinen Zweifel. Wie sonst sollte man in diese Dimensionen gelangen?***

***Wenn Sie wirklich tiefer in diese Studien des C.G.Jung — den Sie in Ihrem Buch so anhimmeln und von dem Sie immer mehr haben wollen* — einsteigen wollen, dann müssen Sie zuerst voll in Ihr Unterbewußtsein hineingehen und dann darüber hinaus. Es klingt paradox, aber ich habe festgestellt, daß es im Unterbewußtsein eine Sperre gibt, die nur durch Kampf überwunden werden kann. Jeder Kampf aber bedeutet Schmerz und ist in diesem Falle der sogenannte Geburtsschmerz, der ausgelöst wird, wenn Sie die Schwelle zum Überbewußtsein betreten. Demgemäß hat das Überbewußtsein stark mit dem Unterbewußtsein zu tun.***

**René:** *Mir scheint, daß der Mensch besonders in Träumen etwas leichter über diese Schwelle treten kann**.*

**C-G-J:** ***Träume sind Wirklichkeiten, die sich auch in Blokkaden äußern. Nehmen wir als Beispiel Stauungen im Bekkenbereich. Diese etwa kann man auflösen, indem sich der Patient wie ein kleines Kind zusammenrollt und immer wieder Aua-aua-aua-aua schreit, um so tiefer und tiefer in sein Unterbewußtsein hinabzutauchen. Irgendwann kommt er dann an eine Schwelle, vor der ich warne, denn viele unverdaute Bilder steigen hoch. Seien sie sich also im klaren darüber, welches Gebiet wir da überschreiten.***

**René:** *Ich nehme fast an, daß die von Ihnen so plausibel dar-*

---

* Er bezieht sich auf die in unserem Babybuch abgedruckte Passage aus dem ersten 'Jung'-Kontakt, die wir dort mit freudigen Worten umrahmten. Die Tatsache, daß ich liebend gerne umfassend mit ihm konferiere, hat 'Jung' wohl aus meinem Unterbewußtsein gelesen.

** Neben diversen Meditationsarten fand ich für mich speziell Traumtechniken am geeignetsten, um hie und da bewußten Zugang zu den feineren Welten zu finden. Ich hatte Mira übrigens zuerst im Traum kennengelernt, bevor sie auch in der dichteren Realität meine ›Traumfrau‹ wurde.

*gestellten Zusammenhänge unseren Psychologen, zumindest hierzulande, noch nicht so recht bekannt sind.*

C-G-J: ***Die Wissenschaft wird wohl zunehmend dahinterkommen, daß jenes Überbewußtsein mit dem Unterbewußtsein korrespondiert und auch, daß die einzige Wirkungsweise des Körpers psychosomatisch ist. Alle Krankheiten, das haben wir hier herüben einheitlich in allen unseren wissenschaftlichen Arbeiten festgestellt, sind dieser psychosomatischen Natur.***

***René:*** *Lassen sich auch auf Erden in dieser Richtung fortschrittliche Wissenschaftler finden?*

C-G-J: ***Amerika ist in dieser Sache wunderbar, ich meine in seiner Erforschung all dieser Dinge. Deswegen hatte auch ich mich zu meiner Zeit für Amerika interessiert. Es hat mich immer wieder fasziniert, wie rege die Menschen dort sind, so wie es mir schon immer eine Freude gewesen ist, geistige Aktivität zu entwickeln. War ich doch selbst von klein auf ein geistig Tätiger, der alles enträtseln und entschlüsseln wollte. Am meisten aber erfreute mich, was ich sah, wenn ich schlief. Dieses Thema ließ mich, wie sie ja wissen, nie wieder los.***

***Durch meinen Tod habe ich nun die Zone zum Traum hin überschritten, ich bin aber auch darüber hinausgegangen und in einer Ebene, sagen wir mal, ›gelandet‹, von der aus ich weiterforschen möchte. Ich habe diesen neuen Existenzbereich noch längst nicht ganz erschlossen, ich staune und staune immer noch.***

***René:*** *Herr 'Jung', es würde uns sehr freuen, wenn wir gelegentlich mehr über Ihr Forschen erfahren dürften. Sie hatten ja vor längerer Zeit einen Kontakt mit uns und damals auch Ihr Angebot geäußert, mit Interessierten ins Gespräch zu treten. Wir haben diese Möglichkeit in unserem Babybuch am Rande kundgetan und hätten jetzt gerne gewußt, wieweit Sie noch dazu stehen?*

C-G-J: ***Unbedingt! Ich hege eine tiefe Liebe für Sucher, bin ich doch selbst einer. Auch auf Erden bin ich jahrzehntelang einer gewesen, mit Aufenthalten in vielen Städten und Ländern. So ist es natürlich mein Sehnen, mit Ernsthaften am Wege in direkten Kontakt zu treten. Ich möchte sagen, ich dränge sogar darauf, viel Wissen weiterzugeben. Solange es noch einen einzigen Menschen gibt, der meiner Hilfe bedarf***

***oder auf meiner Stufe steht, werde ich bereit und bemüht sein, zu helfen. Doch konnte ich bisher nicht die geeigneten, sagen wir, ›Durchläufe‹* finden.***

***René:*** *Wir haben inzwischen einigermaßen daran gearbeitet, als sensitive Empfangsstation besser zu werden, haben allerdings immer noch diverse Probleme und Problemchen. Möchten Sie uns vielleicht Hinweise geben, wir wir –*

'Jung' unterbricht mich.

C-G-J: ***Ihre Frau hat den Geburtsschmerz noch nicht ganz überwunden. Sie hat Schwierigkeiten mit der Atmung, sie atmet zu flach, sagen Sie ihr das bitte.***

***René:*** *Sie steht neben mir und hört mit. Ich gebe sie Ihnen mal.*

***Mira:*** *Hallo, hier ist Mira.*

C-G-J: ***Manchmal geht Ihnen die Puste aus, liebe Frau, nicht? Ist das so?***

***Mira:*** *Ja, es stimmt, das war öfter so. Ist aber jetzt schon besser. Ich wußte nie recht, was ich da tun soll.*

C-G-J: ***Das ist der Geburtsschmerz, da müssen Sie noch einmal durch. Versuchen Sie mehr und mehr durchzuatmen, im Brustraum rein und raus. Sie müssen tiefer ein- und ausatmen. Tun Sie das jeden Morgen zehn oder zwanzig Minuten, bevor Sie aufstehen. Sie werden dann anfangen, sich hin und her zu wälzen und zu schreien und zu weinen. Ihr Mann soll Sie an den Händen halten. Diese Übung wird Ihnen helfen, das Leben mehr zu feiern. Sie wären eine gute Patientin für mich gewesen.***

***Meine Sprechzeit geht nun zu Ende.***

Ich übernahm nochmals schnell den Hörer.

***René:*** *Herr 'Jung', vielleicht könnten Sie mit Mira noch kurz konkret über die Eventualität, Ihnen als Durchgabekanal zu dienen, sprechen. Sie kommt nochmal ans Telefon.*

***Mira:*** *Da ist wieder Mira.*

C-G-J: ***Ja, Sie sind fähig, sehr fähig, aber Sie sind zu sensibel. Ich sehe Sie vor mir, mit Ihrem ganzen Archetypus. Sie sind geboren zum Tanzen. Sie sind hochsensibel, hochgradig***

---

* Er meint damit ›Channels‹, also mediale Kanäle, mit denen er sich in ein adäquates Resonanzfeld einschwingen könnte.

***bekräftet, und ich sehe in Ihnen wirklich tiefe, tiefe Weisheit schlummern, die aber geblockt wird, da Sie nicht richtig atmen. Sie müssen das Leben noch mehr fühlen.***

***Mira:*** *Mmmh, danke. Ich möchte noch sagen, daß ich schon von Jugend an, seit ich in der Schule von Ihnen hörte, eine große Liebe zu Ihnen gespürt habe. Sie sind für mich ein wahrhaftiger Sucher gewesen.*

C-G-J: ***Gute Frau, sehen Sie, ich bin noch immer ein Individuum wie Sie auch. Sie haben einen Körper, und ich habe einen Körper – in dem Sinne, wie Sie es auffassen mögen. Und als Individuen sollten wir unbedingt Liebe zueinander empfinden. Darum seien Sie glücklich, daß Sie mich lieben, die Freude ist auch auf meiner Seite. Ohne Liebe kann ich nichts tun, dies ist der Grundsatz meiner Forschung. Ich glaube, ich muß jetzt Schluß machen.***

Mira übergab mir wieder den Hörer.

***René:*** *Herr 'Jung', eine letzte Frage noch, wenn's geht. Wir haben hier einen Brief, der an Sie gerichtet ist, mit der Bitte einer Dame oder eigentlich der Frage, wo die Schreiberin eine psychologische Ausbildung machen soll?*

Pause bzw. kurze Einstimmung auf die Dame.

C-G-J: ***Sehen Sie nicht, liebe Frau, daß sich – in welchen Institutionen auch immer – die Träume der Menschen bekämpfen? Da möchte doch jeder, daß sein Traum siegt. Ein Mensch, der wirklich erwachen möchte, meidet das, er möchte einen größeren Traum träumen. Ich glaube, es sind immer die Menschen außerhalb von Organisationen, auf die es ankommt. Also, rate ich Ihnen, seien Sie vorsichtig. Viele, die vorgeben, mich zu vertreten, stehen nicht hinter meinem Werk. Ich staune immer wieder über diese Menschen, aber gottlob ist es nicht mehr meine Angelegenheit.***

***Man lasse mich doch um Gottes willen so, wie ich bin. Sehen Sie, ich bin alt, bin auch hier alt – einfach, weil ich noch so bleiben möchte, wie ich gegangen bin. Wie Sie vielleicht wissen, bin ich am Ende meines Lebens sehr krank gewesen und konnte zuletzt nicht mehr richtig laufen. So bin ich eben gegangen.***

***Ich bedanke mich für Ihr offenes Ohr und bleibe Ihr Ce Ge.***

***René:*** *Dankeschön.*

**3. Kontakt – 4/4/86 – 15.30 h – Mitschrift durch Mira und René**

## *Ermunterungen*

Mira hatte eigentlich nur vor, zu meditieren – als sich aber nach zwanzig Minuten der Impuls, zu schreiben, regte, gab sie dem nach.

G-G-J: ***Liebe Frau Coudris. Meine Name ist 'Jung'. Wir haben bereits miteinander gesprochen. Sie haben mich unterbewußt –***

Abbruch.

(– gerufen.) Durch irgendein Geräusch fiel Mira aus der eher leichten Trance und kam – wegen des jähen Abbruchs etwas verzagt – mit den obigen, notierten Zeilen zu mir. Ich schlug ihr vor, im Meditationsraum rasch unsere mobile Aufnahmegerätschaft zu installieren, um 'Jung' dann durch Mira ins Mikrofon sprechen zu lassen. Während ich versuchte, die Elektronik sowohl schnell als auch leise anzuschließen, ging Mira hinter meinem Rücken wieder in Trance, und 'Jung' sprach auch sofort durch sie – noch bevor ich unsere damaligen, nicht gerade optimal geeigneten Apparatchen aufgebaut hatte. Mir blieb keine andere Wahl, als schnell das nächstgelegene Blatt Papier zu nehmen und eben, so rasch es ging, direkt mitzuschreiben. Teile der Durchgabe konnte ich, der Geschwindigkeit des Wortflusses wegen, nur stichwortartig aufzeichnen, habe aber die fehlenden Worte gleich darauf aus der Erinnerung und sinngemäß ergänzt:

G-G-J: ***Ihre Frau hat ein großes Potential an Weisheit und Verständnis und eine Öffnung hin zu den anderen Sphären. Sie könnte mal eine gute Botschafterin werden, wenn sie sich von den momentanen Zweifeln und Anfechtungen am Weg nicht entmutigen läßt. Sie sollte ihren Anschluß dort suchen, wo sie Vertrauen hat.* Ich meine den Anschluß an Individuen, die wirkliche Freunde sind. Nur so kann sie ihre volle geistige Größe erlangen.***

Nach einer kurzen Pause sprach 'Jung' weiter, aber an Mira selbst gerichtet:

G-G-J: ***Ich bitte Sie, liebe Frau, nicht lockerzulassen, dann wird ein sehr ernsthafter Kanal aus Ihnen werden. Lassen Sie sich nicht quälen oder drängen, und versuchen Sie, zu Ihrer Medialität zu stehen. Bevor Sie längere, ernstzunehmende Botschaften überbringen können, müssen Sie noch weiter an sich arbeiten und einige Blockaden mehr gelöst haben. Sonst werden Sie einen schweren Kampf führen, und es wird schwierig für Sie sein, alles rein zu übermitteln.***

***Verzagen Sie nicht. Haben Sie den Mut zu hoffen, obwohl Sie so schwer empfinden, daß Sie schon öfter die Idee hatten, aufzugeben. Bevor Sie in Ihrer Arbeit weitere Schritte unternehmen, rate ich Ihnen zu einer weiteren Reinigung von Körper und Seele. Verwenden Sie Ihre bevorzugte Methode.***

Nun wieder an mich gerichtet:

G-G-J: ***Sie werden sich noch wundern, welch wunderbares Wesen Sie in Ihrer Frau gefunden haben.***

Irgendwie bekam ich das Gefühl, – vielleicht durch eine Gesichtsveränderung in Mira – daß 'Jung' wieder gegangen sei und fragte noch rasch:

**René:** *Könnten wir einen kontinuierlichen Kontakt miteinander einrichten?*

Doch die Antwort blieb aus.

---

* 'Jung' sprach hier unsere dramatischen Erfahrungen mit dem Hamburger Medium Lanto an, die uns – wie wir im Rückblick nun sagen können – zu einem Maß an Klarheit in Sachen medialer Durchgaben verholfen haben, wie wir es ansonsten nie erlangt hätten.

4. Kontakt – 20/11/86 – 17.00 h – Mitschrift durch Mira im Studio

## *Das analytische Denken*

Ungefähr ein halbes Jahr später – es war am Nachmittag – saß Mira in Meditation und kam sehr bald in einen selten tiefen und innerlich ziemlich ruhigen Zustand, der anders war als sonst.* Nach einiger Zeit spürte sie am Kopfwirbel, als ob sie jemand berührte, und hatte auch das Gefühl, daß jemand da sei. Was passierte, geben am besten Miras eigene Worte wieder:

»Plötzlich stand er im Raum und meinte nur, ***›er sei 'Jung'‹***. Aber ich reagierte mit Angst und dann wie eine fauchende Katze. Ich überschüttete ihn mit allen nur erdenklichen Vorwürfen. Ohne Rückhalt sagte ich ihm, was Sephet zu meinen medialen Verbindungen äußerte, *›daß ich schizophren werden würde und, und, und...‹* Auch was Lanto, der naseweise Buddhist mir vorhielt, daß es nur Unheil bringe, mit Toten zu reden, und ich nur noch mit meinem Höheren Selbst oder nicht mehr Inkarnieren-Müssenden sprechen sollte, brachte ich entrüstet vor und entlud meine übervolle Seele.

---

* Mira praktizierte erstmals eine OM-Meditation in der Art, wie sie diese schon in einem früheren Leben als chinesischer Mönch ausübte. Durch eine Rückschau wenige Tage zuvor, ist ihr diese Technik wieder bekannt geworden.

Er stand nur ganz ruhig im Raum und ließ alles über sich ergehen. Diese innere Gelassenheit, die er dabei ausstrahlte, mußte unweigerlich von einem tiefen inneren Wissen und Verstehen herrühren. Seine starke, selbstbewußte Präsenz war gepaart mit der Gewißheit über meine psychischen Grenzen, die er liebevoll und wohltuend achtete. Diese unwahrscheinliche Mischung von Eigenschaften habe ich in den letzten Jahren so sehr lieben gelernt, daß ich es gar nicht ausdrücken kann. Natürlich trägt er auch noch viele andere Züge und Schätze in seinem riesengroßen Herzen.

Nach einer Weile, als ich den ärgsten Dampf abgelassen hatte, sagte er nur: ***›Solange es einen Menschen gibt, der meiner Hilfe bedarf, bin ich bereit zu helfen.‹*** Ich war dadurch fürs erste wieder sehr ruhig geworden, entgegnete ihm aber dann mit der Frage: *›Wer beweist mir denn, daß Sie es wirklich sind?‹* Er sagte: ***›Wem wollen Sie es beweisen, sich oder der Welt?‹*** Ich dachte: *›Natürlich mir selbst!‹* Darauf meinte er ungefähr: ***›Man kann es nicht beweisen. Aber ich kann Ihnen zu einer subjektiven Erfahrung verhelfen. Versuchen Sie ein Bild zu sehen!‹*** Er sagte, ich solle ***›in meine Angst gehen‹***. Ich versuchte es, und es begann sich alles irgendwie zu verändern. Dann konzentrierte ich mich mehr und spürte plötzlich eine Art Strahl auf meiner rechten Gehirnhälfte. Ich sah einen Raum mit einer Couch darin auf meinem inneren Bildschirm und sagte 'Jung', was ich wahrnahm.

Vor der Couch stand, mit dem Rücken zu mir, ein ziemlich großer und kräftiger Mann. Ich sagte ihm, daß ich diesen Mann aber nur von hinten sehe. Doch er bestätigte, ***›daß er es sei und ich versuchen solle, mich auf das Sofa zu legen‹***. Es gelang mir auf Anhieb, aber als ich den Mann ansah, fehlte ihm der Kopf. So sehr ich mich auch bemühte, ich konnte nicht im mindesten einen Kopf erkennen. Zu meiner Erzählung dieser seltsamen Wahrnehmung meinte er nur, ***›das macht nichts, konzentrieren Sie sich auf das, was Sie genau und gut wahrnehmen können‹***.

Da fielen mir plötzlich seine Hände auf, sie waren groß und kräftig, und strahlten tiefes Empfinden aus. Ich sagte ihm wieder, was ich sah, und er meinte: ***›Gut, dann sind meine Hände unser Kontaktorgan. Sie sollen in Zukunft ein Erkennungszeichen sein. Ich werde jetzt Ihre Hände mit den meinen nehmen.‹*** Er tat es und legte seine Hände, mit den meinen darin eingeschlossen, an sein Herz und fragte nur: ›***Was fühlen Sie?***‹ Was ich fühlte, ist unbeschreiblich – jedenfalls war ab diesem Zeitpunkt tief innen für mich alles klar. Ich erkannte sein Motiv und daß ich den Kontakt zu diesem Wesen oder Menschen – sei es der legendäre C.G.Jung oder nicht – aus ganzem Herzen wollte. Ich fühlte, wie er fühlte, und sah eine große Chance, all meine Angst zu verlieren. Etwas in mir erkannte, daß es total in Ordnung ist. Ich weiß nicht mehr genau, was er mich darauf fragte, ich sagte jedenfalls: ›*Ich bin bereit.*‹

Er umarmte mich wie ein Vater und strahlte ein großes Helfenwollen aus. Auch deutete er an, daß er mir Übungen sagen und zeigen wird, die meine Entwicklung zu einem guten Channel fördern würden. Daraufhin nahm ich auf einen Impuls hin ein Blatt Papier, und er diktierte mir die ersten Manuskriptseiten für ein eventuelles Buch über das analytische Denken. Ich kam mir vor wie seine Sekretärin.«

C-G-J: ***Betiteln wir unseren Text mit ›DAS ANALYTISCHE DENKEN ALS VORBEREITUNG AUF DEN KRIEG UND DAS CHAOS AUF DIESER ERDE‹.***

***Wir mußten feststellen, daß die Bevölkerung nicht fähig ist, sich selbst zu verstehen, geschweige denn in der Lage ist, die Vorgänge in der Welt zu erkennen. Denn, um auch nur irgend etwas mit seiner Ratio begreifen zu können, muß der Mensch zuvor ausgiebig die Funktionsweisen des rationalen Bewußtseins durchleuchtet haben.***

***Ohne Begründung können wir sagen, daß die Bewertung der weltlichen Mißstände durch die Ratio allein, entgegen jegliche Logik und jeden Menschenverstand, zu keinem nennenswerten Resultat führen kann, welches die Mehrheit aus ihrem verrotteten Zustand erretten könnte. Wir mußten entdecken, daß die rationale Vernunft nicht qualifiziert ist, die Menschen aus ihrem Dilemma zu befreien. Was also sonst ist zu tun?***

***Erst mit der zunehmenden Loslösung vom analytischen Denken werden wir mehr und mehr erfassen, daß hinter unseren Mauern auch noch andere Bewußtseinszustände existent sind. Auch daß wir selbst die alleinigen Verursacher unseres geistigen Befindens sind, werden wir erst verstehen, wenn wir uns der Allmacht unserer Ratio –***

Abbruch.

(– entledigt haben.) Mira hatte diesmal vergessen, vor der Meditation über das Telefon im Raum darunter ein Kopfpolster zu legen. Mich hatte sie über ihre Meditationsabsichten nicht informiert, so daß ich ein ankommendes Gespräch nicht betont leise führte. So kam Mira trotz der eher tiefen Trance stückchenweise ins Tagesbewußtsein zurück. Bevor der Kontakt gänzlich abbrach, meinte 'Jung' noch, ***›Mira solle mir von ihrem Agreement und den Erlebnissen vor dem Diktat erzählen‹.***

Dieser Abbruch war nun aber nicht das Ende, sondern vielmehr erst der Beginn einer neuen – oder wie wir immer mehr dahinterkommen – der Neubeginn einer sehr, sehr alten Beziehung.

Trotz der Bereitschaft aller Beteiligten kam es in den nächsten Wochen zu keinem Kontakt. Wir hatten mit unserer materiellen Situation ziemlich zu tun und waren deshalb nicht streßfrei genug für diese sensible Sache. Ein paarmal schon versuchten wir morgens um sechs für ein zweiweltliches Gespräch fit zu sein, doch immer geschah Unvorhergesehenes. Entweder unser damals zweieinhalbjähriger Sohn wachte auf, oder einer von uns war einfach zu müde dazu. Am Abend des 16. Dezember 86 nahmen wir uns fest vor, am nächsten Morgen einen Kontakt zu versuchen. Wir gingen deshalb auch betont früh zu Bett und bereiteten im Nebenraum schon alles vor, das heißt, die Aufnahmegerätschaft, Block und Schreibgerät, die richtige Raumtemperatur usw. Dennoch passierte es völlig anders, als wir es uns vorstellten. Um das zu verstehen, muß der Leser wissen, daß Mira weder orale noch sonstige Verhütungsmittel verwendet und sich lieber auf ihr Gefühl verläßt, aber doch auch gerne meßbare Sicherheit zum Vergleich heranzieht. Also haben wir einen elektronischen Fruchtbarkeitsanzeiger angeschafft. Dieses Gerät ist ein kleiner Wärmefühler und Computer, der sowohl nach der Temperatur- und auch nach der Kalendermethode arbeitet und somit täglich exakt den Fruchtbarkeitsgrad anzeigt. Auch zur Herbeiführung einer gewünschten Schwangerschaft ist dieses Ding brauchbar. Eine der Spitzfindigkeiten dieser Erfindung ist der akustische Signalton, der während der fruchtbaren Periode jeweils 24 Stunden nach der Messung des Vortages ertönt. Genau dieser Piepton war es, der uns zu einer lustigen Erfahrung verhalf.

5. Kontakt – 17/12/86 – 03.00 h – Dialog mit René im Studio Phoenix

## *Schöpferisches Potential*

Da Mira in der Nacht zuvor schon kurz vor drei Uhr – weil sie mal ›mußte‹ – den Fühler ihres Fruchtbarkeitscomputers unter die Zunge legte (man muß dies tun, bevor man aufsteht, auch wenn man nur nachts auf die Toilette geht, da sonst die Körpertemperatur verändert wird), piepste der neuzeitliche Geburtenregler zur Erinnerung wieder um diese Zeit. Schlaftrunken, verwechselten wir diesen Ton ob der Ähnlichkeit mit der Alarmfunktion unseres ebenfalls elektronischen Weckers und wankten etwas verwirrt wegen unserer noch merkbaren Müdigkeit in den Meditationsraum, fest entschlossen, diesmal den Kontakt mit 'Jung' nicht zu versäumen.

Nachdem Mira noch nicht mal richtig ›da‹ war, fiel es ihr auch besonders leicht, innerhalb von Minuten für die Übermittlung bereit zu sein.

C-G-J: ***Guten Morgen. Wenn der Traum zur Wirklichkeit wird, kann es auch geschehen, daß man um drei Uhr morgens aufsteht.***

'Jung' schmunzelte sichtlich, und Mira fiel, da ihr auch klar wurde, was passierte, belustigt aus der Trance. Schön langsam dämmerte uns, wie das zugegangen ist, und wir bemerkten, daß es draußen noch ziemlich finster war. Während wir uns etwas verschlafen über uns selbst amüsierten, kam 'Jung' wieder:

C-G-J: ***Sie kennen den Ausspruch ›Es ist alles ein Traum!‹* Woher kommt nun diese Aussage? Aus dem unterbewußten Wissen, daß der Mensch, wenn er ein integriertes Leben lebt, erkennt, daß Traum und Wirklichkeit nicht zu unterscheiden sind. In Wirklichkeit ist der Traum eine Realität, in dem das Unterbewußte die Führung übernimmt und so dem Menschen erst die Möglichkeit eröffnet, ohne Egoismus zu leben. Wenn wir aber nun glauben, ohne Projektionen leben zu können, erliegen wir einer Illusion. Denn alles Erleben ist letztendlich eine Projektion unseres größeren Traumes, der tief verborgen in unserer Seele ruht. Wir haben allerdings die Möglichkeit, diesen Traum zu unterdrücken oder dem Impuls nachzugeben und den Mut aufzubringen, unsere Illusion lebbar zu machen. Ich erkannte, daß alles Illusion ist, solange man glaubt, Traum und Wirklichkeit seien zwei vollständig voneinander unabhängige Dinge oder Erfahrungen. Erst durch die Integration der Psyche in den unbewußten Vorgang und die uralten Muster einer Vergangenheit – die ewig lebt, aber sich stets verändert – wird alles real.***

***Am Beginn meiner Arbeit als Arzt erkannte ich, daß wahre Hilfe nicht von außen kommen kann, sondern nur über das Eindringen in die tiefsten Bewußtseinsschichten eines Menschen. Erst dort, wo wir alle eine Einheit sind, kann mit dem großen Netzwerk der Integration in das Unbewußte begonnen werden. Das Unbewußte ist auch das Übernatürliche, Unbekannte und vollkommen Unverständliche. Unsere Angst davor ist die wahre Ursache für unseren Übergang in die analytische Denkwelt. Das Nichtverstehen unserer tieferen Schichten, unserer tiefsten Ängste und Sorgen, machte es möglich, daß die Ratio eine Welt der Vollkommenheit schaffen wollte. Ich aber bin der festen Überzeugung, daß es diese***

---

* Ich hatte meine Traumtechnik-Experimente u.a. mit dem deutschen Mantra ›Es ist alles ein Traum‹ durchgeführt. Das heißt, ich dachte bzw. murmelte diesen Satz lautlos, über Wochen hinweg, sooft es ging vor mich hin, bis sich diese Worte in mir von selbst wiederholten. Als ich dann nachts träumte und im Hintergrund diesen sich ständig wiederholenden Code hörte, erwachte ich geistig (ohne körperlich aufzuwachen) und war mir oftmals bewußt, daß ich einen Traum träumte. So konnte ich auch des öfteren in meinen Träumen Regie führen.

***Vollkommenheit nicht gibt und niemals geben kann, denn der Mensch ist ein schöpferisches Potential aus dem unergründlich und unerschöpflich viel kreative Kraft fließt, die sich in einer Welt voller Möglichkeiten — die rein geistiger Natur ist — vielfältigst produziert.***

***In den verschiedenen Schichten unseres Unterbewußtseins sind alle Muster der gesamten Menschheit eingebrannt. Das heißt, alles, was jemals erlebt wurde und erfahren werden konnte, ist potentiell von jeder einzelnen Individualität erleb-, erfahr- und erfühlbar. Das erklärt die große Medialität mancher traumverhafteter Menschen, weil sie intuitiv erkennen, daß es zwischen Traum und Wirklichkeit keinen Unterschied gibt und daß die oberste Wirklichkeit erst die großartige Erfahrung der Zusammenhänge zwischen diesen verschiedenen Phasen des Bewußtseins ist.***

***Wir können davon ausgehen, daß alles eine Einheit ist. Diese furchtbare Erkenntnis läßt uns erschaudern, denn oftmals möchten wir sie nicht wahrhaben. Diese große Wahrheit kann die ganze Welt revolutionieren! Doch wie können wir es der Menschheit, dem Menschen klarmachen, daß es nur ein kleiner Schritt ist,* den er zu wagen braucht, um in dieses unendliche Erlebnis einzudringen? Was ist diese Angst, die den Menschen so hindert, seine Ganzheit zu erleben und zu erfahren? Wie viele Zweifel und welche riesengroße Kämpfe nehmen wir auf uns, nur um dieser Wahrheit davonlaufen zu können. Immer wieder versuchen wir —***

Abbruch, Mira öffnet die Augen.

**Mira:** *René, mir wird so schlecht. Ich glaube, ich muß brechen.*

**René:** *Was ist mit dir los? Lehn' dich zurück und atme tief durch. Vielleicht hast du etwas zu Enges an?*

**Mira:** *Nein. Ich weiß nicht warum.*

**René:** *Am besten, wir fragen 'Jung' nach dem Grund.*

Während ich noch die Idee ausspreche, mit 'Jung' darüber zu reden, geht Mira wieder fast unmerklich in Trance, und 'Jung' antwortet direkt darauf:

---

* Über diesen ›kleinen Schritt‹ habe ich 'Jung' 1988 interviewt und eine ausführliche Antwort erhalten, die in einem der Folgebände nachzulesen sein wird.

G-G-J: ***Die Integration in das Unbewußte ist ein schwerer Schritt und mit argen Ängsten und mit Verzweiflung verbunden, da man alles, was man jemals wußte, aufgeben muß und nochmals – wie ein kleines Kind – gewissermaßen neu zu leben beginnen muß oder vielmehr darf.***

***Wann immer ein Kind geboren wird, entscheiden die Eltern über seine Zukunft. Ich meine, wenn sie bei der Geburt beschließen, ob sie seine nahe Zukunft fremdbestimmen wollen oder mit ihm mitgehen wollen in das fremde, doch altbekannte Land der Unbewußtheit, des schöpferischen Potentials und der vollkommenen Freiheit, die darin liegt, seinen Geist wahrhaft leben zu lassen.***

***Erkennen Sie die Größe dieser Aussage, dann können Sie sich vorstellen, wie wertvoll die Rolle einer Mutter ist, die nicht zwischen Traum und Wirklichkeit unterscheiden will und ihrem Kind diese Freiheit zugesteht, in seinem schöpferischen Potential zu bleiben. Es gibt keine größere Chance der Mutter, als dieses schöpferische Potential des Unbewußten nicht abzublocken entgegen ihrer möglichen Angst, das Kind könnte diese Mauer in ihr selbst niederbrechen. Viele Schläge und unbewußte Reaktionen von unbewußten Eltern kommen rein aus dieser Angst vor der verborgenen Wirklichkeit, die ihnen über ihr Kind vermittelt wird.***

***Große Brutalität geschieht nicht aus Brutalität an sich, sondern aus Angst vor der wahren Integration in die eigene Dunkelheit und das eigene Potential. Zu erkennen, daß man mit seinem Kind eins ist, ist eine wahrhaft große Erkenntnis. Doch wie lange hält sie an, ohne daß sie einen perversen Zug von aneinander binden und angleichen annimmt.***

***Haben Sie irgendwelche Fragen?***

**René:** *Ja, wie ist das genau mit dem schöpferischen Potential im Kinde, das die Eltern abblocken oder nicht?*

G-G-J: ***Es kommt auf die Stärke des Kindes an, wie integriert es ist, und auch darauf, wie bewußt es diese Integration genießt.***

**René:** *Ich frage mich, ob wir als Eltern mit unserem Sohn schon sehr große Fehler gemacht haben, oder wie liegt der Fall mit seinem Potential?*

***G-G-J:*** ***Ihre Frau ist überaus intuitiv und würde es niemals absichtlich unterbrechen. Auch ist schon im Mutterleib eine Integration mit ihr selbst geschehen, die sie als höheres Bewußtsein erlebt hat. Immer, wenn Mütter schwanger sind und sie diesen erhobenen Zustand erleben, sind sie auch gleichzeitig in die Tiefe gegangen.***

***René:*** *Es gäbe zum angesprochenen Thema sicherlich noch eine ganze Menge Fragen, aber ich muß das Band zuerst abtippen und mir die Sache länger überlegen. Vielleicht können wir eine eigene Sitzung für die Diskussion dieses Fragenkomplexes ansetzen?*

*Eine Frage möchte ich aber noch gleich stellen, weil sie mir schon länger ein Problem ist. Wann ist denn die Angst nun erstmals wirklich aufgetreten, ich meine evolutionsgeschichtlich? Die Menschheit muß ja irgendwann einmal begonnen haben, sich zu fürchten. Sicherlich hat sich das in feinen Nuancen bis heute gesteigert, aber warum hat das bloß überhaupt begonnen?*

***G-G-J:*** ***Der Mensch hat sich dazu entschieden, ein höheres Bewußtsein zu erlangen, aber er hat nicht erkannt, auf welche Art und Weise er es am schnellsten erreichen kann. Über Umwege und Irrwege kommt man zum Ziel.***

***René:*** *Mmh. – Zu diesem Mädchen, von dem uns hier ein Foto vorliegt, hätte ich auch eine dringliche Frage. Sein Vater hat uns gebeten, nachdem das Kind schwer stottert, ob wir da nicht etwas machen können? Wir leiten die Bitte an Sie weiter und fragen Sie, ob Sie zu diesem Fall etwas sagen könnten?*

***G-G-J:*** ***Leben erscheint immer dann, wenn Energie von innen nach außen fließt. Wenn diese Energie durch irgendeinen Einfluß blockiert wird, kann sie nicht frei fließen, und es entsteht ein großer Zwiespalt zwischen Psyche und Umwelt. Meistens ist es die Unterbrechung eines unbewußten Erlebnisses, welche die Dinge, die im Unterbewußtsein liegen, nicht an die Oberfläche läßt. Der Prozeß der Verdrängung wird nicht gänzlich vollzogen und verbleibt deshalb in einem Zwischenzustand.***

***Sehr sensitive Menschen erleben diesen Zustand oft, es gibt dann eine Zeit der Entscheidung für das eigene Selbst oder für die Umwelt. Solche Menschen haben immer Probleme mit***

**dem Ausgleichen und Angleichen an ihre physische Umwelt. Es sind meistens Leute, die Verstand und Intuition nicht sehr gut miteinander harmonisieren können.**

**René:** *Möchten Sie uns Hinweise geben, wo in diesem konkreten Fall eine Therapie ansetzen sollte?*

G-G-J: **Wie die Probleme liegen, müßte man die ganze Familie untersuchen. Welche Art von Problemen machen dem Mädchen besonders zu schaffen? Wenn es sehr sensibel ist, kann man mit ihm auch alleine arbeiten. Wenn nicht, muß die ganze Umwelt mit einbezogen werden.**

**Sensiblität setzt voraus, daß man sich schon etwas mehr eins fühlt mit der Umwelt. Deswegen können diese Menschen in Wahrheit auch selbständiger werden. Je weniger man sich seiner Umgebung bewußt ist, desto abhängiger ist man von ihr. Verstehen Sie?**

**René:** *Wir werden das Kind wahrscheinlich demnächst mal treffen. Es wäre schön, wenn Sie dann anwesend sein könnten, um weitere Hinweise zu geben.*

*Ich hätte noch eine ganz andere Frage, die schon etwas entfernt von unserem heutigen Thema ist. Es geht um eine TV-Sendung über den Mathematiker Kurt Gödel, die ich vor kurzem gesehen habe und die mich noch immer ziemlich beschäftigt. Der Mann hat, scheint es, einige sehr interessante Entdekkungen gemacht, die er versuchte theoretisch nachzuweisen. Unter anderem behauptet –*

'Jung' unterbricht mich.

G-G-J: **Er hat die Integration nicht geschafft.**

**René:** *Aha. Aber ich finde doch, daß er einige Ansätze fand, die relevant sind. Aufgrund seiner mathematischen Forschung ist er unter anderem zum Schluß gekommen, daß das Denken außerhalb des Gehirns stattfindet und –*

Mira fiel aus der Trance.

**Mira:** *René, ich kann nicht mehr. Aber mir ist jetzt wieder total gut. Ich weiß nicht, warum mir vorhin soo schlecht war.*

**René:** *Wahrscheinlich war es wegen des Inhalts, der durchgekommen ist. Irgend etwas hat dich sicher betroffen gemacht. Es war so ähnlich wie damals, als –*

Inmitten des Satzes ging Mira überraschend nochmals in Trance, und 'Jung' klärte uns über die aufgetretene Übelkeit auf:

C-G-J: ***Sich selbst zu deuten, macht immer große Schwierigkeiten, da es keinen Richter gibt. Verstehen Sie? Wenn Sie Angst vor der großen Integration haben, heißt das, daß Sie sich vor dem Zusammenbruch Ihres ganzen Weltbildes fürchten. Das müssen Sie verstehen. Jahrelang hatten Sie in sich selbst einen Richter, und dann erkennt Ihre Psyche, daß es diesen Richter über Gut und Böse nicht gibt. Damit fertig zu werden, daß man sich den Richter immer selber schafft oder aus der Umwelt übernimmt, das ist Ihr Problem.***

***Begreifen Sie doch, was es heißt, wenn man sich jahrelang an etwas gehalten hat und diese Vorstellung in nichts zerfällt. Ich verstehe darunter die Abwesenheit eines Haltes. Man wird mit der sogenannten Leere konfrontiert.***

Bei den letzten Reizworten fiel Mira wieder aus der Trance.

***Mira:*** *Ich muß scharf aufpassen, daß mir nicht wieder schlecht wird. Ich bin in einem Zwiespalt. Ich weiß nicht, ob ich das durchsteh'.*

***René:*** *Schatzi, es ist nur die Abwesenheit eines Haltes. Schau, ich bin ja dein Strohhalm, an den du dich immer halten kannst. Aber wenn man bedenkt, daß selbst der Strohhalm aus Illusion gewebt ist...*

***Mira:*** *Jetzt hör' auf, mir wird wirklich schon wieder schlecht. Und bitte schalte das Gerät aus* (den Aufnahmerekorder.)

***René:*** *Das geht nicht, es wird alles dokumentiert. Vielleicht bekomme ich doch noch ein paar inspirierende Gedanken für meinen Vortrag übermittelt.**

***Mira:*** *Soll ich jetzt wirklich noch? Ich fühl' mich ganz komisch.*

***René:*** *Schatzi, du bist heute spitze drauf. Wir können uns auch wieder niederlegen und in der Früh nochmals eine Sitzung abhalten. Aber eine Unterstützung für den Vortrag könnte ich wirklich dringend gebrauchen.*

---

* Ich hatte zugesagt, für einen esoterisch interessierten Kreis einen kleinen Vortrag über die tiefere Bedeutung des Weihnachtsfestes zu halten. Als ich jedoch nicht mehr die Zeit fand, mich darauf vorzubereiten, bat ich 'Jung' um Unterstützung.

Während wir kurz unschlüssig überlegten, ob wir es vorläufig sein lassen sollten oder nicht, kam 'Jung' wieder durch und meinte:

C-G-J: ***Stellt sich die Frage, wieweit Sie die Leute belasten wollen?***

Mira fiel wieder aus der Trance.

***René:*** *Schatzi, bitte laß ihn noch etwas sagen, wenn's irgendwie geht.*

Worauf 'Jung' nach einer meditativen Pause wieder akustisch erschien und uns eine eigene volle Sitzung lang für meinen Vortrag ›Weihnachten aus geistiger Schau‹ seine Gedankengänge mitteilte.

6. Kontakt – 17/12/86 – 04.00 h – Dialog mit René im Studio Phoenix

## *Weihnachten als Archetypus*

Etwa fünfzehn Minuten nach der vorhergehenden Sitzung kam 'Jung' wieder und erfüllte meinen Wunsch nach esoterischer Information über das Fest der Geburt Christi.

C-G-J: ***Maria und Josef sind eine in uns und mit uns lebende Urerinnerung unseres wahren Selbstes. Während wir unsere Phantasien spinnen, weiß etwas in uns klar, daß Maria und Josef existieren.***

***Als dieses für uns allerhöchste Bewußtsein auf Erden geboren wurde, konnte sich das Unterbewußtsein der Menschheit nun nicht mehr abwenden und mußte dieses schöpferische Potential anerkennen. Das war mit ein Grund, warum man Jesus zu ermorden versuchte. Die enorme Schöpferkraft, welche dieses göttliche Wesen freilegte, bedrohte die Menschen in ihren allertiefsten Bewußtseinschichten, die sich zu rühren begannen, sobald sie das Licht dieser Kraft fühlten.***

***Und diese Bewußtseinstiefen beginnen sich wieder und wieder aufs neue zu regen. Es liegt allein an uns, wie wir mit unserem Tagesbewußtsein darauf reagieren. Sie wissen ja,***

*man kann auf dieser Ebene alles verrücken und verstecken oder die Wahrheit so verdrehen, wie es etwa die Kirche tut. Dann sieht alles nur noch wie eine alte Wahrheit aus – ist aber eine neue Verrücktheit.*

*Je mehr das schöpferische Potential sich auf Erden hebt und heben wird, um so stärker kommt diese göttliche Kraft wieder unter die Menschen. Das geschieht auch durch neue Geburten mit einer integrierteren Seele. Gleichsam damit steigt das wahre, in uns zutiefst verborgene Wissen über unsere Möglichkeiten und Fähigkeiten wieder auf. Die Göttlichkeit an und für sich wird mehr und mehr frei, das aber bedeutet für uns, sie wird wiederum tiefer fühl- und erlebbar.*

*Wenn wir dieses Bild von Maria und Josef mit dem Jesuskind in der Krippe sehen, werden wir innerlich tief berührt, denn wir ahnen etwas von unseren ureigensten Möglichkeiten, Fähigkeiten und Erfahrungen. Kein Mensch kann sich völlig davor verschließen, sich selbst als Jesus, Maria und Josef zu fühlen. Diese Archetypen, diese zum Bild gewordenen Wirklichkeiten und Vibrationen leben in uns, und wenigstens einmal im Jahr sollten wir uns daran erinnern.*

*Weihnachten feiern heißt, dieses große schlafende Potential in uns selbst wieder aufzuwecken und die Freude daran zu genießen. Es bedeutet, zunehmend zu erkennen, wer wir sind, welche grandiose Schöpferkraft in uns liegt und daß wir nicht getrennt sind von der urerfahrenen Einheit mit dem Kosmos. Die Größe und Heiligkeit jener einfachen Menschen, welche die wahre Natur des Lebens erkannt haben und alle Kräfte um sich annahmen, die es ihnen ermöglichten, heilig zu sein, sind ein Teil unseres wahren Selbstes.*

*Marias und Josefs Leidensweg bis zur Geburt des Kindes steht symbolisch auch für unseren Leidensweg, den wir heute gehen. Wenn wir ahnen und fühlen, daß wir außerhalb unserer eigenen Existenz keine Heimat finden werden, daß es außerhalb unseres Geistes, unseres eigenen Erlebens, Fühlens, Erfahrens und Fantasierens keinen festen Boden gibt, so leiden wir. Wenn wir dann bewußter werden und sich die Grenzen unseres Bewußtseins mehr und mehr erweitern, erkennen wir plötzlich dieses diffuse, feste Etwas, das wir suchten und vage ›Heimat‹ nannten, als flüchtige Illusion. Anfangs schockiert uns dieser Zustand zwischen Traum und*

***Wirklichkeit, weil wir noch zuletzt unsere Heimat darin fanden, uns eins im Schlaf zu fühlen, und gewohnt waren, aufzustehen und uns getrennt zu fühlen von der Geborgenheit des Schlafes.***

**René:** *Könnten Sie sich über die Namen Maria, Josef und Jesus äußern? Ich nehme an, diese haben eine spezifische Wirkkraft?*

G-G-J: ***Wenn wir die Namen Jesus, Maria und Josef hören, erinnert sich etwas in uns, denn die gespeicherten Urerinnerungen machen Neuerinnerungen möglich. Eine Urerfahrung hingegen wird nur demjenigen zugänglich, der die äußeren Schichten des Planes durchdringt und sich der Urerinnerung hingibt.***

***Namen also haben Schwingungen, die das Unterbewußtsein mit Energie nähren. Der Geist selbst ist ja Vibration, und verschiedene Vibrationen wiederum prägen den Geist.***

**René:** *Die heilige Familie repräsentiert sicherlich auch archetypische Strukturen? Wie sehen Sie die Symbolik aus Ihrer Warte?*

G-G-J: ***Maria ist das mütterlich-göttliche Symbol der Reinheit des Bewußtseins und auch der Klarheit des Sehens, was ja die Fähigkeit des Weiblichen an sich ist. Sie repräsentiert auch die Aufnahmebereitschaft für den göttlichen Plan. Es ist ihr eigen, die Fügung einfach geschehen zu lassen, ohne selbst etwas dazuzutun, außer dem Ermöglichen, daß das Göttliche geboren werden kann. Ihre Mütterlichkeit ist auch die Bereitschaft zur Hingabe in uns allen – in jedem Menschen, egal, ob Mann, Frau oder Kind. Es ist die Fähigkeit, den Schöpfergeist mit seinen unendlichen Möglichkeiten im Bewußtsein zu empfangen und die latente Chance, das Höchste zu offenbaren.***

***Jesus ist die durch die göttliche Vorsehung sich offenbarende Vollkommenheit, mit der Hilfe einer mütterlichen Frau. Als Jesus sagte ›Wenn ihr nicht werdet wie Kinder, dann ihr nicht eingeht in das Himmelreich‹, meinte er damit, man müsse seine eigene göttliche Vollkommenheit erkennen, die, ohne unser Zutun, nur aus der göttlichen Kraft heraus existiert – die einfach ist.***

***Josef ist der Mann und Vater, der die göttliche Mutter jenes Wesens beschützt – jene Mutter, die es in gänzlicher Ego-***

***losigkeit schafft, die Vollkommenheit hervorzubringen. Josef bedeutet auch den Verstand und die Logik, welche aber wissen, wo ihr Platz ist. Deren Aufgabe ist es einfach, nur zu ordnen, aber ohne zu überlegen, wie das Geschehene beeinflußt werden kann.***

***Anders gesagt, der Verstand ist ein Sammler und Überbringer beziehungsweise der Archetyp der Urerinnerung des Planens von etwas, das nicht vom Planer geschaffen wurde. Josef steht sozusagen für die kollektive Erinnerung an die Möglichkeit, Geschaffenes und Nichtgeschaffenes in eine dem Menschenwillen unterstellte Ordnung zu bringen, ohne dabei das Göttliche zu zerstören.***

***Haben Sie verstanden oder war etwas unklar? Haben Sie noch Fragen?***

Ich bemerkte, daß Mira die Trance nicht mehr lange aufrecht erhalten konnte und schloß deshalb das Gespräch ab:

***René:*** *Ich glaube, ich sollte mich mit Ihrem Kommentar vorerst tiefer beschäftigen. Für heute danke ich Ihnen für Ihren Beistand.*

Mira kam aus der Trance.

***Mira:*** *Hat das alles wirklich einen Sinn ergeben?*

**7. Kontakt – 19/12/86 – 06.30 h – Dialog mit René im Studio Phoenix**

## *Kontakte mit dem Unbewußten*

Entschlossen, nun endlich Kontinuität in unseren Trance-Dialog mit 'Jung' zu bringen, versuchten wir schon zwei Tage später den nächsten Kontakt. Innerlich von den tollen letzten Übermittlungen erhoben, fanden wir auch die Konsequenz, in den nächsten vierzehn Tagen gleich ein halbes Dutzend Gespräche zu führen, genausoviele, wie wir insgesamt in den letzten zwei Jahren führten.

C-G-J: ***Guten Morgen. Auch ich möchte wieder über Ihre Frau zu Ihnen sprechen, habe aber das Problem, daß sie manchmal Gesagtes zurückhält, obwohl sie eine gewisse Bereitschaft für mich entwickelt hat.***

**René:** *Es freut mich, Sie begrüßen zu dürfen. Ich nehme an, Sie wissen, woran die zeitweisen Übermittlungsprobleme Miras liegen. Wie kann ich dazu beitragen, diese zu beheben?*

Wegen meines Fehlers, in der Kommunikation Miras Namen auszusprechen, wäre Mira beinahe wieder völlig aus der Trance gekommen. In den ersten Jahren unseres Trainings passierte dies öfter, bis ich bemerkte, daß das Aussprechen ihres Namens oder einer Sache, die sie ganz direkt betraf, ihre in der Trance zurückgetretene Persönlichkeit wieder auf den Plan rief. Im obigem Falle ging der Kontakt nach ein paar Minuten Pause aber doch weiter:

C-G-J: ***Nun, für den Anfang ist es in Ordnung. Sie befürchtet, als Medium nicht richtig zu funktionieren. Gerade dadurch erst sperrt sie sich aber. Also sollten wir ihr sagen, daß sie alles annehmen und aussprechen kann. Wir werden das Gesagte später korrigieren, damit sie keine Angst vor Fehlern hat.* Das hilft Ihrer Frau am besten.***

***In einer Welt, auf der es so zugeht, sind eigentlich ja alle Nachrichten, die man hört, Falschmeldungen. Das Medium soll doch in einer solchen Situation Informationen zulassen, die einigermaßen ehrlich gemeint sind. Es sollte akzeptieren, daß auch Irrtümer darunter sein können und mehr nach der Motivation sehen, die dahinter steht, und auf diese Weise der Welt helfen.***

***René:*** *Ich meine, wenn man ihre sensitive Entwicklung der letzten Jahre im Zeitraffer vorbeiziehen läßt, kann man erkennen, daß sie sich doch schon ganz passabel entwickelt hat.*

C-G-J: ***Ihre Frau ist sehr offen für alles, aber gleichzeitig ist sie zu sensitiv für ihre Umwelt. Das hat auch große Vorteile, denn letzten Endes kann sie nicht betrogen werden. Aber öfter würde sie auch vermehrten Schutz von Ihnen bedürfen, bis sie stark genug ist. Deshalb sollten Sie selbst hingegen ihre Sensitivität noch entwickeln. Sie müssen mehr Gefühl dafür bekommen, wann Ihre Frau berechtigterweise unruhig ist. In vielen Dingen sollten Sie sie auch nach außen hin etwas ernster nehmen, nicht nur innerlich. Sie spürt diese Feinheiten genau. Und Sie dürfen mit dem Intellekt keine Maske aufsetzen, wenn Sie die Unsicherheit Ihrer Frau fühlen. Zu oft setzen Sie Ihren Intellekt als Schutz ein, obwohl es manchmal wichtig ist, gerade diesen Schutz beiseite zu lassen, um Ihre Frau tie-***

---

* Zu dieser angekündigten Korrektur ist es im engeren Sinne nie gekommen, denn es würde viel zuviel Trance-Zeit beanspruchen, jedes Detail nochmals durchzugehen. 'Jung' meinte später, ich solle nur betreffs jener seiner Mitteilungen nochmals anfragen, bei denen wir eine offensichtliche, den Inhalt verzerrende Unklarheit bemerken oder zu bemerken glauben. Der Leser sollte also bedenken, daß möglicherweise in den Texten von uns nicht erkannte Übermittlungsfehler schlummern. Wir bitten deshalb, uns auf Entdeckungen in dieser Hinsicht aufmerksam zu machen. Unsere wenigen Korrekturanfragen sind in den Fußnoten und teils auch in den späteren Dialogen enthalten. Es ergab sich stets eine erweiterte Äußerung zum jeweils angesprochenen Thema.

***fer zu verstehen. Entwickeln Sie ein Gefühl für ihr momentanes Potential. Sie möchte alles geben, aber sie weiß genau, daß sie langsam wachsen muß. Also halten Sie ihr die Stange — ja, ›die Stange halten‹ ist ein gutes Wort.***

***Sie haben mal einen großen Fehler begangen, als Sie gemeinsam beim Vortrag dieses Astrologen waren, der sie dort vor der Gesellschaft unmöglich gemacht hat.* Wenn Sie damals zu Ihrer Frau gestanden wären, hätte sie ein stärkeres Energiefeld aufbauen können. Verstehen Sie mich richtig, es geht nicht darum, andere zu verteidigen oder anderen eine Lehre abzunehmen. Es geht nur darum, liebevoll zu sein. Möchten Sie wissen, was ich mir damals dachte, als ich das sah?***

***René:*** *Ja, es würde mich schon interessieren. Ich bin verblüfft, daß Sie schon zu dieser Zeit um uns waren.*

G-G-J: ***Ich dachte mir, er weiß nicht, was er tut, und nahm mein Kind in die Arme, um es zu trösten. Auch gab ich dem anwesenden Heiler den Impuls, doch etwas liebend für sie zu sprechen. Hätte dieser Mensch nicht den Mund geöffnet, wäre noch Schlimmeres passiert. Wochenlang waren die Energien Ihrer Frau zusammengebrochen, aber sie hat es geschafft, weil sie stark ist. Doch ohne unsere Hilfe hätte sie es nicht so leicht überwunden. Es waren dort starke negative Kräfte vorhanden, denen sogar Sie unterlegen sind, ohne es zu bemerken. In Zukunft sollte Ihnen nichts mehr wichtiger sein, als der Schutz Ihrer Frau — vor allem in der Öffentlichkeit. Überlegen Sie sich diese Geschichte mit dem Astrologen und durchleben Sie sie nochmals ganz ehrlich.***

***René:*** *Ich werd' es mir zu Herzen nehmen. Möchten Sie vielleicht über das Horoskop des Mediums sprechen, das dort so ins schiefe Licht gerückt wurde?*

G-G-J: ***Es war blanker Unsinn. Aber es waren auch Aussagen darunter, die stimmten, nur nicht in der gebrachten***

* Miras Interesse an der Astrologie ist mir manchmal zuviel geworden, da sie mir zeitweise zu jeder Gelegenheit Fragen nach dieser Konstellation und jenen Aspekten stellte. Vor lauter ›Und was bedeutet das? Und was bedeutet dies?‹ ist mir einfach die Luft ausgegangen. Ich war deshalb heilfroh, mal mein Auskunftsbüro geschlossen halten zu können. Nachdem ich Mira davor warnte, alle Aussagen über ihr Kosmogramm gleich für wahr zu halten, habe ich mich während des Vortrags und der beispielhaften Diagnose von Zuhörerhoroskopen konsequent zurückgehalten und nicht in die extrem bösartige Ausdeutung von Miras Geburtsbild eingegriffen, was damals zu einigen Dissonanzen führte. Inzwischen arbeiten Mira und ich in unseren psychospirituellen Beratungen auch auf astrologischer Ebene gut zusammen.

**Form. Nun, es ist vorbei, und Sie wissen jetzt, was daraus geworden ist. Ich wollte Ihnen dies sagen, weil ich damals anwesend und erschüttert war.**

**René:** *Ich darf doch annehmen, daß Sie auch den Grund wissen, warum ich damals nicht eingriff?*

C.G.J.: **Für ein solches Verhalten darf es keinen Grund geben. Das ist es, was Sie aus dieser Art Fehlschlag zu lernen haben. Sie würden doch auch nicht Ihr kleines Kind, das sich Ihnen von der Hand reißt, in dem Moment, in dem ein riesengroßer Lastwagen kommt – nachdem es zwanzigmal ausgerissen war und immer nur Fahrräder kamen –, freigeben und sich denken, sein Schutzengel wird ihn schon in den Tod begleiten. So aber war die Situation.**

**René:** *Ich hatte in keiner Weise erkannt, daß der Astrologe für Mira ein Lastwagen war.*

C.G.J.: **Eben deswegen sollten Sie mehr Sensitivität entwickeln. Was für Sie ein Fahrrad ist, kann für Ihre Frau viel mehr sein. Eben, weil sie so sensibel ist. Aber sie ist schon viel stärker geworden.**

**René:** *Nachdem Sie diese doch schon lange zurückliegende Situation* so direkt miterlebten, stellt sich für mich die Frage, wann Sie denn erstmals auf uns aufmerksam wurden?*

C.G.J.: **Ach, Sie haben so Trance-Übungen mit Ihrer Frau gemacht, aber es war nicht die richtige Zeit, sich zu melden. Ich mochte die Entwicklung noch etwas abwarten.** Aber vielleicht wollen wir nun ein Buch über das analytische Denken schreiben?**

**René:** *Nur zu gerne. Die ersten Passagen habe ich bereits abgetippt. Ich freue mich außerordentlich über unsere Zusammenarbeit, auch das Thema interessiert mich besonders.*

---

* Dieser Vortrag über Astrologie fand etwa im Frühjahr 1983 in einem Hotel in Linz statt, als wir schon rund ein Jahr lang jene Trance-Techniken trainierten, die uns von den Leitern eines französischen New Age-Centers gelehrt wurden.

** Spätere Aussagen 'Jungs' deuteten darauf hin, daß er schon vor meinem Kennenlernen Miras ›ein Auge‹ auf uns gerichtet hatte. Verschiedene Andeutungen geben auch dazu Anlaß, eine über dieses Leben hinausgehende Verbindung anzunehmen, die 'Jung' vor kurzem auch bestätigte. Wie es aussieht, werden wir in die Hintergründe unserer Arbeit absichtlich nur ratenweise eingeweiht, um sie besser verkraften zu können.

C-G-J: ***Es ist dies ein wichtiges Thema zur Vervollkommnung und Reifung des Menschen in seiner Psyche und zum Verständnis des Geschehens in seinem Unterbewußtsein. Wir* möchten darüber mitteilen, daß das Unterbewußtsein der Träger des gesamten Potentials des Menschen ist. Und daß erst, wenn das Bewußtsein damit umzugehen gelernt hat, die volle Reife erlangt werden kann. Auch über die genetische Erbfolge möchte ich sprechen und über den Archetypus als deren Grundlage.***

***Es wäre gut, die letzten Seiten immer vorzulegen, damit auch ich sehen kann, wo wir stehengeblieben sind. Aber nicht heute. Vielleicht sollten wir noch ein paar Worte über die künftige Abwicklung sprechen. Wir sollten uns einigermaßen regelmäßig treffen. In der Früh ist eine gute Zeit, was aber tun wir, wenn Ihr Sohn aufwacht? Das müssen Sie noch regeln.***

**René:** *Wann am Morgen wäre es Ihnen lieb? Und sollen wir einen bestimmten Wochentag nehmen, oder kontakten wir uns mehrmals pro Woche?*

C-G-J: ***Um sechs Uhr, wie heute, geht es schon. Zweimal die Woche genügt für den Anfang. Es ist auch gut, dieses Bild von mir** hierzuhaben, es hilft Ihrer Frau.***

**René:** *Diese Jubiläumsbroschüre find ich ganz gut, die über Ihr Geistesleben herausgegeben wurde. Was halten Sie davon? Als Einstieg für Unbedarfte ist sie doch ganz nett.*

'Jung' schmunzelt sichtlich, ohne kommentieren zu wollen.

**René:** *Welche Wochentage nehmen wir uns vor? Heute ist Sonntag.*

C-G-J: ***Ja, Sonntag ist ein guter Tag und einmal Mitte der Woche. Wenn Ihre Frau sicherer ist, können wir auch mal jeden Tag sprechen, dann aber nicht zu lange.***

**René:** *Wie lange sollten unsere Treffs in etwa dauern? Ich frage nur, damit wir uns orientieren können.*

---

* Mit ›wir‹ meint 'Jung' hier eine Gruppe von fünf Wissenschaftlern, mit denen er zusammen forscht und für die er spricht.

** Anläßlich ›100 Jahre C.G.Jung‹ wurde 1975 von den weltweiten Vereinigungen für Analytische Psychologie eine grafisch gut gestaltete Ausstellung mit dazugehörigem Begleitheft über das Lebenswerk Jungs präsentiert. In diesem mehrsprachigen Ausstellungskatalog, den ich mir damals – als ich Mira noch nicht begegnet war – mit Mühen besorgte, ist eine beeindruckende Großaufnahme des pfeiferauchenden Jung abgebildet.

C-G-J: **Anfangs vielleicht eine halbe Stunde lang, je nach Situation. Später dann eine Stunde oder allerhöchstens etwas darüber.**

**René:** *Sie haben sich auch schon über andere Medien gemeldet. Zumindest habe ich ein Buch in meiner Bibliothek, in dem Ihnen ein paar Seiten Durchgaben zugeordnet werden. Den Namen des Mediums habe ich momentan nicht im Kopf.**

C-G-J: **Es war nicht das richtige Instrument.**

**René:** *In einem anderen Buch wird erwähnt, daß auch Sie zu Lebzeiten mal selbst als Kanal wirkten, ich glaube für das Wesen ›Philemon‹? Stimmt das?*

C-G-J: **Zum Teil.**

**René:** *Herr Jung, eine der Fragen, die in Gesprächen mit Freunden immer wieder auftaucht und uns, wenn wir länger zusammenarbeiten, wahrscheinlich noch öfter plagen wird, ist die nach der Verifikation Ihrer Echtheit. Gibt es eine Möglichkeit, den Kontakt mit Ihnen naturwissenschaftlich zu beweisen?*

C-G-J: **Ich muß Ihnen sagen, daß ich mir darüber absolut keine Sorgen mache. Denn wichtig ist einzig, daß jemand versteht und fühlt, was hier gesagt wird. Auch mein Name ist nicht so überaus wichtig. Diejenigen, welche mich kennen, werden es auch so wissen.**

**Sprechen wir noch über den Mann, über dieses Medium, das so lange hier im Haus war, das – wie ich bemerke – einen so starken Eindruck in bezug auf Wissen und Autorität hinterlassen hat. Ihre Frau ist nun dabei, auch diese Prägung zu eliminieren. Sie haben in dieser Zeit eine große Entwicklungschance verpaßt. Sobald Sie merkten, daß etwas nicht stimmt, hätten Sie viel schneller schalten und Ihren Intellekt gezielter einsetzen müssen. Sie wären auf wertvolle Dinge gekommen.**

**Wenn man in solch einer Situation ist, in der man viel nicht erkennen kann, was einem als Wahrheit propagiert wird, und**

---

* Ich meinte das Medium Eva Herrmann und ihr Buch ›Von Drüben II‹. Inzwischen wurde uns auch bekannt, daß sich 'Jung' bei dem bekannten Londoner Musikmedium Rosemarie Brown einige Male meldete und offensichtlich seit seinem Hinübergehen auch sporadisch durch ein halbes Dutzend anderer Kanäle. Wir hörten auch von amerikanischen Kontakten. Ein solch kontinuierlicher Kontakt, wie er über Mira läuft, scheint jedoch sonst nirgends zu bestehen.

***man ein Mensch wie Sie, mit einem starken Verstand und übersinnlicher Ausrichtung ist, dann sollte man, sobald Zweifel kommen, seine Emotionen beiseiteschieben. Da wäre es angebracht gewesen, so zu handeln, wie Sie es mit Ihrer Frau bei dem Astrologen machten. Ich meine, Ihre Fähigkeit, jemanden aufs Glatteis zu führen, ist eine überaus starke, aber Sie müssen lernen, sie richtig einzusetzen. Wenn Sie sie für emotionelle, egoistische Zwecke einsetzen, hat sie ihren Sinn verfehlt. Ich hoffe, Sie haben daraus gelernt und setzen Sie nächstens besser ein.***

***René:*** *Ich dachte, es wäre sinnvoll, diesem medialen Phänomen möglichst freien Raum zu geben – auch als ich schon die Ahnungen hatte, daß da etwas faul ist –, um es voll dokumentieren zu können und mich mit dem Material nachher auseinanderzusetzen. Wissen Sie mehr über diese Sache? Völlige Klarheit haben wir über diesen ominösen ›Sephet‹ noch immer nicht gefunden.*

G-G-J: ***Beide, sowohl das Medium und diese Wesenheit, wollten Sie von vielen Dingen abhalten – aus Illusion heraus. Dieses Wesen, durch das ich ja zu Ihnen gesprochen habe, ist ein nicht bewältigter Archetyp. Verdrängungen können so bedrängend werden, daß sie sogar als überbewußte Funktionen zu regieren beginnen. Ist es nicht faszinierend, zu sehen, wie die Welt des Geistes Materie wird?***

***René:*** *Mein letzter Schluß in dieser seltsamen Erfahrung mit Lanto war, daß es sich um eine Art abgespaltenes Überbewußtsein mit persönlichen Charakterzügen handeln müsse. Wenn ich Sie richtig verstehe, meinen Sie, es sind Strukturen aus dem Unterbewußtsein, die verlagert wurden.*

G-G-J: ***Da er sich dessen nicht bewußt war, konnten diese Energien eine Vaterfunktion übernehmen. Er hat in diesem Wesen einen Vater gefunden, der tatsächlich nach seinem Bilde funktioniert. Er ist die Kreation von jahrhundertelang festgehaltenen Energien, die schließlich diese Form annahmen. Seine Mutter sucht er noch.***

***René:*** *Was wäre passiert, wenn ich dem Medium die Hintergründe in dieser Weise dargelegt hätte?*

G-G-J: ***Ich vermute, er hätte es abgeblockt. Er hat ohnehin jederlei Blockaden.***

***Sehen Sie, ich bin dahintergekommen, daß die genetische Vererbung letztlich ein unterbewußter Vorgang ist, daß archetypische Erfahrungen und auch die Archetypen an sich solcherart weitervermittelt werden und dann zur Wirksamkeit gelangen. Schon zu Lebzeiten war ich dieser Tatsache durch Vermutung nahe, konnte aber natürlich nicht sehen, wo Geist und Materie noch eine Einheit sind beziehungsweise wo genau die Zellen und Elemente einen Übergang machen.***

***Ich hatte keine Vorstellung davon, wie weit dieses Gebiet ist. Aus der Beobachtung heraus vermutete ich schon, daß all dieses Geschehen unterbewußt ist und sowohl Aussehen als auch Verhaltensmuster ein geistiges Erbe sind. Mit der Zeit konnte ich feststellen, wie die Archetypen durch das unterbewußte Denken des Menschen entstanden und entstehen und daß diese in ihrer ursprünglichen, mächtigen Kraft gleich während der Zeugung weitergegeben werden. Von der Schwingung der Eltern in die Vibration des Kindes eingelegt, prägen die Zellen diese informellen Funktionen dann nur noch aus. Etwa zur Hälfte also kann ein Kind seine eigenen Gaben behalten, die andere Hälfte wird ihm sozusagen beigestellt. Alle Ängste, die ein Kind dann durchzustehen hat, kommen von den nicht bewältigten Archetypen, seien sie vom Kind oder von den Eltern.***

***Ich habe nicht mehr lange Zeit.***

***René:*** *Haben Sie eine bestimmte Vorstellung, in welcher Weise dieses übermittelte Wissen nach außen treten soll?*

C-G-J: ***Nun, vielleicht in Form eines Buches, geschrieben aus dem Unter- oder Überbewußtsein, wie Sie wollen.***

***René:*** *Wie würden Sie per Definition eine Trennlinie zwischen Unter- und Überbewußtsein ziehen?*

C-G-J: ***Ich würde sagen, das Unterbewußtsein sind jene Energien, deren Potential auf unsere bewußte Verarbeitung wartet. Das Überbewußtsein sind die bereits bearbeiteten, hoch- und höherstehenden, von unseren Idealen geleiteten Archetypen.***

***René:*** *Herr 'Jung', ich hätte schon eine Vorstellung, wie wir unsere Sache anpacken könnten, sie ist allerdings mit viel Arbeit verbunden, die ich –*

'Jung' unterbrach mich.

G-G-J: ***Versuchen Sie langsam zu schalten, Sie haben doch so viele Probleme. Wir können warten, und ich möchte Sie auch nicht zu etwas anhalten, wozu Sie eigentlich keine Zeit und kein Geld haben.***

***René:*** *Ich bin immer auf der Suche nach Lösungen, mit denen ich mehrere Fliegen auf einen Schlag treffe.*

G-G-J: ***Das kleine Schneiderlein.***

***René:*** *Sie sagen es. Vielleicht ist das auch ein Archetyp, der in mir gerade hochgestiegen ist?*

G-G-J: ***Tatsächlich, so ist es.***

***René:*** *Wenn das wirklich so ist, muß ich Sie fragen, wie das mit Aladin ist, dieser Märchenfigur mit der Wunderlampe. Ich fühle mich mit dieser Fabel extrem verbunden. Ich hatte in meiner Jugend nach einer Theateraufführung sogar den Wunsch, selbst so zu heißen.*

G-G-J: ***Ja, Aladin, das ist eine überbewußte Funktion. Sehen Sie, Sie können es überall selbst beobachten. Wann immer Sie Menschen nach Namen fragen, nach ihren Idealen, nach ihrem Höheren Selbst, die Antwort wird immer märchenhaft sein. Es ist auch fast unvorstellbar, daß dem nicht so wäre. Am meisten können Sie Menschen anrühren, indem Sie auf diese Art und Weise mit Ihnen sprechen. Für Kinder sind aus genau diesem Grund Märchen das Allerhöchste.***

***René:*** *Vielleicht könnten Sie gelegentlich mehr über Märchen sprechen. Ein Freund veranstaltet nächstes Jahr eine Art Märchenfestival –*

'Jung' unterbrach.

G-G-J: ***Was soll ich sagen – die Archetypen stellen sich vor. Sie werden sehen, je mehr die Welt Märchen entdeckt, um so mehr werden sich die Menschen selbst entdecken.***

***Es gab eine Zeit, da Märchen verpönt waren, denn die Menschen führten Krieg. Je mehr aber die Märchen wiederkommen, um so mehr Frieden kommt auf die Welt, weil mit Märchen Probleme bewältigt werden können. Fast jeder Mensch***

***hat übrigens ein Lieblingsmärchen, das seiner Natur sehr nahekommt. Sie sehen es an Ihnen selbst bestätigt.***

***Ich muß jetzt gehen. Auf Wiedersehen.***

***René:*** *Ja. Bis bald.*

Mira und ich sprachen ausführlich über die angeschnittenen Themen. Vor allem was uns über die Archetypen gesagt wurde, gab uns zu denken. In dieses intensive Gespräch hinein, das 'Jung' offensichtlich noch mithörte, kam von ihm nach etwa zehn Minuten noch ein erläuternder Satz durch, den ich anschließend von Mira sinngemäß noch einmal auf das Tonband, das ich erst wieder einschalten mußte, sprechen ließ:

G-G-J (in etwa): ***Sobald die Menschen die Verbindung zu den Archetypen verloren haben, fangen sie an zu denken. Dann sehen sie keine Zusammenhänge mehr und leben sich einfach nicht mehr wie die Kinder aus.***

***Mira:*** *René, ich glaub', das hab' alles ich selbst ausgedacht.*

***René:*** *Ja, Schatzi. Ich weiß, daß du Spitze bist.*

8. Kontakt – 21/12/86 – 06.00 h – Dialog mit René im Studio Phoenix

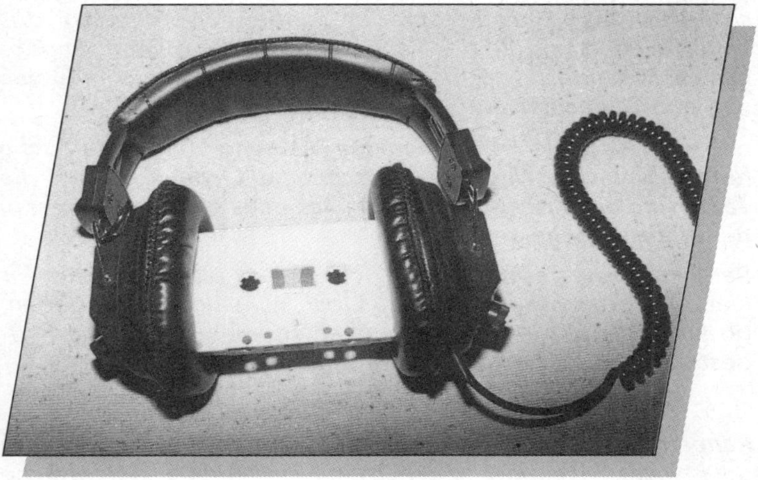

## *Subliminals*

C-G-J: ***Guten Morgen, hier ist Jung.***

***Über das Übernatürliche zu sprechen ist eine sehr schwierige Sache.***

Ich war überrascht, daß 'Jung' gleich dieses Thema angesprochen hat, da ich eigentlich vorhatte, ihn über unterschwellige Suggestionstechniken zu befragen. Eine deutsche Firma trat tags zuvor an uns mit der Bitte heran, ein Subliminal-Konzept für Schwangere zu entwerfen. Das regte mich an, zu diesem Thema anzufragen. Vielleicht aber hat 'Jung' bezüglich Übernatürlichem ein noch größeres Fragezeichen in meinem oder Miras Unterbewußtsein entdeckt, oder es war ihm einfach selbst ein Bedürfnis, darüber zu sprechen.

**René:** *Bevor Sie darüber sprechen, hätte ich eine aktuelle Frage. Haben Sie schon von den sogenannten Subliminals gehört? Ist Ihnen dieser Begriff geläufig?*

C-G-J: ***Nun, er hat etwas mit Werbung zu tun.***

**René:** *Ja, soviel ich weiß, werden Subliminals in der Werbung verwendet oder sind sogar von der Werbeindustrie*

*erfunden worden. Ich meine diese Toncassetten mit Entspannungs-Musik und jenen, behelfs eines sogenannten Prozessors, in die Musik hineinkopierten, sanften Ansprachen an das Unterbewußtsein, die der Verstand nicht wahrnimmt. Angeblich ist das eine sehr wirkungsvolle Methode, die zum Guten wie zum Schlechten eingesetzt werden kann.*

G-G-J: ***Also, Sie möchten meine Meinung über diese Sache hören. Nun, die Methode ist schon in Ordnung, doch die Texte sind nicht richtig gestaltet. Das alles müßte viel mehr in der Bildersprache geschehen.***

**René:** *Genau deshalb frage ich. Denn gestern hatten wir einen Vertreter jener Firmen zu Gast. Wir sind am Überlegen, ob wir auf das Ansinnen eingehen sollen, eine solche Suggestionscassette für werdende Mütter zu realisieren.*

G-G-J: ***Aber nicht mit diesem Mann.***

**René:** *Ein sonderlich gutes Gefühl haben wir bei dieser Firma auch nicht.* Dennoch wäre es für uns interessant, welche Gedanken und Vorschläge Sie zu der Methodik an sich hätten.*

G-G-J: ***Es ist mehr oder weniger gesichert, daß Werbung besser über das Sehen, denn durch das Hören funktioniert, weil Bilder die wichtigste Form der fremdbestimmten Prägung des Unterbewußtseins ausmachen. Wenn man einen Gedanken hat, ist er meist mit einem Bild verbunden. Aber umgekehrt kann man, wenn man ein Bild sieht, es nicht so schnell in Worte umsetzen. Also kann man den Geist durch ein Bild mehr beeindrucken als durch Worte. Anders gesagt, der Geist hilft sich, wenn er ein Wort hört, indem er das dahinterstehende Bild erkennt und sieht.***

***Das zählen wir bereits zur dritten Dimension** des Geistes. Der Mensch unterscheidet sich ja vom Tier vorrangig durch die Fähigkeit, Bildhaftes hinter einem Wort zu erkennen. Der Geist übersetzt Worte in Symbole und Symbole in Worte, weil das Unterbewußtsein aus Symbolen besteht. Entstand doch die Sprache an sich aus der vorerst in einfache Worte übersetzten symbolischen Bildersprache des Unterbewußtseins.***

---

* Diese Firma produziert, wie wir später erfuhren, unter anderem Namen auch Brutal-Videos und dergleichen.

** Als die ersten drei Dimensionen des Geistes bezeichnete 'Jung' in späteren Gesprächen das Fühlen, das Sehen und das Erfahren.

**René:** *Mir scheint hier ein direkter Zusammenhang mit den Archetypen zu bestehen?*

G-G-J: ***Nun, die Archetypen sind — jeder für sich — in vielfältigster, hundertmillionenfacher Ausführung vorhanden, aber doch immer wieder die gleichen — nur durch andere Facetten oder Bewußtseinsdimensionen gesehen. Doch wir wollen nicht zu weit abschweifen.***

***In der Werbung wird den Menschen oft kaum mehr als ein Wort oder Satz gesagt und vielleicht dazu ein Bild gezeigt. Zu beachten sind insbesonders jene Situationen, in denen das sehr schnell geschieht. Dann wird die Urerinnerung nicht ins Tagesbewußtsein gebracht, sondern bleibt unten — aber die Erinnerung und somit Verstärkung im Unterbewußtsein hat bereits stattgefunden. Das heißt, je weniger ein unterbewußter Zustand mit dem Tagesbewußtsein erarbeitet wird, desto stärker wirkt er und desto massiver greift er in das tägliche Leben ein.***

***Ich meine, Menschen mit einer in diesem Sinne geringen Beziehung zu ihrem Unterbewußtsein haben größere Probleme, das Leben zu genießen und in seiner Fülle zu betrachten, als Menschen, die es wagen, sich ihrer Ganzheit hinzugeben.***

**René:** *Würden Sie das bitte mit einem Beispiel aus der Werbung untermalen.*

G-G-J: ***Ach ja, sagen wir, jemand sieht im Vorübergehen auf einem Plakat einen Raucher, mit einem Kamel und Wüstensand im Hintergrund. Unterbewußt erinnert sich vielleicht dieser Mensch daran, daß es in der Wüste heiß ist. Vielleicht geschieht es auch, daß er Hitze und Wärme als Liebe identifiziert. Auch der Rauch gibt ja Wärme ab — das könnte eine von möglichen Erklärungen sein.***

***Zu den Subliminals muß ich sagen, daß sie so, wie sie heute eingesetzt werden, nicht voll in die Tiefe wirken. Mit der geläufigen Art des Aufbaus wird der Mensch eher einem blöden Geschöpf gleichgesetzt, das er bei Gott nicht ist. Ich meine, der Ansatz müßte mehr in Märchenform sein, vielleicht mit einem Bilderbuch dazu, gemalt aus dem Unterbewußtsein und zu jedem Motiv gleichzeitig die passende Musik eingeblendet. Wenn Sie es für Schwangere machen wollen, dann ...***

'Jungs' Informationen und Hinweise zur Gestaltung von Subliminals für werdende Eltern behalten wir zunächst für uns, da wir eventuell im Zusammenhang mit unserer Arbeit in Sachen Embryo-Kommunikation in dieser Richtung aktiv werden wollen, sofern sich eine geeignete kooperationsbereite Firma dafür findet.

G-G-J: ***... Man kann das alles viel besser und schöner in Bildern ausdrücken. Ein wenig könnte den Malereien dennoch vom Text beigegeben werden, in einer Schrift mit künstlerischem Ausdruck.***

***In einer uralten Druckschrift geschriebene Märchenbücher wirken völlig anders, als in einer modernen sterotypen Blockschrift. Auch die äußere Form eines Buches bestimmt mit, wie man über den Inhalt in sein Innerstes reisen kann. Es ist doch so, daß man durch das Lesen eines Buches, über das bildhafte Umsetzen im Geiste, innerhalb seiner selbst zu reisen beginnt. Deshalb kann ein in geeigneter Weise aufgebautes und gestaltetes Buch für viele der Schlüssel zu den Tiefen der Innenwelt werden.***

**René:** *Michael Ende hat das mit seiner unglaublichen Geschichte, finde ich, ganz gut getroffen.*

G-G-J: ***Ja, sogar fantastisch gut. Vorhin Gesagtes erklärt auch, warum ein Märchenbuch die Welt erobern kann.***

***Nun, in Wirklichkeit sind ja alle äußeren Erlebnisse der Anstoß für innere Reisen. Aber es ist die eigene Weise, wie ich auf das reagiere, was ich außerhalb meiner selbst erlebe, welche die Art meiner Innenschau bestimmt. Je mehr ich mich öffne und je bewußter etwas auf mich trifft, desto größer ist meine Chance, die tiefsten Dimensionen in mir zu erreichen.***

**René:** *Ich hätte noch kurz eine Frage zur Werbung. Stehen Sie dazu wertfrei, oder was denken Sie generell dazu?*

Während ich meine Frage stellte, lenkte mich ein Geräusch von außerhalb ab. Kurz darauf hörte ich im Schlafzimmer unseren soeben erwachten – damals zweieinhalbjährigen – Sohn nach Mira und mir rufen. In der Hoffnung, mein Gespräch mit 'Jung' noch zu Ende führen zu können, reagierte ich vorerst nicht darauf.

G-G-J: ***Zur Werbung, die ja ein dummes Spiel ist, sei abschließend gesagt, daß sie im großen und ganzen die Masse hypnotisiert. Ein einzelner kann sie jedoch als große Chance benutzen, um Bewußtsein zu erlangen.***

**René:** *Könnte man Werbung nicht auch in anderer Weise betreiben?*

G-G-J: ***Insgesamt gesehen kann man da, bevor sich nicht die ganze Gesellschaft erneuert, überhaupt keinen besseren Vorschlag machen, der nicht wieder in die entgegengesetzte Richtung läuft. Zuerst müssen die Menschen aufwachen, dann kann man ihnen Informationen geben.***

Manuel rief, da er uns nicht fand, mit zunehmend weinerlicher Stimme nach uns. Ich hörte noch, wie er die Klinke der Schlafzimmertür drückte (er konnte sie gerade schon erreichen), als 'Jung' weitersprach:

G-G-J: ***Ein süßer, kleiner Mann. Sie sollten Ihrem Kind auch schöne traum- und märchenhafte Bilder geben und neben das Bettchen hängen, aber nicht zu viele auf einmal. Lassen Sie Ihren Sohn jeweils die Motive aussuchen, welche er abends vor dem Einschlafen betrachten möchte. Haben Sie keine Angst vor negativen Bildern. Sie müssen dem Kind sanft erlauben, auch da hineinzugehen.* Und jetzt holen Sie ihn doch.***

**René:** *Ja. Ich bedanke mich.*

Im Glauben, daß unser Gespräch somit beendet ist, verließ ich das Zimmer, um mich um Manuel, der inzwischen schon bitterlich weinte, zu kümmern. Unsere Wohnung ist in Etagen angelegt, und bestimmte Stellen im Stiegenhaus machen es einem sehr schwer, akustisch einzuschätzen, ob ein Rufen von unten oder von oben kommt. Als ich Manuel weder im Bad noch in meinem Büro finden konnte und mich einen Moment lang nach seinem Schluchzen orientieren wollte, schrie Mira bzw. – wie ich erst kurz darauf erkannte – 'Jung' aus dem Zimmer:

G-G-J: ***Am Dachboden!***

Tatsächlich fand ich Manuel bereits zwischen den feuchten Wäschestücken im Dachgeschoß herumirren. Ich beruhigte ihn und trug ihn in den Meditationsraum zu Mira in der Hoffnung, daß er nicht wieder ungestüm herumwirbelt und alle Gegenstände im Raum handfest zu überprüfen beginnt.

Als ich ihn auf einen der runden Zen-Polster setzte, war ich doppelt verwundert, einerseits, weil Manu sich unüblich ruhig

---

* 'Jung' streifte hier einen unserer wunden Punkte in Sachen Erziehung Emanuels, eine Meinungsverschiedenheit, die ich mit Mira schon öfter hatte. Sie meinte, Manuel immer aus dem Zimmer entfernen zu müssen, wenn ich gelegentlich die TV-Nachrichten ansah, weil die sensible Psyche unseres Sohnes durch eventuelle gräßliche Bilder geschockt werden könnte. Ich fand ihre Reaktion des öfteren doch etwas übertrieben.

verhielt, und auch verblüfft, daß Mira noch in Trance versenkt dasaß, denn bisher hatte sie jedesmal ihre Meditation abgebrochen, sobald ihr Liebling weinte. Außer einem leisen, offensichtlich Jung'schen Lächeln auf Miras Wangen, rührte sich nichts im Raum, als zu unser aller Verwunderung 'Jung' plötzlich für Emanuel zu singen begann:

G-G-J: ***Guten Morgen, liebe Sonne, wie du strahlst über meinem Kopfe. Auch mein Kopf ist eine Sonne, die sich ergießt über die Welt. Guten Morgen, liebe Sonne, bist in mir, gehst in die Welt. Guten Morgen, kleine Sonne, scheine nur mutig in die Welt.***

***Manu*** (mit großen Augen): *Die singt, die Mama.*

G-G-J: ***Guten Morgen, liebe Sonne, hältst mein Herz und meinen Sinn. Wenn die Wolken dann vergehen, ist die Welt so wunderschön. Hast die Sonne du im Herzen, geht von dort sie in die Welt.***

***Manu:*** *Hallo!*

G-G-J: ***Was ist, mein kleiner Bär? Du liebst das Leben sehr, bist mutig und so mütterlich und liebst die Vögel alle. Du bist ein wilder Wüterich, und spielst gern mit den Tieren.***

Manuel gähnte unausgeschlafen.

G-G-J: ***Der kleine Bär geht durch den Wald, doch dort ist's kalt und dunkel. Hinter jedem dieser Bäume ach, da stehn finst're Gestalten. Doch der Bär ist jung und geht dahin und dahinnen,***
***trib trab, trib trab, trib trab.***
***Im Herz singt seine Melodie, doch wie kalt ist ihm im Walde. Er friert und zittert ja so sehr, uii, dieser dunkle Wald ist kalt. Doch innen ist das Bärenkind ein gar tapfrer, starker Mann. Fürchtet sich zwar vor dem Wald, doch hat die Lieb' im Herzen und kann mit dieser Liebe bald, heilen die eignen Schmerzen. Da kommen dann ganz wilde Männer und viele Geister aus dem Wald, doch der kleine Bär ist bärenstark, so seine Lieb' sie all verbrennet. Und als der Bär tritt aus dem Wald, kommt er in ein gar helles Land, wo das Licht scheint stark und die Sonne strahlt, so daß der Bär endlich aufgewacht,***
***brumm brumm, brumm brumm, brumm brumm.***
***Ich liebe mich so sehr, der Wald ist weit hinter mir, ich weiß es ja, in Wirklichkeit, da kann mir nichts geschehen. Da siehst er viele Häuser stehen...***

**Manu:** *Haha, viele Häuser sieht er draußen!*

G-G-J: ***Als er tritt aus dem Berg hinaus, erst sieht er ganz das neue Land,***
***Widiwi bumbum, widiwi weiwei, wididi deidei, trabtrab brummbrumm.***

**Manu** (mich anblickend): *Der Bär, der singt.*

Er beginnt langsam zur Melodie mitzuklatschen.

G-G-J: ***Und so tappst er heraus, und er fühlt sich wohl, die Liebe wärmt ihn so sehr. Er schreitet dahin und er schreitet daher, denn er kennt das Land, aus dem er einst kam, nimmermehr wieder.***
***Brummbrumm widiwi, brummbrumm widiwei, weiwei widiwumm, brumm brumm.***
***Ins erste Haus sieht er hinein, da sitzet ja ein Mägdelein, brummbrumm widiwi, brummbrumm weiwei, brummbrumm widiwumm, wummwei.***
***Er liebt das Mägdlein ach so sehr und möcht in ihr Häuschen hinein,***
***brummbrumm widiwei brummbrumm wammwei.***
***So klopfet er an ihre Türe. Das Mägdelein erschrickt so sehr und fragt, wer ist denn draußen?***
***Brummbrumm widiwei, brummbrumm weiwei.***
***Ich bin der Bär aus dem Walde. Laß mich doch ins Haus hinein, ich bringe dir den Sonnenschein und die Liebe dir, mein Mägdelein. Ach oheijaja, oheijaja, da jauchzet und jauchzet sie sehr und spüret die Liebe leuchten. Sie geht hin zur Tür und öffnet ihr Haus, herein kommt der Bär geschritten, brummbrumm widiwei, widiwumm widiwei, brummbrumm widiwei widiwumm.***
***Er nimmt das Mägdlein an die Brust und tanzet mit ihr vor Freude. Dann frißt er die Magd aus Liebe auf, so sitzet sie nun im Bärenbauch,***
***brummbrumm widiwumm, widiwei widiwumm,***
***hei, das Mägdlein bin ich jetzt selber. Siehst du es, das Mägdlein drinnen, es weinet gar sehr, voller Angst. Die Liebe des Bär'n hat es erfaßt, es kennet sich selber nicht mehr.***
***Brummbrumm widiwumm, brummbrumm widiwei, brummbrumm widiwei, widiwummwei.***
***Da tanzt das Mägdlein im Sonnenschein und ge'bär't einen kleinen Bären,***
***brummbrumm widiwei, brummbrumm widiwei, brummwumm haho haheiei.***

***So nehmen der Bär und das Mägdelein das Bärlein und lieben es süß, eine Sonne ist ihnen geboren. Und so tanzen sie im Sonnenlicht,***
***brummbrumm widiwei, brummbrumm widiwei, brummbrumm widiweieieiei.***
***Und so tanzen sie im Sonnenlicht,***
***brummbrumm widiwei widiwei.***

Während ich innerlich feststellte, daß 'Jung' mit diesem Liedchen auch ein praktisches Beispiel gab, wie man brutale Inhalte – Bär frißt Magd auf – verpacken kann, damit ein Kind sie verkraftet, riß mich unser Kleiner aus den Gedanken:

**Manu:** *Mann bam Dopf von da Mamma.* (Mann beim Kopf von Mamma.)

Während Manuel diesen für uns sehr erstaunlichen Satz sagte, wies er mit seinem Ärmchen in Richtung Mira. Wir konnten es erst gar nicht glauben, denn es war für uns faktisch unser erster, fast objektiver Beweis, daß wir uns bei den ganzen Trance-Dialogen nicht ein gemeinsames Luftschloß bauten. Daß Manuel des öfteren Wesen im Raum wahrnimmt, die weder Mira noch ich sehen oder fühlen können, war uns ja inzwischen nichts Neues, doch daß er 'Jung' offensichtlich über Miras Kopf wahrnehmen konnte, stimmte uns erfreut und nachdenklich. Ich wollte von Manuel noch genaueres über seine Wahrnehmung erfahren, hatte aber keinen Erfolg:

**René:** *Manu, wie hat denn der Mann ausgesehen?*

**Manu:** *Hat er net, aussehn.*( Er hat nicht hinausgesehen.)

**René:** *Hat er gelacht, der Mann?*

**Manu:** *Ja, hat 'lacht.*

**René:** *Wo ist der Mann denn jetzt?*

**Manu:** *Daußen, bam Daktor.* (Draußen, beim Traktor.)

Manuel deutete gleichzeitig mit der Hand aus dem Fenster, stand auf und war der quirrlige Wirbelwind wie eh und je. Es hat eine tiefere Bedeutung, warum wir diese kleine Begebenheit hier so ausführlich wiedergeben. Nicht nur, weil Manuel mit seinen zweieinhalb Jahren seit seinen eigenen Durchgaben, die er uns während seiner Schwangerschaft übermittelte, ein ebenbürtiger Trance-Dialog-Partner ist, sondern auch, weil er in obigem Zusammenhang vierzehn Tage später noch den Tupfen auf das i setzte.

**9. Kontakt – 25/12/86 – 07.30 h – Monolog durch Mira im Studio Phoenix**

# *Charakter und Identität*

Nach etwa zehnminütiger Meditation, gerade als Mira und Jung bereit wurden, den Dialog mit mir zu beginnen, hörten wir unser Kind im Nebenraum weinen. Da auch die Technik startklar war, ließ ich Mira und 'Jung' allein und ging, um unser Söhnchen zu beruhigen und wieder einschlafen zu lassen.

***René:*** *Mira, es ist alles eingeschaltet. Ich geh' zu Manu, 'Jung' kann einfach aufs Tonband sprechen.*

Kurze Pause.

C-G-J: ***Guten Morgen, Frau Coudris.***

***Ich hörte, daß Sie mit Ihrer Mutter Probleme haben.* Warum verzeihen Sie ihr nicht und machen sich unabhängig? Weil Sie es nicht können! Ihr Wissen über die Zusammenhänge und die Natur der Psyche ist noch zu gering, um sich von dieser machtvollen Beziehung zu lösen. Dennoch, einen Großteil Ihrer schöpferischen Kraft haben Sie aus jenem Potential***

---

* Miras Mutter war seit einigen Tagen anwesend, was die damals schlummernden Dissonanzen zu ihrer Tochter und umgekehrt einigermaßen aktualisierte. Diese Spannungen scheinen inzwischen beseitigt zu sein.

*geschöpft, das Ihnen zur Verteidigung gegen diese Frau erwachsen ist. Ich möchte Sie darauf hinweisen, daß Ihre Mutter die höchst wichtige Funktion darin hatte, Ihre übersinnlichen Wahrnehmungen zu betonen und Sie verstärkt auf dieses Gebiet zu bringen. Da Sie von Natur aus sehr medial veranlagt sind, haben Sie eine ebenso geprägte Mutter bekommen, allerdings eine, die um vieles unbewußter und nicht wirklich zur Integration bereit ist. Ich meine also, Sie haben in ihr einen großen Schatz gewonnen, denn am Beispiel Ihrer Mutter konnten Sie lernen, wie man es nicht macht. Von Anbeginn – seit Sie auf der Welt sind – haben Sie einen großen Kampf gegen ihre Unbewußtheit gekämpft. Da Sie jeden Tag damit konfrontiert wurden und auch weil Sie intelligent und äußerst sensitiv sind, haben Sie zumindest erkannt, daß hier Ihnen unbekannte Zusammenhänge bestehen, die Ihr Leben maßgeblich beeinflussen und beeindrucken. In meinen Augen haben Sie es trotzdem schon sehr gut gemacht, sich zunehmend von Ihrer Mutter zu differenzieren und zu distanzieren.*

*Aber vollends haben Sie sich noch nicht abgenabelt. Dieser letzte Prozeß ist sehr schmerzhaft, da man darin sein ureigenstes Ich von seiner Person entwirren muß. Auch ist es ein Vorgang, bei welchem man gleichzeitig versucht, seine alte Identität aufzugeben, denn Identität ist Erinnerung an eine Selbstvorstellung und -darstellung, die ursächlich von der Umwelt mitbestimmt wird.*

*Schon als kleines Kind erlebt man Projektionen aus der Umwelt und reagiert dementsprechend mit dem Aufbau eines Charakters. Dieser Charakter ist wohlgemerkt nicht sein Ich und hat äußerst selten die Fähigkeit und die Dimensionen, welche sein wahres Selbst verkörpern würden.*

*Hier will ich kurz einfügen, daß die Ursache, warum ich heute so zu Ihnen sprechen kann, in der Art und Weise liegt, wie sich mein eigener Charakter gestaltet hat. Daß ich wahrhaftig forschen und den Dingen auf den Grund gehen kann, ist deshalb möglich, weil mein Vater ein sehr ehrenvoller, tiefgründiger und wahrhaft religiöser Mensch war und meine Mutter hingegen sanft und widerspiegelnd. Ich möchte darüber jetzt nicht zu sehr in die Breite gehen, aber betonen, daß ich es auch schon meinen Eltern verdanke, wo ich heute stehe.*

*Was ich damit sagen will, ist, daß jeder die Chance hat, über sein Verhältnis zu und mit seinen Eltern hinauszuwachsen und*

***seine eigene Identität zu erfahren, indem man bewußt versucht, die Umwelt als Teil seiner nicht integrierten Seele zu erkennen.***

***Zeané:*** *Haben Sie es bemerkt? Ich habe mich eingeschlichen! Ja, Zeané ist's. Wieso wollen Sie immer über Ihre Mutter sprechen?**

Kurze Pause.

**C-G-J: *Hier ist wieder 'Jung'. Sie haben einen großartigen Lehrer, ich schätze ihn sehr hoch. Ich bin überzeugt, daß er eine Vaterfunktion für Sie übernommen hat – auf eine Art und Weise, wie es Ihrem inneren Traum entspricht. Ich gratuliere Ihnen zu einer so hochstehenden Persönlichkeit und sehe es gerne, wenn Sie in Verbindung bleiben. Ich wünsche es Ihnen von ganzem Herzen, denn dieser Mensch ist im Erkennen seiner eigenen Natur Meilensteine der gesellschaftlichen Entwicklung voraus. Ich verneige mich vor seiner Größe und freue mich, seine Bekanntschaft gemacht zu haben.***

***Zeané:*** *Zeané will noch etwas sagen. Nehmen Sie doch nicht alles so tragisch. Versuchen Sie weiter Ihren Weg zu gehen, ohne sich umzudrehen und immer vorwärtsblickend auf den Himmel. Und haben Sie Vertrauen zu sich selbst und zum kosmischen Vater. Sehen Sie Ihre eigene Entwicklung als einzigartige Chance an, und sehen Sie Ihr Recht, als Mensch wachsen und sich entwickeln zu dürfen. Jammern Sie nicht, wenn Sie verzagen. Nehmen Sie die Fehler dazu her, es nächstes Mal besser machen zu können. Haben Sie Mut für die Zukunft, es wird alles gut werden. Ich verspreche Ihnen, es wird alles gut werden. Wenn Sie mich brauchen, rufen Sie mich. Ich werde da sein.*

*Das ist eine feine Sache mit dem Herrn Jung. Heute habe ich seine persönliche Bekanntschaft gemacht. Ich verehre und liebe ihn sehr. Seien Sie unbesorgt, wir beschützen Sie. Heute sind wir zu zweit da, aber in Zukunft werden wir die Gespräche wieder geordnet abhalten. Versuchen Sie Ihre Emotionen in den Griff zu bekommen. Transformieren Sie jeden Augenblick, wenn Sie spüren, aus der Bahn geworfen zu werden.*

Manuel schlief nebenan endlich ein, und ich kam leise wieder zur Tür.

***Mira:*** *Es ist schon aus. Sie sind gerade gegangen.*

---

* Um die Pointe mitzubekommen, muß man wissen, daß Mira noch zu Lebzeiten ihres geistigen Lehrers Zeané Lao Shin mehrere ausführliche Gespräche über ihre Mutter mit ihm führte.

***René:*** *Wieso sagst du 'sie'?*

***Mira:*** *Heute waren zwei da, zuerst CeGe und dann Zeané. Du kannst es dir schon anhören.*

***René:*** *Ja, wie ist das vor sich gegangen?*

***Mira:*** *Mir ist plötzlich aufgefallen, daß da irgendwie eine Stimmung war, die nicht zu 'Jung' gehört. Ich denk' mir, das ist doch die Schwingung von Zeané, und dann hat er auch schon gesagt, daß er sich eingeschleust hat. Das war echt stark.*

»Ich, Mira, möchte dem Leser hier in aller Kürze ein wenig über meinen geliebten Lehrer Zeané Lao Shin mitteilen. Ohne ihn wäre meine heutige spirituelle Arbeit undenkbar.

Ich war gerade neunzehn Jahre geworden und an einem schwierigen Höhepunkt meines Lebens angelangt, als ich zu einem Vortrag dieses taoistischen Priesters ging. Er sprach über Yin und Yang, die Gesetzmäßigkeiten der Natur, bewußte Ernährung usw. Als ich den Mann sah, geschah so viel in mir, wie noch nie zuvor in meinem Leben. Uraltes Wissen, das in mir geschlummert hatte, wurde plötzlich angerührt. Ich wußte nun, wo mein Weg entlanggeht und daß ich eine Verbindung zu Tiefen in mir wiedergefunden hatte, die seit langem darauf warteten, wieder bemerkt zu werden.

Mit Hilfe Zeanés habe ich so schon in jugendlichen Jahren das Fundament gelegt, auf dem meine vielfältigen Tätigkeiten als Channeling-Medium, geistige Heilerin und psychologische Beraterin im umfassenden Sinne möglich wurden.

Zeané leitete in China eine riesige Heilkräuterfarm und trat später in ein japanisches Zen-Kloster ein. Zwischendurch lebte er auch in Indien. Danach studierte er die Geheimnisse des Taoismus, was dazu führte, daß er bald den höchsten Stand eines Tao-Priesters einnahm. Sein Lehrer schickte ihn mit dem Auftrag in den Westen, hier das verschüttete Wissen des Ostens wieder ausgraben zu helfen und seine Freunde aus vergangenen Zeiten wieder um sich zu sammeln und zu aktivieren.

Da mir Zeané auch in einigen früheren Leben schon als Meister in Erscheinung trat (etwa im Himalaya, worüber ev. in einem anderen Buch mal zu berichten sein wird), stehe ich auch nach seinem physischen Tod (1980) spontan – und immer dann, wenn es darauf ankommt – mental mit ihm in Verbindung.

Wenn ich ihn rufe, lebt seine Liebe und sein Wissen in mir.«

10. Kontakt – 28/12/86 – 16.00 h – Mitschrift durch Mira im Studio

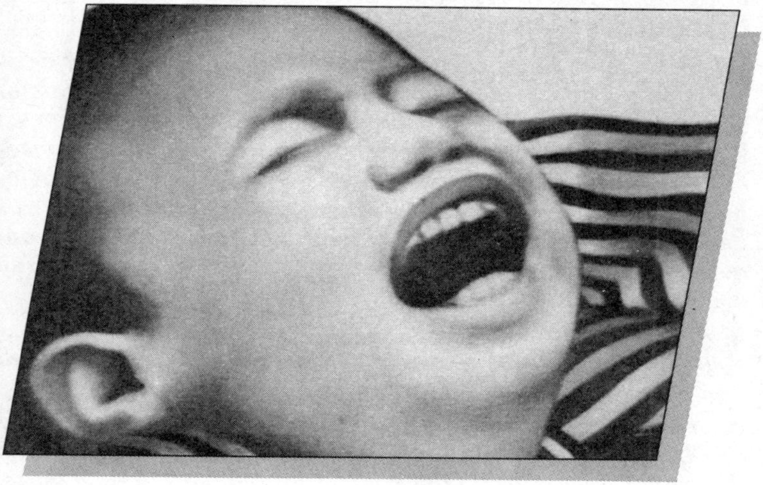

## *Leiden — ein Urerlebnis*

Dieser Kontakt war nicht beabsichtigt. 'Jung' wollte, scheint es, von sich aus aktiv sein und folgenden Text zu seinen Ausführungen über analytisches Denken hinzufügen.

Wenn Mira dem Drängen des Schreibenwollens nachgibt, schreibt sie meist einfach dahin, ohne mit eigenen Überlegungen an einem Wort oder Satz hängenzubleiben. Dennoch bekommt sie im gleichen Moment voll mit, wovon die Übermittlung handelt. Ja, sie erfaßt den Inhalt sogar um einiges tiefer als jemand, der den Text dann mit dem Verstand liest.

G-G-J: ***Irgendwann in der Kindheit geschieht es, daß der Faden oder Urfaden reißt, der uns mit unserem Unbewußten verbindet. Er wird von der Ratio durchtrennt und markiert so den Beginn echten Leidens. Aber selbst, wenn es uns noch so ›schlecht‹ geht, sind wir mit unserem ureigensten Selbst fest in einer Einheit verschmolzen.***

***Wenn wir das tief begreifen, wird es uns ohne Ausnahme irgendeiner Emotion oder eines Gefühls gutgehen. Wir sind sodann imstande, unser Leiden zu integrieren und als etwas***

*Aufregendes zu erleben, als etwas zutiefst Vertrautes und doch Geheimnisvolles, voller Erwartung auf Neues oder Altbekanntes und Unerlöstes.*

*Wir Menschen haben den Drang, Unerlöstes in uns zu erlösen, und gerade Leid ist ein Weg, das zu erleben. Aus tiefster Seele zu hassen oder zu lieben, zu leiden oder zu genießen, ist letzten Endes immer ein Urerlebnis, das an der Wurzel unseres Seins gründet und uns, unser ganzes Sein miteinbeziehend, in das tiefe Land der Urerinnerung hinabreißt. Nur aus dieser Erfahrung heraus ist Leiden erträglich, da keine Trennung mehr nötig, da alles integriert und ein aufregender Teil unseres Selbstes geworden ist.*

*In der Urerfahrung des Leidens haben wir die Chance, uns selbst wieder zu integrieren und uns schöpferisch zu betätigen, oder einen Mangel an Erfahrung und Wissen gutzumachen und ungleich mehr zu wachsen, als es durch oberflächliche Lustgefühle möglich ist. Ich will damit nicht sagen, daß dies nicht auch durch Glück und Lustgefühle möglich wäre. Aber ich meine, im tiefsten Leid haben wir bei weitem größere Möglichkeiten zur Urerfahrung und Wiederintegration in die unbewußten Schichten unseres Bewußtseins, in denen wir mit jedem und allem untrennbar vereint sind.*

*In einer intensiven Urerfahrung können wir größten Schmerz als Glück erleben, denn das Leben wird bewußter in seiner Grenzenlosigkeit erfahren. Wenn wir uns jedoch durch intellektuelles Denken unserer Urerfahrung berauben, geht viel Aufregung und Freiheit des Lebens verloren. Wenn sich in den Spitälern sterbende Menschen nicht ihrer inneren Qual bewußt werden dürfen –*

Abbruch.

Die beiden Doggen eines unserer Nachbarn haben – wie sie es öfter in für uns unangebrachten Situationen tun – derart zu bellen begonnen, so daß Mira nicht mehr in die innere Balance fand, um das Diktat weiter zu empfangen.

**11. Kontakt – 30/12/86 – 23.00 h – gemeinsames Gedächtnisprotokoll**

## *Eine tantrische* Übung*

Wir waren schon zu Bett gegangen und unterhielten uns über ein neues Tantra-Buch, das es vor lauter komplizierten Anweisungen schwierig macht, in der Praxis ›den Kopf zu verlieren‹. Übereinstimmend kamen wir zum Schluß, daß man die ersten Stufen tantrischer Sexualität viel einfacher vermitteln müßte

---

* Tantra, abgeleitet von der Sanskrit-Wurzel ›tan‹, bedeutet soviel wie ›erweitern‹. Das Ziel der Tantriker ist es, im Bewußtsein die integrale Ganzheit der Polaritäten herzustellen, um die Einheit von Spirituellem und Sinnlichem zu erfahren. Der bewußte Gebrauch der Sex-Energie steht im Mittelpunkt dieser verkannten Wissenschaft der Ekstase. Ihre ursprüngliche Devise war es, Lebensfreude auf allen Ebenen des Seins zu erlangen. Die wegen bedrohlicher Verfolgung der Anhänger des Tantra-Kultes später teils extrem verschlüsselten Geheimnisse dieser spirituellen Liebeskünste drehen sich im Kern stets um das Aufsteigenlassen der kreativen Schlangenkraft ›Kundalini‹, wiewohl im Laufe der Zeit in den einzelnen Kulturen die verschiedensten Terminologien dafür entwickelt wurden. Heute jedoch sind nicht mehr politische Hetzjagden die Ursache verbaler Verschleierungen, sondern die durch Vergeheimnissung und Komplizierung besser mögliche materielle Ausbeutung des Themas.

Die in den originalen Tantra-Yoga-Schriften noch am klarsten formulierte Lehre spricht von der Erweckung der am Fuße des Rückgrates zusammengerollt schlummernden Kundalini, die durch meditativ-ekstatische Übungen angeregt, entlang den feinstofflichen Energiezentren zum obersten Chakra, dem ›tausendblättrigen Lotus‹, hochwandert und dort die letztendliche Erfahrung der Untrennbarkeit zwischen Schöpfer und Geschaffenem auslöst. In diesem kosmischen Orgasmus wird schließlich das Kollektive Höhere Selbst als Ein und Alles erkannt und erfahren.

und daß die Sache in jenem Buch mit esoterischem Brimborim zu sehr aufgeblasen wurde.

Mira las kurz darin und lag dann still da, als ob sie einschlafen mochte, fragte aber seltsamerweise in die Stille, ob sie störe. Ich blickte, auch schon halb im Einschlafen, etwas verwirrt auf und sah verwundert, daß sie in Trance gegangen war. Am Gesichtsausdruck vermutete ich 'Jung' zu erkennen, was sich nachher auch bestätigte.

Da ich nicht allerorten und zu jeder Zeit mit Tonband oder Notizblock bewaffnet bin, hier leider nur ein erst am nächsten Morgen niedergelegtes, ungefähres Protokoll aus der Erinnerung.

G-G-J: ***Störe ich?***

***René:*** *Wie bitte?*

G-G-J: ***Wenn ich in Ihrem Intimraum störe, werde ich wieder gehen. Oder können Sie einen Seelendoktor gebrauchen?***

***René:*** *Nein, nein, Sie stören nicht. Es ist nur etwas ungewohnt, Sie hier zu treffen.*

*Ich dachte gerade an unsere triste Finanzlage. Können Sie uns nicht verraten, wo wir einen Schatz finden würden? Oder uns sonst einen heißen Tip geben?*

G-G-J: ***Von mir können Sie nur geistige Schätze erwarten. Für andere bin ich nicht zuständig.***

Das exotische Buch über Liebestantra lag noch neben Mira auf dem Kopfpolster. Als ich im Begriff war, es wegzulegen, sprach mich 'Jung' darauf an:

G-G-J: ***Sie sind an tantrischen Übungen interessiert? Möchten Sie eine einfache Übung erfahren?***

***René:*** *Gerne.*

Ich sah mich vergebens nach einer Notizmöglichkeit um.

G-G-J: ***Sie können auch morgen noch Notizen machen.***

***Also, die Frau liegt – halb sitzend – auf dem Rücken.***

'Jung' richtet Miras Körper in diese Position, bzw. Mira lehnt sich über inneren Auftrag an die schräge Lehne unseres Bettes.

G-G-J: ***Der Mann liegt entspannt auf Ihrem Bauch und zwischen Ihren Beinen, den Kopf auf Ihrer Brust. Legen Sie sich her.***

Ich lege mich seiner Anweisung entsprechend.

G-G-J: ***Beide atmen tief. Wenn die Frau einatmet, atmet der Mann aus und umgekehrt. Dann stellt sich die Frau vor – während der Mann ausatmet –, daß seine Energie in sie hineinfließt, von seinem Sexzentrum in ihr Sexzentrum, während sie einatmet. Weiterhin imaginiert die Frau, daß diese Energie von unten über ihr Herzchakra zum Dritten Auge fließt und, während sie ausatmet, in das Scheitelchakra des Mannes zurückkehrt.***

***Der Mann empfängt die weibliche Energie, er atmet sie von oben ein und läßt sie über das Herzzentrum in sein Sexchakra strömen und übergibt dort seine Energie an die Frau, die sie verwandelt und wieder aufsteigen läßt.***

***So lassen sie den kosmischen Atem kreisen, um mehr und mehr eine energetische Einheit zu werden.***

Wir übten etwa zwanzig Minuten und schliefen in dieser Umarmung ein.

'Jung' hatte auch erwähnt ***›daß nach einiger Übung dieses Tantra-Sadhana ebenso ineinandersitzend praktiziert werden könne, auch daß der Einfluß der unmittelbaren Umgebung für diese Meditation nicht vergessen werden sollte, also Raumgestaltung, Beleuchtung, anregende Düfte usw. Auch meinte er, daß solche Übungen nur in echten Liebesbeziehungen ratsam wären, da man dabei viele psychische Energien voneinander übernimmt.‹***

Insbesondere ich mußte mich in den nächsten Wochen erst daran gewöhnen, daß 'Jung' – auch ohne sich zu melden – still und leise anwesend sein könnte bzw. möglicherweise auch andere nichtverdichtete Wesenheiten. 'Jung' versicherte uns allerdings an jenem Abend auch, ***›daß er nur, wenn er spürte nicht unerwünscht zu sein, manchmal unbemerkt bei uns und anderen anwesend sei‹***.

Aus heutiger Sicht betrachtet, muß ich sagen, daß 'Jung' seine heimliche Anwesenheit vor mir zwar verbergen kann, aber nur wenn Mira schläft oder abwesend ist, da sie stets – auch für mich merkbar – enthusiastisch reagiert, wenn sie seine

Gegenwart verspürt. Für meine Frau ist die Erfahrung körperloser Anwesenheit oftmals sogar intensiver als die physische Präsenz einer Person. Zeitweise spürt Mira 'Jung' nach einem Trance-Kontakt stärker als während der Trance, weil sie dann mit ihrem Selbst direkter zugegen ist und Freund CeGe nicht nur durch sie spricht, sondern sich betont ihr zuwendet. Es geschah in letzter Zeit auch relativ oft, daß wir 'Jung' bei dieser oder jener Veranstaltung, während eines Vortrags, Films etc. baten, kurz anwesend zu sein, um ihn später zum jeweiligen Thema interviewen zu können. Aus CeGes eigenen Kommentaren geht jedenfalls hervor, daß er da wie dort in gewisser Weise mit dabei gewesen ist.

Der überraschende Besuch in unserem Schlafzimmer hat mir jedenfalls erst so richtig vor Augen geführt, welche intime Beziehung wir mit dieser, zumindest für mich unsichtbaren, Bewußtseinskonzentration eingegangen sind.

12. Kontakt – 31/12/86 – 08.00 h – Dialog mit René im Studio Phoenix

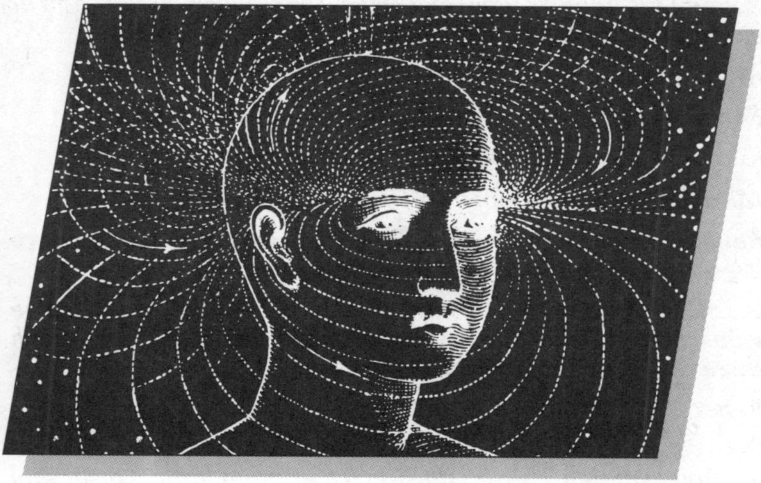

## *Traum und Wirklichkeit*

Mira kaute nach wie vor bzw. schon wieder an der Frage, ob die in Trance durch ihren Mund geäußerten Ansichten nicht doch ihrem Unterbewußtsein entsprängen. Wiederum versuchte ich ihr zu vermitteln, daß es ja letztlich egal sei, von wo eine Information herrührt, wenn etwas Produktives dabei herauskommt. Innerlich von meinen Argumenten nicht sonderlich überzeugt, begab sie sich widerspenstig in den Alphazustand:

***Mira:*** *Er hat mich bei der Hand genommen, und ich fragte ihn, ob er wirklich da ist und ich das alles glauben soll, was ich wahrnehm'. Da hat er sich meine Hand auf seinen Magen gelegt und auf die Brust, damit ich seinen* (feinstofflichen) *Körper spür'. Dann hat er zu mir gesagt* ***›Glauben Sie jetzt, daß ich da bin?‹***

***René:*** *Und glaubst du es jetzt?*

***Mira:*** *Ich weiß nur, daß er in meiner Vorstellung da ist, und meinem Gefühl nach.*

***René:*** *Das reicht ja doch aus, oder?*

**Mira:** *Aber es ist mir zuwenig stofflich!*

**René:** *Das kann es wohl nicht sein. Oder willst du gar, daß er sich materialisiert?*

**Mira** (trotzig): *Ja, das will ich.*

**René:** *Du brauchst ihn nur zu fragen, was er dazu meint.*

Mira horchte in sich und lachte lauthals.

**Mira:** *Er sagt, das geht nicht, dazu ist er zu alt.*

**René:** *Warum denn nicht? Soviel ich weiß, gibt es andere Wesenheiten, die das auch manchmal machen.*

G-G-J: ***Wenn ich mich materialisiere, wie Sie es so gerne wünschen, würde ich den Traum unterstützen. Wir sind doch dazu da, aus dem Traum zur Wirklichkeit zu erwachen.***

**René:** *Indirekt heißt das aber, daß es ginge! Oder?*

G-G-J: ***Alles ist möglich in Zeit und Raum, doch will ich nicht ein Spiel spielen, dessen Illusion ich erkannt habe. Unser Ziel ist es, nicht mehr zwischen Traum und Wirklichkeit zu unterscheiden. Erst, wenn wir beginnen, das zu tun, werden wir endlich aus unserem Traum erwachen und die tiefere Wahrheit erkennen.***

***Begreifen Sie doch, daß der Geist allein die Wirklichkeit ist und bestimmt. Nicht unsere Vorstellungen und Ideen, die ändern sich immer. Allein die Fähigkeiten des Geistes bleiben ewig bestehen, dies ist mein momentaner Wissensstand. Ich kann Ihnen versichern, daß mich diese Wahrheit sehr tief beglückt. Auch Sie sollten lernen, damit umzugehen, und wissen, daß nichts fest, nichts fix und nichts vorprogrammiert ist. Der Geist schafft alles und schöpft die projizierte Traumwelt, in der man ständig lebt und von der man oftmals glaubt, daß sie Realität sei.***

***Desgleichen ist auch jede Krankheit eine Einbildung des Geistes. Dennoch ist es wahr, daß wir in die Harmonie des Universums eingebettet sind. Es ist eine schwere Wahrheit, die man da begreifen soll.***

**René:** *Was sind dann die Hintergründe dieser eingebildeten Krankheiten?*

G-G-J: ***Wie ich früher schon sagte, es ist das analytische Denken. Und das erklärt sich so: Man kann nicht über eine***

***Sache urteilen, ohne sein eigenes Selbst zu kennen! Man kann doch nicht hergehen und sich einbilden oder einreden, man verstehe irgend etwas außerhalb seiner selbst, solange man sein eigenes Potential und seine eigenen Fähigkeiten nicht kennt, also sich noch nicht durchschaut hat. Wie weit ich auch zurückblicke, die wenigsten Menschen haben jemals zuerst in sich selbst und dann nach außen geblickt. Sie begreifen einfach nicht, daß sich jeder seine eigene Wahrheit bildet und auf dieser Basis über die Welt zu urteilen beginnt.***

***Man kann sagen, das analytische Denken entsteht aus einem Kampf sowohl gegen das Überselbst, als auch gegen das Unterbewußte. Es versucht uns ständig von dem, was uns die Natur geschenkt hat, abzuschneiden.***

**René:** *Mir ist nicht ganz einsichtig, warum dieser Kampf entsteht?*

G-G-J: ***Weil das Individuum nicht begreifen kann oder will, daß aus dem Traum niemals Wirklichkeit wird, daß der Traum eben ein Traum bleibt und deshalb die Wirklichkeit ist. Das Individuum aber sucht ständig Wirklichkeiten, an die es sich festhalten kann. Ein Traum jedoch ist etwas, aus dem man ständig erwacht. Doch man möchte nicht aus schönen Träumen erwachen, deshalb will man, genau gesehen, auch nicht aus schlimmen Träumen erwachen.***

***Die Essenz meiner Beobachtungen geht dahin, daß der Krieg die Krönung eines schwierigen, negativen Traumes ist, aus dem die Menschheit nicht erwachen will. Erst die Erkenntnis, daß sie selbst der Kreator war, hieße sie, aus dem Traum zu erwachen. Doch die Menschen schlafen lieber, als daß sie aufstehen und erwachen. Davon sind Gurus nicht ausgenommen, die träumen selbst ihre eigenen Realitäten.***

**René:** *Ja, und Sie, träumen Sie jetzt nicht auch?*

G-G-J: ***Selbstverständlich träume ich auch, doch wage ich es nicht mehr, mich in einem Traum gefangenzuhalten.***

**René:** *Ich betrachte meine Erfahrungen als subjektive Träume. Ist dieser Ansatz richtig?*

G-G-J: ***Einen objektiven Traum gibt es nicht, das ist das Schöne an dieser Welt. Wir alle träumen subjektive Träume, deswegen verändert sich unser Traum auch ständig. Würde er sich nicht verändern, würden wir sehr schnell erwachen und***

***die Illusion erkennen. Indem wir aber mit anderen Individuen verbunden sind und in diesem Ganzen jeder eine andere Rolle spielt und auch einen mir fremden Traum träumt, wird doch das Leben erst interessant. Einzusteigen in den Traum eines anderen Menschen bedeutet nichts anderes, als sein eigenes Leben farbenfroher zu gestalten.***

**René:** *Sie sind also in unsere Träume eingestiegen? Kann man das wirklich so sagen?*

G-G-J: ***Jawohl, und Sie in meinen Traum. Und zusammen träumen wir den großen Traum einer Wirklichkeit, die sowohl Traum als auch Wirklichkeit ist. Verstehen Sie bitte, was hier jetzt gerade geschieht, ist ein Traum – aber gleichzeitig erleben Sie es doch, also ist es Wirklichkeit. Ihre Frau hat ein bißchen Probleme mit dem Traum, aber sie kommt vorwärts.***

Mira kam aus der Trance und klagte über Rückenschmerzen. Ich legte ihr ein Polster hinter den Rücken, damit sie sich anlehnen und wieder in Trance gehen konnte, hatte aber das Gefühl, daß sie eher wegen des letzten Satzes ausgeklinkt war als wegen der Rückenschmerzen.

G-G-J: ***Nicht mehr zwischen Traum und Wirklichkeit unterscheiden zu wollen oder zu können, weil man in seinen tiefsten Schichten erkannt hat, daß es ja ganz und gar unmöglich ist, da beides sehr tief miteinander verbunden ist, das macht die Größe einer Persönlichkeit aus. Aber in einer Welt von Realitätswahn oder Realitätssucht, wie ich es auch benenne, wird man vom Traum der anderen nach Realität bombardiert. Man möchte aber doch auch den Traum der übrigen Menschen mitträumen, um nicht in seinem Traum alleine aufzuwachen – aber das schafft Probleme.***

**René:** *Und wo liegt die Lösung dieser verwickelten Geschichte?*

G-G-J: ***Ich möchte sagen, die Geschichte ist nicht verwikkelt.***

**René:** *Nun ja, vielleicht sind's nur die Geister?*

G-G-J: ***Es gibt nur ein Prozent von, wie Sie es nennen, ›Geistern‹, die darüber lachen können und dieses Spiel genießen. Das wäre der wahre Sinn des Lebens. Solange die Mehrheit aber an ihrem Realitätswahnsinn festhält, wird sie nicht über***

**ihren Traum lachen können. Solche Menschen werden die Träume der anderen immer als Bedrohung empfinden.**

**Sehen Sie, Aufwachen ist eine schlimme Sache, weil man glaubt, ja wie soll ich sagen, eine sogenannte Realität, von der man träumt, würde einen erwarten. Doch, mein Freund, die Menschheit weiß ob ihrer großen Illusion nicht, daß sie wiederum nur ein Traum erwarten würde. Das aber weiß sie sehr wohl im Unterbewußtsein, und deshalb möchte sie nicht erwachen.**

**René:** Wenn ich Sie jetzt richtig verstehe, ist es so, daß die Menschheit einen schrecklichen Traum projiziert, in den hinein sie erwachen würde, würde sie erwachen. Es ist dies also wiederum eine Projektion, die nichts mit der Wirklichkeit zu tun hat?

G-G-J: **Jawohl, stimmt genau. Diese Art zu erwachen ist ein hohler Trick, um erst recht in diesem Netz der Illusion des Traumes gefangen zu bleiben. Erst wenn die Menschen aufhören, Realität und Traum zu trennen, dann können sie erwachen. Und dieses Erwachen geschieht nicht auf einmal, es ist ein schwerwiegender Prozeß, der sich über Jahre, Jahrzehnte, ja ich möchte fast annehmen, über Jahrmillionen erstreckt.**

**René:** Stellt sich die Frage, wieweit Sie von sich sagen können, schon aufgewacht zu sein?

G-G-J: **Oh, wo denken Sie denn hin! Ich habe zwar einiges erkannt, aber ich glaube auch erkannt zu haben, daß dieser größere Traum kein Ende nimmt. So lebe ich ein wundervolles Leben, gemeinsam mit meinem Traum und dem Erwachen und bin mehr und mehr bereit, meinen Traum anzunehmen.**

**Dem Schöpfer dieses Traumes, wer immer es auch sei – ob die Vorstellung eines Ichs, ob mein Unterbewußtsein, mein Überbewußtsein, meine Archetypen, meine Vererbung – ich bin ihm aus tiefster, vollster Seele mit meinem ganzen, momentan möglichen Bewußtsein dankbar, daß es dieses Erleben, dieses Sein, gibt.**

**Erst dann, mein Freund, wenn Sie, egal wie dieser Traum auch enden mag, wohin auch immer Sie gehen mögen und welche Möglichkeiten des Geistes es auch immer gibt, das Gefühl der immerwährenden Freude empfinden können, denke ich, haben Sie den tiefsten Sinn des Lebens erfaßt.**

**René:** *Worin glauben Sie, wird der Traum gipfeln, aus dem Sie zu erwachen im Begriffe sind?*

C-G-J: ***Nun, ich habe das Gefühl, er gipfelt im Erwachen.***

**René:** *Kann man diese Vermutung irgendwie umschreiben?*

C-G-J: ***Ein sogenanntes absolutes Erwachen kann ich mir nur als ein Aufgehen, ein vollkommenes Aufgehen in allem, was existiert, vorstellen.***

**René:** *Also das Universum in seiner vollsten Intensität zu sein?*

C-G-J: ***Ja. Sagen wir, das wirkliche Verstehen, daß es keine Grenzen gibt, zu leben.***

**René:** *In mir stellt sich immer wieder die Frage, wie es dann konkret vor sich ging, als Sie in unseren Traum eingestiegen sind?*

C-G-J: ***Ach, das ist schon lange Jahre her. Sie haben sich mit mir beschäftigt*, und ich erkannte Sie als einen wunderbaren Freund und hellen Kopf mit einem offenen Menschenherz. Sie haben den Traum geträumt, daß Ihnen Ähnliches passieren möge. So träumen Sie nun den Traum mit Ihrer Frau. Viele Menschen träumen diesen Traum und warten auf Erfüllung. So sei es!***

**René:** *Moment, das muß ich jetzt genauer wissen. Also ich beschäftigte mich mit Ihnen, und durch meine gedankliche Ausrichtung habe ich Sie angezogen?*

---

* Es gab nur eine Phase in meinem Leben, in der ich mich intensiver mit C.G.Jung beschäftigte, abgesehen davon, daß mir die wichtigsten seiner Erkenntnisse aufgrund meiner Studien der Arbeiten Wilhelm Reichs bekannt waren. Aber wenn ich schon bei Reich gelandet war, wollte ich nicht noch einen Schritt zurück machen und mich tiefer mit Jung beschäftigen, war meine langjährige Position. Das änderte sich etwa im Sommer 1975, als ich ›zufällig‹ die internationale Ausstellung ›100 Jahre C.G.Jung‹ in der Linzer Volkshochschule zu Gesicht bekam. Nachdem ich damals schon seit Jahren aus innerer Überzeugung den Wilhelm-Reich-Archiv-Dienst betrieb, war ich sofort von der Idee gefesselt, eine solch optisch gut präsentierte Einsicht in das Lebenswerk dieses Psychologen auch über das Schaffen Wilhelm Reichs zu konzipieren. Ich wollte den Erkenntnissen dieses von mir verehrten Genies ebenfalls zur notwendigen Publizität verhelfen. Um dies besser bewerkstelligen zu können, versuchte ich einige Wochen lang, doch noch zu einem Exemplar der vergriffenen Begleitbroschüre zu kommen, was mir schließlich auch gelang.
Als 'Jung' nun erwähnte, daß ich mich vor vielen Jahren mit ihm beschäftigte, fiel mir spontan jene Szene ein, als ich endlich die langgesuchte Broschüre in Händen hielt und fast unverständlich glücklich darüber war. Vielleicht waren es diese Momente, als 'Jung' auf mich aufmerksam wurde und ich seine Energien unterbewußt spürte? Das geschah sechs Jahre bevor ich Mira in Wien kennenlernte.

G-G-J: **Jawohl. Sie wollten mehr von mir wissen und sind auch interessiert an meiner Persönlichkeit.**

**René:** *Aber interessiert an Ihnen sind doch viele?*

G-G-J: **Es sind nicht viele so offen wie Sie.**

**René:** *Und warum bin ich offener als viele?*

G-G-J: **Ach Gott, wieso mag ich Sie?**

**René:** *Ja, wieso eigentlich?*

G-G-J: **Vielleicht sind Sie der einzige, der an unseren Traum glaubt?**

**René:** *Ich kann nur sagen, daß mir solche Träume gefallen.*

G-G-J: **Es sind kluge Träume, denn sie gehen an die Basis. Sie haben ein inneres Bedürfnis, den Kern der Wahrheit zu erkennen und zu erleben.**

**René:** *Wenn's nach mir geht, also ich möchte mit Ihnen noch eine lange Strecke des Weges gehen. Ich hätte deshalb noch ein paar organisatorische Fragen, falls Sie dafür eingestimmt sind?*

G-G-J: **Ja, sprechen Sie.**

**René:** *Also, um mit dem von Ihnen übermittelten Wissen nach außen zu gehen, bedarf es ökonomischer Strukturen, die wir nicht haben. Es gibt doch auf der ganzen Welt viele verstreute Jung- Institute. Glauben Sie nicht, daß an dem einen oder anderen Ort doch für unseren Dialog offene Leute existieren?*

G-G-J: **Ich glaube nicht. Sehen Sie doch, daß sich die Träume der Menschen, in welchen Institutionen auch immer, bekämpfen? Jeder möchte, daß sein Traum siegt. Die Menschen außerhalb von Organisationen sind offener. Jeder, der wirklich erwachen möchte, meidet solche Strukturen, wenn er einen größeren Traum träumen möchte.**

**René:** *Ich habe vor, eine kleine Zeitschrift für die an unserer Arbeit Interessierten zu gestalten. Ich nenne sie vorerst mal ›Phoenix-Trance-Bulletin‹. Die ersten Entwürfe habe ich hier mitgebracht.*

G-G-J: **Bull-le-tin ist ein erotisches Wort und wird die Menschen berühren. Es war ein Trick von Wissenschaftlern, dieses Wort zu finden, damit sie auch von Leuten angehört werden,**

***die nur mit ihrer Sexualität beschäftigt sind — und viele, viele sind das. Es ist eben auch diese Masse, die bestimmt, ob ein Wissenschaftler überlebt oder nicht.***

**René:** *Der provisorische Untertitel lautet ›Journal für esoterische Mentalkontakte‹. Was meinen Sie dazu?*

G-G-J: ***Ich glaube, viele werden sich darunter nichts vorstellen können.***

**René:** *Anfangs werden wir ohnehin nur Insider erreichen, die etwas von der Materie verstehen. Ich könnte mir vorstellen, daß sich unter denen kleine, freie Gruppen bilden, die sich mit den Inhalten gemeinsam tiefer auseinandersetzen.*

G-G-J: ***Ich mache einen Vorschlag. Nennen Sie es ›Journal für geistige Kontakte‹, das ist sehr viel offener. Sie können so auch ›Realität‹ hineinbringen, was ich Ihnen sehr dringend empfehlen würde. Beziehen Sie auch die sogenannte Realität mit ein, und gestalten Sie das Heft so, daß keine große Kluft zwischen Traum und Wirklichkeit besteht. Denn, wann immer Sie sagen, ein Medium spricht das und das, setzt sofort die Ratio ein und stellt fest: Das ist ein Traum!***

***Wenn Sie aber sagen, ›Vorgestern traf ich Herrn XY und der hatte dieses und jenes Erlebnis‹, so werden die Leser sagen, ok, das ist Realität. Wenn Sie den Menschen beides miteinander verbunden präsentieren, werden Sie ernster genommen. Sie sollten das Heft psychologisch aufbauen, auch mit den richtigen Bildern.***

**René:** *Wenn ich Ihre letzten Sätze mit abdrucke, habe ich diese Zusammenhänge schon automatisch drinnen.*

G-G-J: ***Sie finden meinen Vorschlag gut?***

**René:** *Absolut Spitze sogar.*

G-G-J: ***Das freut mich.***

**René:** *Auch ich freue mich über unsere Coproduktion, mit Mira im Bunde natürlich. Ein Detail unserer gemeinsamen Arbeit würde ich noch gerne besprechen. Ich möchte den Lesern dieses geplanten Journals die Möglichkeit bieten, Fragen zu stellen, auch persönliche Fragen. Genügt dazu das Foto eines Fragestellers, oder müßte er persönlich anwesend sein?*

G-G-J: **Das ist schon möglich, aber später. Zu viele direkte Kontakte sind im Moment weniger gut. Das Medium ist noch nicht ausgereift.**

**René:** *Gut, das stellen wir zurück. Eine Frage noch zu diesem Foto. Die hier abgebildete Person könnte eventuell ein Komplize von uns sein. Was denken Sie darüber?*

G-G-J: **Er ist sehr weiblich, dieser Herr Dr. ....... Ein sympathischer Mensch, sehr mütterlich und ausgleichend, aber er hat sexuelle Probleme.**

**René:** *Ist er unserer Arbeit gegenüber offen?*

G-G-J: **Das ist schwer zu sagen. Sie stellt eine Bedrohung für seine Psyche dar. Es ist fraglich, ob er offen genug ist, sich damit auseinanderzusetzen. Sie können es wagen, kurz mit ihm darüber zu sprechen. Versuchen Sie in einem Gespräch in die Tiefe zu gehen, ohne meinen Namen zu erwähnen. Später, wenn er Sie besser kennt, können Sie ihm ja etwas von unseren Dialogen zeigen. Doch er wird vorsichtig sein, denn er steht in der Öffentlichkeit, das dürfen Sie niemals vergessen, wenn Sie mit ihm zusammen sind.**

**René:** *Ja, danke. Übrigens, wenn Sie Herrn Reich treffen, sagen Sie ihm bitte, daß es in Berlin nächstens eine größere Tagung für Lebensenergieforschung gibt. Es wäre vielleicht interessant, wenn er sich dort mal umsieht.*

G-G-J: **Wenn er es für nötig erachtet, wird er schon davon wissen.**

**René:** *Aha. Herr 'Jung', Sie haben sicher schon festgestellt, daß wir Gedanken hegen, demnächst mal in Sachen Embryo-Kommunikation und vielleicht auch mit unserer gemeinsamen Arbeit nach Amerika zu gehen. Dort scheinen die Menschen viel aufgeschlossener als hier zu sein.*

G-G-J: **Teilweise.**

**René:** *Würden Sie uns eventuell begleiten und bei Veranstaltungen mitwirken?*

G-G-J: **Ach, ich bin frei!**

**René:** *Gut, ich werde mir in dieser Hinsicht noch etwas einfallen lassen.*

***Mira:*** *Er ist schon fort. – Nein, wart', er verabschiedet sich noch.*

***René:*** *Tschüs.*

***Mira:*** *Und, was sagst?*

***René:*** *Ich find', es war ziemlich produktiv heute.*

***Mira:*** *Hast du ihn gespürt? Du weißt, das ist mir immer ganz wichtig.*

***René:*** *Ja sicher, heute ganz besonders. Seine Schwingung war ziemlich stark im Raum.*

13. Kontakt – 4/1/87 – 07.45 h – Dialog mit René im Studio Phoenix

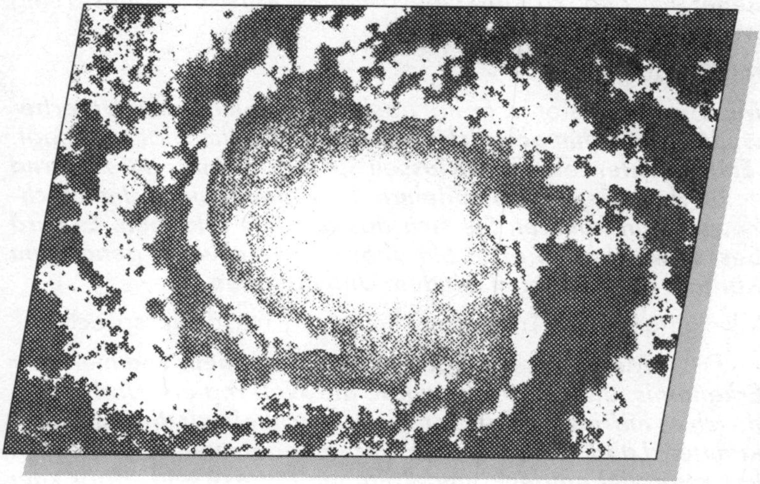

## *Im Land der Psyche*

Mira ging zwar rasch in Trance, sprach aber nicht. Erst auf meinen Drängen hin schilderte sie ihre inneren Erlebnisse:

***Mira:*** *Ich hab' Zwiesprache mit ihm gehalten. Er begrüßte dich mit ›**Guten Morgen, Herr Coudris**‹. Ich hab' aber nicht sicher gewußt, ob 'Jung' wirklich da ist oder nicht.*

*Dann hab' ich ihn direkt gefragt, ob er es ist, und seine Anwesenheit ist stärker geworden. Er wollte wissen, ›**welchen Beweis ich denn haben möchte. Ob wir vielleicht Katz und Maus spielen sollen und ob er mich fangen soll oder ich ihn? Oder ob er mir einen Klaps auf den Po geben soll?**‹ Ich war aber noch immer unsicher, hab' ihn aber reden lassen. Er hat gemeint, ›**ich soll laut nachsprechen, was er innen sagt**‹, hab's aber nicht getan. Er schüttelt den Kopf und fragt, ›**warum ich dich denn oftmals so behindere? Und ob ich dir denn keine Unterscheidungskraft zutraue?**‹ Ich entgegnete ihm: ›Wie sollte ich denn, ich kann es ja auch nicht unterscheiden.‹*

*Er sagte drauf ganz ruhig: ›**Sie können solange nicht unterscheiden, bis Sie ihr Unbewußtes gründlich kennen**‹ und fragte, ›**warum ich denn unbedingt unterscheiden wolle?**‹*

Wir hörten Manuel im Schlafzimmer nebenan leise weinen.

***René:*** *Ich geh' zu ihm. Das Tonband läuft, du kannst ruhig weitererzählen.*

Kurze Pause.

***Mira*** (ins Mikrofon): *Er hat noch gesagt, **›ich sei im Unterbewußtsein mit ihm gänzlich verwoben‹**. Wörtlich hat er gesagt:* ***›Erst im Unterbewußtsein lassen Sie es – oftmals nur zögernd – zu, daß wir wirklich miteinander reden können. Im Wachbewußtsein könnten Sie sich das niemals erlauben. Es wird besser werden, je öfter Sie über diese Schwelle gehen, um Kontakt aufzunehmen mit dem Unbekannten.‹***

Mira ging tiefer in Trance und ließ 'Jung' nun direkt sprechen:

C-G-J: ***Meine Forschungen führten mich mehr und mehr zur Erkenntnis, daß das Unbewußte die Welt regiert. Und so finde ich es hilfreich, wenn sich die Menschheit mit diesem unbekannten Land auch wirklich auseinandersetzt. Der Mensch hat zwar viel entdeckt und kann um teures Geld sogar zum Mond fliegen, wofür sein Opfer nicht groß genug sein konnte. Aber in sich selbst hinein, in die Unbewußtheit, hat der Mensch kaum oder selten geforscht.***

***Da gibt es Forscher, die steigen auf die Gipfel der höchsten Berge, um aus der Unbewußtheit zu erwachen oder um, zumindest für kurze Zeit, dem Schlamm der Masse zu entfliehen. In solch erhöhten Augenblicken kann ein Mensch sicherlich ein Stückchen Wahrheit erkennen. Wenn er aber dann in den Urschlamm, in die brodelnde Ursuppe zurückkehrt, in dieses ›tosende, gefährliche Ungeheuer namens Menschheit‹, überkommen ihn viele, viele Zweifel und Ängste, ob seine Erkenntnis auch richtig sei.***

***Wenn meine lieben höherstrebenden Freunde diese mühevolle Arbeit des Berggipfelerklimmens dazu benützen würden, in sich selbst hineinzusehen, hätten sie eine bessere, ja die größte aller Arbeit geleistet und würden es sich erlauben dürfen, auch in die Psyche anderer Menschen ›ein Auge‹ zu werfen. Sie wissen schon, worauf ich hinaus will, wenn ich ›mit einem Auge blicken‹ sage – nicht die physischen Augen sind es.***

Unser Sohn schlief wieder und ich schlich leise zur Tür herein.

C-G-J: ***Das Land der Psyche gehört dem Ätherreich an, denn unsere unbewußte Psyche wirkt wie der sich zwar***

***schnell verflüchtigende, aber trotzdem stark betäubende Äther. Viele Rauschgifte haben eine ähnliche Wirkung wie Äthanol. So gibt es heute unzählige, sich in einem hypnotischen Traumzustand befindliche Menschen, die Angst haben, sich in dieser Ätherwelt zu verlieren. Sie bombardieren ihre Psyche mit einer Überdosis und werden dann mit ihrer so geschaffenen Realität nicht mehr fertig.***

Ich blieb gedanklich am erwähnten Wort 'Äthanol' hängen. Ohne meine Frage formulieren zu müssen, ging 'Jung' gleich darauf ein:

C-G-J: ***Äthanol ist ein Stoff von feinster Molekularstruktur. Seine Atome schwingen in unbegrenzt haltbarer und veränderbarer Distanz zueinander, unabhängig von Raum-Zeit-Strukturen und der Temperatur. Die Materieunabhängigkeit und veränderbaren Zustände —****

***Mira:*** *Jetzt hab' ich ihn verscheucht. Ich kann nicht mehr, mir wird das zuviel. Ich tu' mir heute ziemlich hart.*

*Es ist schwierig, alles nachzusagen, wenn ich's gehört hab'. Es wär besser, wenn ich's wieder gleichzeitig sage, aber heute fällt es mir oft erst auf, daß er was sagt, wenn ich's schon gehört hab'. Dann höre ich zeitweise gleichzeitig verschiedene Worte. Das macht mich am meisten fertig. Und ich weiß ja auch nicht, ob ich das jetzt selber gedacht hab' oder ob das von wo herkommt.*

Mira saß sinnierend da, und nickte ein paarmal abwesend —

Plötzlich:

C-G-J: ***Was würden Sie sagen, wenn ich Sie auch als Illusion bezeichnen würde?***

***René:*** *Wie bitte? Mich?*

(Mira erzählte mir nach der Trance, daß sie — obwohl sie 'Jung' neben sich verspürte wieder der fixen Idee anhing,

---

* Wenn einer der Leser damit mehr anfangen kann, möge er es uns bitte wissen lassen. Ich werde dann 'Jung' eingehender zu dieser Sache befragen. In der Literatur konnte ich nur finden, daß Äthanol nichts weiter ist als die griechische Bezeichnung für Äthylalkohol $C_2H_5OH$, der umgangssprachlich auch einfach als Alkohol bezeichnet wird. In der chemischen Industrie wird Äthanol vorwiegend als Lösungsmittel gebraucht. Man bemerke, die Verwendung Äthanols als ›Lösungsmittel‹ geschieht gewissermaßen auch mittels alkoholischer Getränke und während der narkotischen Betäubung. (Der für Narkosezwecke verwendete Äther wird übrigens durch Überleiten von Äthanol-Dämpfen über erhitzte Tonerde gewonnen.)

'Jung' sei eine vor ihr geschaffene Illusion. Nachdem ich irrtümlich vermeinte, daß der letzte Satz mir galt, war ich etwas perplex!)

Nach etwa fünf Minuten kam 'Jung' wieder durch.

G-G-J: ***Sie müssen wissen, daß die Psyche selbst ein sich in ihrer Wirkung permanent verändernder, sagen wir ruhig, ›psychedelischer‹ Rauschzustand des Geistes ist. Innerhalb dieser psychischen Erfahrungswelt hat der Mensch – im Laufe seiner Entwicklung und der zunehmenden Zivilisation – die Fähigkeit erworben, streckenweise planen zu können und auch Grenzen zu setzen. Es ist schon bemerkenswert, daß die Spezies Mensch in einen von Natur aus variablen Zustand eingreifen und darin Strukturen errichten kann.***

***Sprechen wir in Symbolen, und sagen wir: Sie sind fließendes Wasser. Und nun bekundet Ihr Wille, Sie seien ab jetzt nur noch ein kleiner Ausschnitt des Flusses. Damit Sie das auch fühlen können, müssen Sie sich eine Wand bauen, eine Mauer im Fluß errichten. Je nach Geschicklichkeit und Ausdauer begann also – im langen Lauf der Geschichte – jeder einzelne sich innerhalb des Flusses zunehmend Grenzen zu schaffen. Von außen betrachtet ist es natürlich eine lächerliche Idee. Man könnte sich sagen, Wasser bleibt Wasser, doch irgendwann bemerken Sie, daß Ihnen ein wesentlicher Faktor abgeht. Sie fragen: Wo bleibt das Individuum, die Individuation?***

***Der Fluß und das Wasser stehen also für das Unbewußte, und der Himmel darüber ist das wahre Überselbst. Je stärker nun der Eigenwille eines Menschen ist, desto stabilere Mauern wird er in diesen Fluß setzen. Aber wir kennen ja die Gefahr von Wasser: Je geringer der ihm gesetzte Widerstand ist, desto leichter wird er hinweggespült und wieder in das Ganze integriert. Das ist die Gefahr, die jeder fühlt. Du weißt, je schwächer dein Trotzen ausfällt, desto stärker spürst du den Fluß und seine Kraft. Einerseits nicht richtig Widerstand leisten zu können gegen den Fluß, aber sich doch auch nicht so richtig öffnen zu können, dieses Hin- und Hergerissensein, diese Ohnmacht, ist der Grund für die meisten Depressionen. Denn, wer weiß schon, ob und wohin der Fluß uns trägt. Und wenn, wo sind dann noch Möglichkeiten für uns, Grenzen zu setzen im kollektiven Unbewußten?***

*Außerhalb des Flusses, am Land, würde ich sagen, ist das Tagesbewußtsein. Hier ist es schon viel leichter, eine Wand aufzustellen. Doch Stürme können sie hinwegfegen oder wilde Tiere kommen. Damit sind Qualitäten von ungebremsten Gefühlsregungen gemeint – Ausbrüche, die diesen Zaun ins Wanken bringen. Auch Krieger könnten vorhaben, dich aus der Behausung zu locken. Wie man sieht, ist auch dieser Standort nicht bestgewählt.*

*Aber wohin Sie auch blicken, überall werden Sie dennoch Zäune und Häuser finden. Den Menschen ist zwar sichtlich nicht wohl innerhalb ihrer Wände, aber zu reisen ist ihnen noch riskanter. Sie bemerken nicht, daß es genauso gefährlich ist, hinter der Wand im Haus zu leben.*

*Machen wir doch einen Spaziergang, und sehen wir uns die Gebäude an. Hier gibt es Villen, da stehen Ruinen, dort sind Kinderdörfer, da drüben Großfamilienhäuser, eine Reihe Klosterzellen und alle Arten von Behausungen. Und hier lebt eine Gruppe von Leuten, die beschlossen haben, in ein Haus zu ziehen, um gemeinsam für eine Idee zu kämpfen. Wir wissen ja, je größer eine solche Gemeinschaft ist, desto stärker verteidigt sie ihr Terrain. Solange es also auf dieser Erde Zäune gibt oder Wände im Bewußtsein, werden die Menschen den Kontakt zu ihrem wahren Selbst nicht finden.*

*Alle vorhin gegebene Symbolik stammt nicht von mir. Wahre Symbolik ist das Leben selbst, man kann damit nicht lügen. Alles wird sichtbar, wenn man nur mit dem richtigen Auge blickt. Hätte einzig ein Mensch seinen Zaun und alle anderen nicht, wäre das Problem nicht so groß. Da aber so viele Menschen ihre Zäune verteidigen und nur wenige keinen Zaun ziehen und zur Ganzheit zurück finden wollen, gibt das schon arge Probleme.*

*›Selbst-Verteidigung‹, in dem Sinne verstanden, wie sie die Menschen anwenden, nenne ich Charakter. Ich meine damit die Art und Struktur der Verteidigung meines Selbstes beziehungsweise dessen, was es darstellt, oder einfacher gesagt, die Verteidigung meines Traumes. Daran ist nichts Schlimmes auszusetzen, solange man sich bewußt ist, daß es im Haus innen nicht anders als draußen ist. So wie sich schließlich die Illusion eines Innen und Außen verlieren kann, verliert sich natürlich dann auch die Wichtigkeit der Zäune.*

***Sie werden sich schon gefragt haben: Was ist nun eigentlich dieses Individuum? Ich möchte sagen, es ist ein Brennpunkt der kollektiven Seele, wirksam in einer Persönlichkeit, mit allen Fähigkeiten und Möglichkeiten. Individuelle Fähigkeiten können ja erst entstehen, wenn eine Konzentration stattgefunden hat. Denn nur in der Verdichtung bilden sich Möglichkeiten zur Weiterentwicklung aus.***

***Und aus verdrehten Ansichten dieser Individualseelen, kleineren Ausschnitten des Überselbstes, einem Konglomerat aus Träumen und dem kollektiven Traum, setzt sich die sogenannte Öffentliche Meinung zusammen. Was glauben Sie, daß geschehen würde, wenn die Individualseelen heute beginnen, einen mehrheitlichen Rückzug aus dem kollektiven Traum anzustreben?***

***René:*** *Ich nehme an, es würde zuerst eine Phase von ziemlichem Chaos geben, und der kollektive Traum würde anfangen, sich stückchenweise aufzulösen. Dann formiert sich vielleicht eine Sache mit mehr Anteil von Überbewußtsein, und das nennen wir wahrscheinlich den Lauf der Evolution?*

G-G-J: ***Ja, stimmt ganz genau.***

***René:*** *Fragt sich nur, wie weit wir noch von einem etwas sonnigeren Kollektivtraum entfernt sind?*

G-G-J: ***Weit, sehr weit.***

***René:*** *Herr Jung, ich habe hier mein verändertes Zeitschriften-Konzept mitgebracht. Möchten Sie sich dazu äußern?*

G-G-J: ***Haben Sie sich gefragt, was der Traum der Masse bezüglich Ihrer Arbeit ist, die Sie da leisten?***

***René:*** *Ich glaube nicht, daß die Masse von solchen Dingen träumt, die wird nichts davon wissen wollen.*

*Ich habe auch nicht vor, mich damit an die breite Masse zu wenden. Die Entwürfe habe ich eher nach meiner ungefähren gefühlsmäßigen Einschätzung der interessierten Leute angefertigt.*

G-G-J: ***Ihre Gruppe träumt denselben Traum wie Sie. Sie müssen nur wirklich ›Ihre‹ Zielgruppe erreichen, dann haben Sie Erfolg.***

***René:*** *Können Sie mir Tips geben, wie ich diese Schicht am ehesten erreichen kann?*

G-G-J: ***Indem Sie Ihr Gefühl für die Verwandtschaft der Träume sehr stark ausprägen. Dieses Gefühl sitzt tief in der Magengrube, und Sie müssen schon sehr sensibel sein, um auf die Feinheiten, worin die Träume sich unterscheiden, horchen zu können.***

***Ein sensibler Mensch zeichnet sich dadurch aus – deshalb sagte ich vor einiger Zeit, Ihre Frau ist zu sensibel –, daß er diese Grenzen erkennt und wahrnimmt. Erst wenn Sie begriffen haben, daß nicht alle Beteiligten denselben Traum träumen, aber den Traum der Offenheit als Voraussetzung mitbringen müssen, können Sie produktiv arbeiten.***

***René:*** *Haben Sie meine Entwurfstexte gelesen, oder können Sie sie lesen, wenn ich sie hier nebeneinander herlege?*

G-G-J: ***Ach, Sie haben völlig freie Hand. Ich finde Ihre Arbeit gut. ›Akasha*‹ heißt für mich, Erkennen der kollektiven Träume. Deshalb muß eine Wahrsagung nicht immer stimmen, weil das Individuum, das den wahrsagenden Traum träumt, auch seinen eigenen Traum mit einbringt.***

***René:*** *Herr 'Jung', Mira hat gestern einige Fragen an Sie notiert und unter ihr Kopfpolster gelegt. Könnten Sie ihr diese Fragen, bevor Sie gehen müssen, noch beantworten?*

G-G-J: ***Mein liebes Kind, steh' zu Deinen Träumen. Habe den Mut, einen großen Traum zu träumen. Sieh dir die Bilder deiner innersten Träume an, blicke nicht immer weg. Es bedeutet mehr Schmerz, sich abzuwenden, als seine Träume zu realisieren. Sieh dir deine innere Motivation an und fühle die Energie, die darin steckt. Es sind die Träume, die dich am Leben erhalten! Ein Mensch, der keine Träume mehr hat, stirbt im wahrsten Sinne des Wortes. Und wenn er den Traum des Todes nicht lebendig gestaltet, dann erlebt er Dementsprechendes. Geh tief in dich hinein, und du wirst sehen, was in dir lebt. Habe keine Angst davor, hinzublicken.***

Pause.

***Mira:*** *Er hat jetzt zu mir gesagt,* ***›daß er jetzt, wenn ich will, ohne Worte in mein Unterbewußtsein gehen wird‹.***

Wir saßen etwa zwanzig Minuten meditierend da, als Mira wieder zu sprechen begann:

---

* Einer meiner Entwürfe betitelte sich ›Akasha – das Phoenix-Journal‹. Das Wort Akasha entstammt dem Sanskrit und meint eine Art Weltgedächtnis.

**Mira:** *Das war jetzt ganz ein seltsamer Zustand. Ich hab' keine Worte gehört, er hat nicht mit mir gesprochen. Aber er hat in mir eine Art Mandala gezeichnet, und es irgendwie mitten in mein Unterbewußtsein hineingesetzt. Ich spür', daß davon eine irrsinnige Kraft ausgeht. Zuerst hab' ich das nur mit einem Zipfel von meinem Bewußtsein mitbekommen, dann war es plötzlich so leicht, nach innen hineinzuschauen, daß ich es gar nicht sagen kann. Ich hab' tolle Bilder gesehen und deren Potential gespürt. Ich bin sicher, ich hab' meine eigenen innersten Träume gesehen, in symbolischen Bildern ...**

*Ich glaub', ich hab' es zuerst wirklich geschafft, ein paar Minuten überhaupt nicht zu denken.*

*Dann, als ich mir die Bilder alle angeseh'n gehabt hab', hat 'Jung' zu mir gesagt, ›**daß ich zu meinen Träumen stehen soll**‹.*

*Das find' ich stark. Jetzt komme ich nämlich dahinter, wodurch meine Unsicherheiten immer entstanden sind. Ich hab' immer Angst gehabt vor den Träumen der anderen, weil ich die immer so stark spür'. Das war für mich immer eine massive Bedrohung, deshalb hab' ich früher immer versucht, meine Träume den anderen anzupassen, damit meine Träume nicht ganz zerstört werden. Andererseits war ich aber doch auch immer sehr eigensinnig, vielleicht aber auch, weil ich erkannt hab', wo die anderen Träume hinführen. Ich mein', ich hab' mich zwar angepaßt, aber nie übersehen, daß das ja zeitweise gar nicht meine Träume gewesen sind.*

**René:** *Wie sieht diese Zeichnung aus, die er dir da eingepflanzt hat? Kannst du sie nicht aufzeichnen?*

**Mira:** *Es ist mehr eine Art Malerei, ich kann es ja irgendwann nachmalen, mit Wasserfarben.** 'Jung' sagt mir gerade, ›**daß eine Zeit kommen wird, in der nur noch mit Symbolen übers Unterbewußtsein kommuniziert werden wird**‹.*

*So, und jetzt gehen wir frühstücken. Unser Puppi hör' ich auch schon plappern.*

---

* Diese Visionen möchte Mira für sich behalten.

** Siehe Faksimile-Dokumentation Seite 198.

**14. Kontakt – 8/1/87 – 20.00 h – Dialog mit René im Studio Phoenix**

## *Hormone und Zeitwahrnehmung*

***Mira:*** *Ich weiß nicht, ob er wirklich da ist. Rede du mit ihm.*

***René:*** *Herr 'Jung', wir wären bereit, mit Ihnen zu sprechen. Sind Sie anwesend?*

G-G-J (nickte einige Male): ***Mmh.***

***René:*** *Wir hätten gleich eine wichtige Frage. Könnte es sein, daß Mira schwanger ist?*

Pause.

***Mira*** (halb aus der Trance): *Bei dem Thema hab' ich eine Sperre.*

***René:*** *Aber er ist da, oder?*

***Mira:*** *Ich weiß nicht. Das mußt du ja auch spüren.*

***René:*** *Schatzi, wenn du ihn nicht durchläßt, kann ich ihn nicht so gut spüren. Laß ihn doch einfach reden und kontrollier' nicht alles, was er sagt.*

***Mira:*** *Wenn du gleich mit solchen Fragen anfängst, geht das nicht so einfach. Außerdem surrt der Rekorder so komisch, das stört mich irrsinnig.*

Ich legte ein Polster über das Gerät.

***Mira*** (etwas kratzbürstig): *Ja, was ist jetzt?*

***René:*** *Ich kann nur darauf warten, daß du etwas durchläßt. Es geht doch nicht darum, daß ich hier das Wort führe.*

Längere Pause.

G-G-J: ***Ihre Frau ist zur Zeit hormonellen Schwankungen unterworfen. Vielleicht ist es wissenswert, zu diesem Umfeld zu sprechen. Zuallererst sollten Sie wissen, daß das Protoplasma – der Kern jeder Blutzelle und die lebende Ursubstanz für die Schaffung jeglicher Art neuer Zellen – auch Urüberträger der geistigen Erbsubstanz ist. Darüber hinaus ist für das geistige Erbe des Kindes noch die mentale Frequenzsituation der Eltern im Moment der Zeugung ausschlaggebend. Wann immer Mann und Frau in der Absicht, einem neuen Wesen zu einer Verkörperung zu verhelfen, miteinander verkehren, sollten sie sich aber über noch etwas im klaren sein. Nämlich, daß nicht nur ihre Eigenfrequenz, das heißt, ihre Einstellung und geistige Entwicklungsstufe, von großer Wichtigkeit sind, sondern daß auch der chemische, oder besser gesagt, biochemische Zustand des Protoplasmas von besonderer Bedeutung ist. Denn die protoplasmische Qualität bestimmt sowohl die Schwingungsrate als auch die Stärke der Aufladung des Eies und der Samen. Und während der Befruchtung begegnet sich Protoplasma, um miteinander eine energetische Verbindung einzugehen. Gemeinsam tanzt es dann Ringelreihen, den Tanz der schöpferischen Ekstase zur Neubildung eines geistigen Universums.****

***René:*** *Was sollte man speziell tun, um eine hohe Qualität des Protoplasmas zu fördern?*

G-G-J: ***Voraussetzung für eine gute Erbmasse ist einerseits das Überwiegen positiver Ionen im Plasma und andererseits die Reinheit seiner Strahlung. Dieses plasmische Energiepotential wird teils von der Nahrung und teils vom momentanen Gemütszustand der beteiligten Menschen bestimmt. Sie***

* Im berühmten Film ›Wunder des Lebens‹ von Lennart Nillson sieht man in Großaufnahme das weibliche Ei, wie es nach der Befruchtung im Körper zu rotieren beginnt. Bis heute ist der Wissenschaft nicht bekannt, warum es sich dreht. Daß dieser energetische Drall durch den Einstieg eines Geistkörpers in die Materie bewirkt wird, vermuteten wir schon, nachdem unser Sohn in seinen Botschaften detailliert den spiraligen Abstieg in die dichteste Sphäre schilderte. Die obige Äußerung 'Jungs' macht diese Erklärung nun noch naheliegender.

können davon ausgehen, daß das Protoplasma durch ständige biochemische Umwandlung entsteht, und auch durch Körperprozesse der Verdauung. Durch Zusammenfügen von schon zersetztem, altem Plasma mit Neubildungen aus dem Schwingungsstoff der Nahrung bildet sich frisches Blut. Dieser Vorgang erfolgt auf der Basis der Gedankenmuster des jeweiligen Menschen. Wenn eine Frau zudem beginnt, in ihrem Feld zusätzlich noch einen neuen Energiekörper zu speisen, beziehungsweise sich selbst in einen neuen Energiekörper zu transformieren, erlebt sie außerdem eine vollkommene Veränderung ihres hormonellen Zustandes.

Hormone, also die Ausschüttungen der wichtigsten Drüsen im Körper, sind bei einem weiblichen Wesen schon an sich größeren Schwankungen unterworfen. Doch auch der Mann hat einen Hormon-Zyklus, der sich im Lauf einer guten Beziehung unbemerkt dem der Frau angleicht. Ist ihre Hormonsituation jedoch zu sehr aus dem Lot, kann es schon allein deshalb keine günstige Befruchtung geben. Die Hormone des Mannes haben dann keine Chance, sich einzustimmen, und schwingen sich somit auf einer eher langsamen Frequenz ein, was mit sich bringt, daß eine tiefere Einheit zwischen Ei und Samen nicht entstehen kann. Unter solchen Basisbedingungen können nur niedere Geister, also weniger entwickelte Wesen, eine Erbmasse erhalten.

Speziell durch alkoholische Getränke wird die hormonelle Balance eines Körpers durcheinandergebracht, denn eine ausgeglichene Hormonfunktion hängt auch von der perfekten Zusammenarbeit mit den Nervenbündeln im Gehirn und deren Frequenzmustern zusammen. Die Zirbeldrüse zum Beispiel ist durch Nervenbahnen mit der Vorsteherdrüse verbunden, welche wiederum in einer Wechselbeziehung mit den Hoden steht. Bei der Frau sind es die Eierstöcke, welche mit der Epiphyse verbunden sind.

Die Frau stimuliert den Hormonhaushalt eines Mannes, indem sie bestimmte körperfremde* Hormone ausscheidet. Während des Sexualverkehrs werden diese mittels hypersensitiver Wahrnehmung vom Geruchssystem des Mannes aufgenommen und, dadurch ausgelöst, von ihm seinerseits

* Mit ›körperfremd‹ meinte 'Jung', wie er später erklärte, *›daß diese Hormone nicht für das eigene Körpersystem bestimmt sind, sondern für den Wirkungseinsatz außerhalb des eigenen Körpers produziert werden‹*.

*vermehrte Drüsensekretionen ausgestoßen. Je länger der Sexualakt dauert, bevor die Entladung der Energie geschieht, um so stärker gleichen die beiden hormonellen Haushalte einander an. Nach einiger Zeit des gemeinsamen Lebens können so die Drüsen von Partnern eine immer ähnlichere Zusammensetzung entwickeln und damit das Geschehen während des Geschlechtsverkehrs maßgeblich bestimmen oder zumindest stark beeinflussen. Genau besehen macht das Gesagte schließlich auch verständlich, warum vorzeitiges Ejakulieren den Hormonhaushalt des Mannes negativ beeinflußt und in der Folge auch ein psychisches Dilemma für die Frau bewirkt.*

*Die hormonellen Schwankungen einer Frau obliegen zwar primär ihrer Psyche, das heißt, ihre Labilität hängt von der Harmonie ihrer Drüsenfunktionen ab. Je stabiler eine Beziehung aber ist — ich meine hier ausreichende Stabilität im Unterbewußtsein —, das heißt, je gereifter, ehrlicher und echter eine Partnerschaft ist, desto relativ gefestigter ist auch der weibliche Hormonspiegel.*

*Während der Perioden werden, zusammen mit alten Energien, die toten Eier ausgeschieden, welche aufgebaut worden sind, um neues Leben zu gestalten und alte Zellen zu regenerieren. Auch dieser biochemische Erneuerungsprozeß bewirkt jene größere psychische Labilität von Frauen. Denn im weiblichen Bewußtsein wird der Zyklus viel ursächlicher und urtümlicher vollzogen. Auch ihr Erleben ist um einiges ursprünglicher als beim Mann. Dies begründet, warum die meisten Frauen, insbesondere während der Menstruation, große psychische Probleme haben. In etwa die gleichen Probleme werden dann auch durch die Geburtsphase und während der Entbindung aktiviert, da im Unterbewußtsein eine Frau den Verlust einer Eizelle gleich dem Abscheiden einer latenten Möglichkeit erlebt. War doch jener Zelle die Kraft inne, neues Leben zu erzeugen. Hier an der Wurzel des Lebens erfährt eine Frau Monat für Monat unterbewußt und ursprünglich die Ekstase des Gebärens und die Auferstehung von den Toten. Jeder Abgang eines Eies bedeutet für sie erneut die Trennung von der Urkraft, was wiederum darauf hinweist, daß die Frau letztendlich tiefer in der Instabilität des Lebens selbst verankert ist. Eine Frau erlebt deshalb Werden und Vergehen im Unterbewußtsein intensiver und um vieles direkter als der Mann.*

*Sie sollten verstehen, daß die psychische Grundstimmung der Frau schon an sich labil ist. Wenn sie es nicht wäre, könnte sie nicht für ihre letztendliche Stabilität üben. Nichts verhindert deshalb die Liebe zwischen zwei Menschen mehr, als wenn der Mann versucht, seine Partnerin aus ihrer Labilität zu reißen. Dies wäre ein großer Fehler, denn die ganze Schöpferkraft der Frau liegt in der Instabilität des Weiblichen.*

*Erst diese kann letztendlich einen Felsen im Bewußtsein ausmachen. Versuchen Sie das zu erkennen. Wenn die Frau mit ihren hormonellen Umstürzen, Umschwüngen und seelischen Schwankungen in Frieden leben kann, ist sie glücklich. Doch in der heutigen irdischen Umwelt werden diese tiefsten Schichten im Wesen einer Frau leider nicht oder kaum akzeptiert. Ich sage nicht etwa, daß ein Mann so viel stabiler als ein weibliches Wesen sei, es ist nur so, daß dies durch seine Anlage nicht so sehr an die Oberfläche tritt. Er kann es besser vertuschen.*

*Erst das Ausleben schwankender Gefühle schafft eine haltbare Basis für hormonelle Ausgewogenheit.*

*Beobachten Sie ein Kind! Solange es nur Kind ist, bleibt es instabil, aber auch mehr oder minder glücklich. Ich will damit keineswegs sagen, daß das Leben nicht geplant sein soll. Dennoch macht es das Planen im Leben oft sehr schwer, die wahren Gefühle an die Oberfläche zu bringen. Denn das Analysieren eines Zustandes macht ja dessen gleichzeitiges Erleben geradezu unmöglich. Vielleicht haben Sie schon entdeckt, daß das Denken äußerst intuitiv und kreativ wird, sobald Sie aufhören, es in geordnete Bahnen zu lenken. In einer solchen Situation aber läßt unser ordnender Verstand schnell das Gefühl der Angst aufkommen, denn das schöpferische Chaos bedeutet ihm vollkommene Auflösung alles Persönlichen. Wieweit man dann innerlich einen Kampf um das Persönliche führt, bleibt letztlich jedem selbst überlassen. Doch sollten Sie wissen, daß jeder Kampf um etwas sein Gegenteil erzeugt.*

*Wird beispielsweise die Persönlichkeit eines Menschen wieder und wieder destruktiv behandelt, so entartet seine Charakterstruktur ins Gegenteil, und der Mensch bleibt im Gefängnis seines zunehmend erstarrten Charakters gefangen. Akzeptieren und harmonisieren wir hingegen die positiven Werte eines Charakters, so kann die Schöpferkraft wachsen und das Bewußtseinspotential des Trägers dieser bestimmten Persönlichkeitsstruktur die Durchlässe im Netz seines Charakterpanzers finden, geistig erfassen und durchdringen. Mit Bildern — der Symbolsprache des Unbewußten — kann leicht* aufgezeigt werden, daß dieses Netz – auch wenn wir es schon sehen – trotz allem immer noch ein Gitter bleibt, solange wir es nicht durch und durch als Realität erleben. Ich meine, es ist unser aller Aufgabe, nach diesen Löchern in unserem Gitterwerk zu suchen. Denn unser Charakter ist wirklich in einen gitterähnlichen Aufbau gebettet, in ein reales Netz, das von der Trägersubstanz des Protoplasmas gebildet wird. Und jene Löcher darin sind der Zugang zu unserem wahren Selbst und den unendlichen Möglichkeiten unseres schöpferischen Potentials. Diese Öffnungen weisen uns den kürzesten Weg zur Freiheit.

Die hormonelle Struktur einer Frau unterscheidet sich bekanntlich grundsätzlich von der des Mannes. Deshalb ist das Innenleben einer Frau auch auf andere Werte ausgerichtet. Solange sie nur kann, wird sie versuchen, das Leben ihrer wahren Natur nach zu leben und das Schöpferische und Ursprüngliche des Lebens ohne analytischen Verstand zu begreifen versuchen.

Also, das menschliche Hormonsystem durchzieht sowohl beim Mann als auch bei der Frau wie eine Art Netz den ganzen Körper. Und dieses feine hormonelle Maschenwerk wird von der individuellen Struktur des Charakters überlappt und geprägt.

Nun aber zurück zu den Drüsen, den Hauptorganen der Hormonerzeugung. Ihnen obliegt primär die Aufgabe, den gesamten Stoffwechsel und somit die Blutqualität zu beeinflussen. In der Schwangerschaft wirken Hormone vor allem auch für die Lernfähigkeit des Kindes.

**René:** *Welche Auswirkungen hat eigentlich die ›Pille‹ wirklich? Greift Sie nicht massiv in diese feinen Abläufe ein?*

G-G-J: Wird von einer Frau heute vorsorglicherweise die ›Pille‹ eingenommen, so bringt sie damit ihren natürlichen Stoffwechsel zum Versagen. Unter Stoffwechsel verstehe ich die ständige biochemische Strukturierung der Elemente des Blutes und der Körperzellen. Den Hormondrüsen, also den Hauptregulatoren des Stoffwechsels und auch des psychischen En – En – und des psychischen Envi – Environments*, wird durch die Pille einfach eine falsche Schwangerschaft vorgetäuscht. Das ganze Bio-System wird somit belogen und

* Mira sprach dieses Wort schließlich so, wie man es schreibt aus, um es überhaupt herüberzubringen. Nach der Trance erzählte sie mir, daß sie das Wort nicht kannte.

**arbeitet demnach mit einer Fehldiagnose weiter, das heißt, die Frau lebt unter einer Art hypnotischem Betrug. Dies wirkt auch auf ihr gesamtes Nervensystem ein, da die Nerven – in erweitertem Sinne gesehen – sozusagen Ausstrahlungen der Psyche sind. Ich kann das jetzt nicht so ausführlich behandeln.**

**René:** *Nur eine Frage noch dazu. Nachdem sehr viele Frauen die Pille nehmen, ist doch auch mit globalen gesellschaftlichen Konsequenzen zu rechnen?*

G-G-J: **Das alles zusammen zieht natürlich katastrophale Auswirkungen nach sich. In erster Linie wird solcherart das Bild der Frau im Unterbewußtsein des Mannes verändert. In seinen tiefsten Schichten fühlt er diesen Schwindel und verliert dadurch zunehmend seine Achtung vor dem weiblichen Geschlecht.**

**René:** *Welche Art von Konzeption würden Sie denn empfehlen? Oder empfehlen Sie überhaupt keine?*

G-G-J: **Das scheinbare Problem der Kontrazeption wird sich von selbst lösen, sobald die Frauen spirituell bewußter werden und sich mehr und mehr innerlich entdecken. Wenn eine Frau aktiv beginnt, die Tiefen ihrer Unbewußtheit zu erforschen, integriert sie automatisch den Wunsch nach einem Kind – oder auch eine bewußte Absage an das Kinderkriegen – in ihr Selbst, in Ihre Selbstheit. Auf dieser Ebene der Betrachtung findet sich dann immer ein Weg, um mit diesem sogenannten Problem auf harmonische Weise fertig zu werden.**

**René:** *Ist es so, daß, wenn man geistig kein Kind wünscht, auch der Körperorganismus auf diesen subtilen Befehl reagiert?*

G-G-J: **Entscheidend ist ihre Reaktion im Unterbewußtsein.**

**René:** *Mit Ihren Ausführungen wollen Sie scheint's untermalen, warum meine Frau hormonellen Schwankungen unterworfen sein könnte? Also ist sie nicht schwanger?*

G-G-J (bzw. eigentlich Mira): **Ich weiß es nicht.**

Mira gestand mir erst, als wir es ohnehin schon wußten, daß sie an dieser Stelle eine bejahende Antwort hörte, es aber nicht glaubte oder unterbewußt nicht wahrhaben wollte. So, meinte sie, habe sich obige Ausrede ergeben.

**René:** *Könnten Sie das feststellen?*

**Mira:** *René, ich hab' wieder meine Blockade. So kannst du das nicht fragen!*

Kurze Pause.

**René:** *Herr 'Jung', könnten Sie Ihre Antwort auf meine dringliche Anfrage in einer Weise umschreiben, so daß zwar ich, aber nicht meine Frau erkennt, was Sie mir antworten möchten?**

G-G-J: ***Lassen wir die Zeit — ein Machtwort sprechen.***

**René:** *Ok. Also, mir hat es äußerst viel gegeben, was Sie heute gesagt haben. Es wird sicherlich auch viele andere Leute dazu anregen, für sich in dieser Thematik etwas klarer zu sehen.*

G-G-J: ***In gewisser Weise repräsentieren Hormone auch eine Machtstruktur der Psyche über den Körper, denn sie regulieren Krankheitssituationen an ihrem Ursprung. Die vielfältigen Geheimnisse der Hormone sind noch nicht im entferntesten erforscht.***

**René:** *Welche Forscher sind hier auf Erden am weitesten vorgedrungen? Könnten Sie mir einige nennen?*

G-G-J: ***Ja. ›Blake‹ und ›White‹, ich glaube es sind Amerikaner.** Soweit mir bekannt ist, wird auf den Hochschulen nicht sonderlich darüber gearbeitet, eben auch, weil das ein sehr riesiges, komplexes Gebiet ist.***

**René:** *Ich hoffe, wir dürfen später noch mit näheren Erläuterungen rechnen.*

G-G-J: ***Neben dem Alkoholgenuß werden auch durch das Rauchen viele Hormonfunktionen sehr stark beeinflußt.***

**René:** *Würden Sie bitte auf diese wichtige Sache noch kurz eingehen, zumindest in ein paar Sätzen.*

G-G-J: ***Über das Atmen werden die Zellen mit wichtigen Stoffen aufgeladen. Es sind biochemische Substanzen aus der***

---

* Die Idee ist natürlich ziemlich absurd, da Mira im Alpha-Zustand mit hoher Wahrscheinlichkeit schon vor mir eine von 'Jung' verschleierte Antwort erkennen würde. Aber im Moment der Fragestellung war mir dies nicht bewußt.

** Diese Namensnennung reizte mich zu einer Überprüfung. Wenn es diese beiden Wissenschaftler wirklich gäbe, wäre das ja wieder ein kleines Puzzlestück zur Verifizierung der uns hier durchgebenden Entität. Zumindest würde Miras Unsicherheit durch eine solche Bestätigung doch gemildert werden.
Ohne meiner Frau etwas davon zu sagen, verbrachte ich einen Nachmittag in der Linzer Studienbibliothek, um unter Mithilfe eines befreundeten Bibliothekars diese Fachleute zumindest in Katalogen wissenschaftlicher Arbeiten ausfindig zu machen. Nach einigen Stunden wurden wir wirklich fündig. Die Forscher ›Blake‹ und ›White‹ hatten unter anderem hochwissenschaftliche Schriften zur Endokrionologie verfaßt, von denen ich schon den Titel nicht verstand. Aber ich hatte sie gefunden und fuhr mit einem sagenhaft guten Gefühl nach Hause. Mira fand meine Recherche natürlich auch toll.

***Luft, die das Energiefeld des Menschen ernähren und zudem auch auf den Hormonhaushalt einwirken. Durch das Rauchen gelangen aber auch verschiedene, die Vitalstoffe bedrängende Substanzen in den Organismus und bringen so das Hormonsystem aus seinem feinabgestimmten Gleichgewicht, da sie eine Krankheitssituation manipulieren. In dieser Weise wirken ebenfalls viele andere, sogenannte Krankheitserreger. Doch ich glaube, das würde jetzt etwas zu weit führen.***

**René:** *Herr Jung, ich bin – wie Sie sicherlich merken – von unserer Zusammenarbeit fasziniert und möchte mich voll in der Sache engagieren.*

*Ein Thema, das mich besonders anregt, ist das Phänomen der Synchronizität, mit dem Sie sich viel beschäftigten, und, wie ich wohl annehmen darf, haben Sie sich weiterhin damit befaßt. Mir ist in diesem Gleichzeitigkeits-Kontext noch immer nicht ganz klar, inwieweit zukünftige Ereignisse vorhergesehen werden können. Möchten Sie mir dazu noch etwas sagen?*

C-G-J: ***Außerhalb des physischen Körpers erlebt der Mensch ein grundlegend anderes oder sogar abhandenes Zeitgefühl. Sobald sich die zeitliche Wahrnehmung gravierend von der erdatmosphärischen Zeiterfahrung zu unterscheiden beginnt, verändern auch innerhalb des Körpers bestimmte biochemische Stoffe spezifische Strukturen im Gehirn. Es gibt Menschen, bei denen solche biochemischen Veränderungen geblieben sind. Dies kann zum Beispiel durch einen Schock während der Entbindung verursacht werden oder auch geschehen, wenn der Astralkörper mit dem physischen Körper nicht richtig verkoppelt wurde. Durch eine solche Störung kann nichts zeitlich eingeordnet werden, den Leuten fehlt dann einfach das Gefühl für die Zeit.***

**René:** *Hat nicht jeder eine ein bißchen verschiedene Zeiterfahrung, die durch die Uhr gleichgeschaltet wird?*

C-G-J: ***Stimmt. Die messende Uhr ist im Grunde genommen ja ein Folterinstrument für die Psyche. Der Mensch hat sie in erster Linie entwickelt, um analytisches Denken überhaupt erst möglich zu machen. Das entdeckte ich bereits in meiner Forschungszeit als Analytiker. Zusammenfassend erkannte ich in dieser Foltermaschine den obersten Richter über Raum und Zeit, über Ordnung, Synchronizität, Verurteilung und so weiter, sozusagen als maßgeblichste Entscheidungsinstanz über die materielle Welt.***

***Würden über Nacht alle Uhren stehenbleiben, würde auch der ordnende menschliche Verstand stillstehen. Der Mensch müßte schließlich wieder beginnen, im Einklang mit seiner biochemischen Uhr zu leben. Ich habe festgestellt, daß es eine objektive und subjektive Zeit gibt. Die objektive Zeit ist die innere, die des inneren Meisters, sagen wir, Uhrmeisters. Diese innere Uhr reguliert den Austausch zwischen den biochemischen Stoffen im Körper und den kosmischen Elementarenergien, wie auch den sogenannten Partikelchen der physischen Welt. Das ist der Weg, auf dem die objektive Zeitwahrnehmung dem Geist zugänglich wird. Die äußere, subjektive Uhr aber bringt uns in Diskrepanz mit der biologischen Zeit, jedoch nur, solange wir die innere Uhr nicht als Meister anerkannt haben.***

***Vielen Menschen aber ist es nicht möglich, ihren analytischen Verstand unterzuordnen, sie stehen unter der Herrschaft von Ziffern und Zeigern. Die heute möglichen, globalen Kriege könnten nicht entstehen, wenn es diese Art von Uhren nicht gäbe. Die Menschen hätten ihre Emotionen alle zu einer anderen Zeit und wären nicht fähig, zur gleichen Zeit zu schießen. Doch die Generäle und Oberstabsbefehlshaber konnten Macht über das Unbewußte erlangen und sind in der Lage, die innere Uhr, wann immer sie wollen, abzuschalten.***

**René:** *Mir ist eben der Gedanke gekommen, daß die Schweizer jetzt nicht sehr stolz auf Sie sein werden, wenn Sie so gegen die Uhren sprechen.*

C-G-J: ***Wer weiß, vielleicht bin ich aber gerade durch sie hinter diese Dinge gekommen.***

'Jung' lächelte.

C-G-J: ***Die sagenhafte Pünktlichkeit, Ordnung und Disziplin meiner Landsleute ist ja weltweit berühmt. Gerade sie haben es aber geschafft, dem Krieg fernzubleiben. Vielleicht, weil sie im Unterbewußtsein erkannt haben, daß sie der erste Herr über die Zeit sind. Es dürfte hier durchaus ein Stückchen Wahrheit dahinterstecken, denn wer verrückt nach Uhren ist, setzt sich auch im Unterbewußtsein damit auseinander.***

**René:** *Ich habe mal begonnen, eine Bild-Collage zu machen, vielleicht mache ich sie noch fertig, die hatte das Thema Zeit –*

'Jung' fiel mir ins Wort.

G-G-J: ***Dieses Bild mit dem Embryo in der Uhr* ist fantastisch, wirklich fantastisch – ich meine, fantastisch ekelerregend für das Unterbewußtsein.***

Gelächter aller Beteiligten.**

***Es zeigt die Brutalität der Welt. Sehen Sie nur in einen Kreißsaal.***

***René:*** *Also bitte, hier muß ich schon meine Motivation richtigstellen. Mein Idee war es, die zeitlose Erfahrungswelt eines Embryobewußtseins symbolisch darzustellen.*

G-G-J: ***Das Bild ist ein Ekel für das Unterbewußtsein.***

***René:*** *Diese Uhr hat aber keine Zeiger, bitteschön.*

G-G-J: ***Also das Embryo ist der Zeiger. Das ist gut.***

***René:*** *Um fertig zu erzählen, was ich sagen wollte. Ich hatte eine Fotomontage vor, mit einer großen Uhr im Vordergrund, nur mit Zifferblatt, aber ohne Zeiger. Dahinter eine ungewöhnliche Landschaft, über der viele Zeiger wie ein Schwarm Schwalben am Himmel fliegen. Davor sieht man noch eine tiefe Schlucht, in der ein Rudel wilder Pferde dahinrasen. Ich habe das Motiv irgendwie aus dem Unterbewußtsein und bin elektrisiert davon.*

G-G-J: ***Ein gutes Bild für Synchronizität.***

***René:*** *Also, Herr Jung, bevor ich oder eigentlich wir alle zusammen fundamental an unserem Projekt weiterarbeiten können, geht's darum, wie wir das Ganze finanzieren.*** Ich glaube, Sie wissen schon, worauf ich hinaus will?*

G-G-J: ***Ihnen geht es um Urlaub, nicht wahr?***

***René:*** *Genau, aber bitte ohne h!*

G-G-J: ***Sehen Sie, warum heißt es denn Urlaub? Ist nicht die Sprache der verdrehte Botschafter der Wahrheit.***

---

* 'Jung' meint die Illustration auf Seite 89 im Buch über die Botschaften unseres Sohnes.

** Dieses Gelächter ist besonders bemerkenswert, denn es war ein dreifaches Lachen. Nicht nur ich, sondern auch 'Jung' und Mira gemeinsam lachten eindeutig mit. Ich hatte noch nie zuvor zwei Persönlichkeiten in einem Lachen lachen gehört.

*** Unsere finanziellen Nöte waren und sind zeitweise immer noch beträchtlich. Wir waren einige Male soweit, daß wir die Kommunikation mit 'Jung' aufgeben wollten, da wir des öfteren nicht mal mehr Geld für die Leerkassetten aufbringen konnten, um die Gespräche aufzunehmen. Auch daß dieses Buch entstehen konnte, grenzt nicht nur an ein Wunder, sondern ist eines – insbesondere vom materiellen Aspekt her. Ohne die Hilfe und höhere Einsicht einiger enger Freunde würden Sie dieses Werk nicht in Händen halten.

Gemeinsames Gelächter.

***René:*** *Wir sollten uns zurück zu meiner Frage wenden, denn unsere subjektive Zeit wird knapp.*

*Ja, Sie können wie es scheint, auch Zutritt in andere Zeitdimensionen finden?*

G-G-J: ***Wenn ich mir eine Uhr einstecke, schon.***

***René:*** *Meine ganz konkrete Frage lautet, – ich weiß zwar nicht, ob Sie das wollen, können, sollen oder dürfen, aber ich muß die Frage stellen –*

'Jung' unterbrach spielerisch empört:

G-G-J: ***Was erlauben Sie sich?***

***René:*** *Ach, in meiner Not probier' ich es einfach. Also, jeden Sonntag abend werden im TV die Lottozahlen gezeigt. Wenn Sie uns die Zahlen vom nächsten Sonntag verraten würden, könnten wir Dinge auf dieser Welt anstellen, die noch gar nicht auszudenken sind.*

G-G-J: ***Urlaub! Sie möchten Urlaub von der Welt.***

***René:*** *Nicht von der Welt an sich. Vielleicht vom Getriebe der Welt. – Ist es prinzipiell möglich, diese Zahlen vorauszuwissen, wäre zuerst mal interessant?*

G-G-J: ***Möglich ist alles.***

***René:*** *Eben, das habe ich mir auch gedacht. Dann ist da nur noch die Frage des Wollens!*

G-G-J: ***Wollen Sie einen Schweizerlandbürger hintergehen?***

***René:*** *Wieso hintergehen? Ich beteilige Sie ja an der Sache!*

G-G-J: ***Wenn ich so etwas könnte, hätte ich es schon getan.***

***René:*** *Ja, haben Sie denn das nötig, in Ihrer Sphäre?*

G-G-J: ***Das sollte ein Scherz sein.***

***René:*** *Könnten wir die Lotto-Sache nicht ernsthaft bis zum Grund klären, sonst läßt mich diese Idee nicht los.*

G-G-J: ***Wenn Sie die fixe Idee haben, zu Gold kommen zu wollen, müssen Sie die Idee aufgeben. Erst dann wird es kommen. Der schöpferische Aspekt im Menschen ist Freiheit ohne Kampf. Solange eine Situation Sie aber bedrückt, kämpfen Sie dagegen.***

***Ich will mich nicht über Sie lustig machen, ich meine es ernst. Sie können nicht wachsen, wenn Sie in Ihrer jetzigen Situation***

***einen Lotto-Sechser oder Toto-Zwölfer machen. Es würden Ihnen dadurch viele Gelegenheiten zum Wachstum verloren gehen. Ich weiß nicht, ob es wirklich möglich ist, so etwas vorauszusehen. Ich war nie ernsthaft an solchen Dingen interessiert. Vielleicht mißverstehen Sie meine Fähigkeiten hier in der anderen Welt.***

**René:** *Ich hab' keine genaue Vorstellung davon. Darüber sollten wir auch gelegentlich sprechen.*

C-G-J: ***Auf keinen Fall interessieren mich Schweizer Uhren.***

**René:** *Ehrlich gesagt, interessiert mich ein Lotto-Volltreffer auch nur einmal, um den Quatsch dann vergessen zu können.*

C-G-J: ***Dann vergessen Sie die Zahlen doch vorher. Verstehen Sie doch bitte, ich will mich nicht über Sie lustig machen. Ich meine es ernst!***

**René:** *Tatsache ist jedenfalls, daß ich unsere Ökonomie irgendwie ins Lot bringen muß.*

C-G-J: ***Sie müssen versuchen, den Traum Ihrer Abhängigkeit vom Geld zu verlieren. Alles steht Ihnen auch ohne Geld offen, nur müssen Sie es vorher in Ihren Traum miteinbeziehen und realisieren.***

***Sie träumen seit langem den Traum der Unabhängigkeit vom Geld. Wenn man diesen Traum aber analysiert, erkennt man, daß Sie einen Kampf gegen diesen Traum führen, indem Sie in der Wirklichkeit den Traum vom Geld von Ihrem Traum der Welt trennen.***

**René:** *Das kapier' ich nicht so schnell. Dazu brauche ich längere Bedenkzeit.*

**Mira:** *Ich bin schon sehr müde. Ich geb's auf für heute. Es tut mir leid, René, daß ich an dem wichtigen Punkt abbrech'.*

**René:** *Nun, Herr 'Jung', das wär's für heute. Ich bedanke mich.*

**Mira:** *Schatzi, beim letzten Satz bin ich nicht mehr sicher, ob ich den richtig herübergebracht hab'.*

**Mira:** *Ich war in einem komplett anderen Zustand heute, um einiges tiefer als sonst und ein bißchen auch außerhalb des Körpers. Während er gesprochen hat, sind mir viele Sachen ins Gehirn gestiegen. Vielleicht weil ich im Unterbewußtsein das alles ohnehin weiß. Was er über die Hormone gesagt hat, hat mich ziemlich tief berührt, es hat viel in mir geklärt.*

*Wie du anfangs 'Jung' gebeten hast, daß er kommt, war er –*

*zack – auf einmal da. Ich hab' auch das Kribbeln über dem Kopf wieder gehabt, das ich schon früher öfter gespürt hab'.*

*Ich weiß nur eines, daß ich das, was er heute gesagt hat, beim besten Willen nicht hätt' erfinden können.**

**René:** *Erstens das, und zweitens ist es völlig egal, woher das Wissen kommt. Was ich nicht ganz versteh', ist, wie wir über die Runden gelangen, wenn wir auf diesem Gebiet hängengelassen werden.*

**Mira:** *Wegen unserer Finanzmisere geht der 'Jung' nicht von seiner Linie ab. Er macht nur das, was voll sein Metier ist. Komischerweise gibt mir das eine Art von Sicherheit, die ich nicht beschreiben kann. Vielleicht sind seine Antworten viel wertvoller, als wir momentan erfassen können. Er nimmt sich eben nicht heraus, über alles etwas zu wissen.*

*Aber irgendwas in mir denkt sich immer noch, daß das alles ein Traum ist und ich die Antworten weiß, weil ich sie schon wo gelesen hab'. Meinst du, hab' ich solch einen argen Geist, der sich so etwas zusammenreimen kann?*

**Rene:** *Abgesehen davon, daß ich dir das nicht zutraue, kann ich mir auch nicht vorstellen, daß du solche Inhalte schon irgendwo gelesen hast. Das meiste sind ja sensationell neue Erkenntnisse. Glaubst du, sonst tät' ich mich so dafür einsetzen.*

**Mira:** *Seit heut' glaub' ich auch, daß wirklich was dran ist.*

**René:** *Erst seit heute? Das darf ja nicht wahr sein! Es wird echt Zeit, daß du ihn ernst nimmst. Ich find', das ist reines Gold, was er sagt.*

**Mira:** *Hast du ihn gespürt? Ich mein', nicht nur über die Stimme, auch über deine feineren Körper, von der Frequenz und vom Gefühl her oder so?*

**René:** *Als wir über die Schweizer zu sprechen kamen, bin ich mir zum Beispiel vorgekommen, als ob ich mit ihm in einer Bar an der Theke sitze und bei einem Pils über dieses Völkchen herziehe. Der Oberclou ist ja, daß er selbst ein Schweizer war.*

*So, jetzt schalt ich das Mikro aus.*

---

* Mira und ich hatten, um zu testen, ob wir solche Gespräche auch aus der Fantasie erschaffen können, es einfach ausprobiert. Obwohl sich Mira redlich bemühte, sind diese Versuche alle nach ein paar Minuten kläglich gescheitert und endeten in einem erheiternden Lachkrampf.

**15. Kontakt – 9/1/87 – 03.00 h – Traum-Monolog durch Mira im Studio**

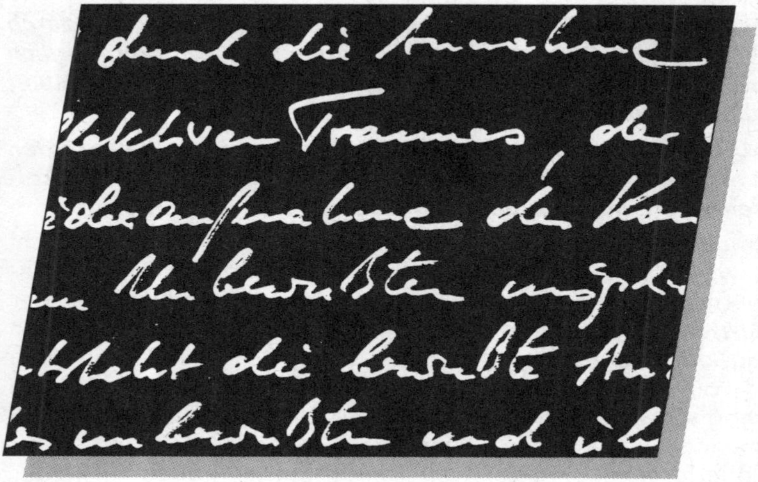

# *Nächtliche Mitteilung*

Gegen drei Uhr morgens weckte mich Mira unsanft und jammerte, daß ihr andauernd zwei Sätze durch den Kopf gehen würden. Sie war auch sicher, daß dies nicht aufhören würde, bis diese Mitteilung niedergeschrieben ist. Zuvor hätte sie die beiden langen Sätze ganz klar geträumt und sei, seit sie eine halbe Stunde zuvor aus dem Traum erwachte, von diesen Sätzen nicht mehr losgekommen. Weil sie zu müde war, wegen Block und Bleistift aufzustehen, bat sie mich, dies zu tun. Da Mira schon öfter wichtige Sätze auch wieder vergessen hatte, bevor sie oder ich die Zeilen notieren konnte, sprang ich wie von der Tarantel gestochen auf, machte sanftes Licht und war traumverloren schreibbereit.
Ich schrieb die von ihr diktierten Worte nacheinander auf, ohne auf den Inhalt zu achten, bis ich ob der seltsamen Sätze, die nach 'Jung' klangen, doch näher hinzuhorchen begann, worum es da ging. Nachdem ich den Inhalt nicht gleich verstand, dachte ich an Übermittlungsfehler und bat Mira um Wiederholung. Erstaunlicherweise war sie in der Lage, mir die folgenden Sätze drei oder viermal hintereinander, fast ohne Versprecher, aufzusagen. Nachdem unsere sonstigen Durch-

gaben keineswegs zu diesem Inhalt und Stil passen, nehme ich an, daß diese Worte unserem 'Ce Ge Jung' zuzuzählen sind:

***›Erst duch die Annahme des kollektiven Traumes, der durch Wiederaufnahme des Kontaktes zum Unbewußten möglich wird, entsteht die bewußte Anwendung des unbewußten und überbewußten Potentials.‹***

***›Das Überbewußtsein ist ein Konglomerat aus bewältigten unterbewußten Inhalten, die durch Angleichung an den kollektiven Traum aus dem Tagesbewußtsein entschwanden.‹***

In der Früh wußte Mira nur noch vage, daß wir in der Nacht etwas notierten, konnte sich aber an die Sätze nicht mehr erinnern. Ich denke, daß vielleicht 'Jung' diese Inhalte noch in der letzten Trance irgendwie in Mira deponierte und – weil Mira aus der Trance ging, ohne diese Restbotschaft auszusprechen –, auf ihre Entlassung warteten. Das wäre jedenfalls eine mögliche Erklärung, warum Mira den Text morgens nicht mehr zu wiederholen imstande war, obwohl er so lange in ihr rotierte. Im Trubel der weiteren Ereignisse hatten wir leider vergessen, 'Jung' wegen dieser Kleinigkeit nachträglich noch zu befragen.

Dieser Tage hatte ich einen Bildband über C.G.Jung besorgt, den ich nur rasch einmal durchgeblättert hatte und dann in unserem Wohnzimmer liegenließ. Ich wollte Mira jenes Bild Carl Gustavs auswählen lassen, welches ihr am meisten zusagte, und es dann eingerahmt in unseren Meditationsraum hängen. 'Jung' meinte nämlich zu Beginn unserer Kontakte, daß ein gutes Bild Mira helfen würde, den Kontakt zu ihm zu festigen.

Aufgrund vieler anderweitiger Arbeit kam es nicht gleich zu dieser Bildauswahl. Wohl aber fiel unserem inzwischen knapp dreijährigen Sohn, der so ziemlich alles in seine neugierigen Finger bekam, auch dieses Buch in die Hände. Wir bemerkten das erst, als Manuel begeistert mit ›Da Mann, da Mann!‹ auf sich aufmerksam machte. Woraufhin wir sahen, welches Buch er erwischt hat. ›Mann, singt hat mit da Mamma‹ (Der Mann, der mit Mamma gesungen hat), bestätigte er nochmals seine Entdeckung, um sich daraufhin wieder seinem Spielzeug zuzuwenden und weiteren Fragen zu entziehen.

Ich konnte in Miras künftigem Verhalten bemerken, daß diese Begebenheit für sie ein wichtiger Meilenstein war, ihre visionären Kontakte mit 'Jung' wieder ein Quentchen ernster zu nehmen.

16. Kontakt – 11/1/87 –08.00 h – Dialog mit René im Studio Phoenix

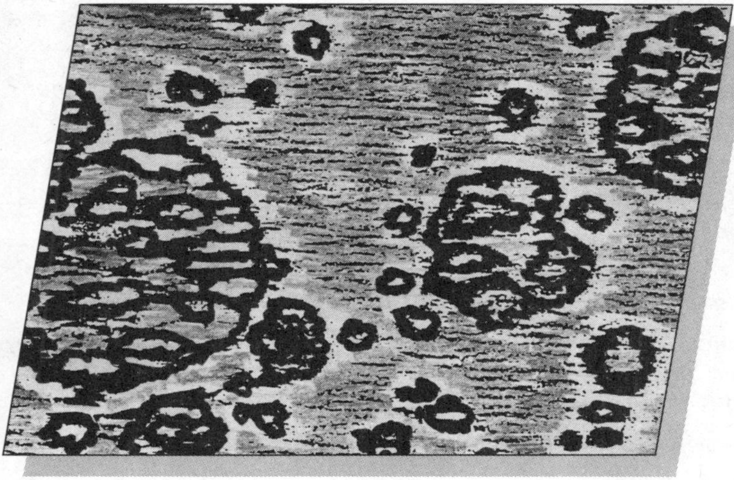

# *AIDS* und die Hintergründe*

C-G-J: ***Guten Morgen.***

**René:** *Guten Morgen! Herr 'Jung', ich habe gestern in einem Buch einige Durchsagen gelesen, die vielleicht oder wahrscheinlich von Ihnen gegeben wurden, und zwar über ein Medium namens Eva Herrmann.** Würden Sie diese als echt autorisieren?*

C-G-J: ***Das müßte ich nochmals hören.***

**René:** *Ach so. Könnten Sie den Text auch selbst lesen, wenn ich das Buch offen herlege? Ich habe keine Ahnung. Vielleicht muß ich für Sie umblättern, damit Sie weiterlesen können?*

'Jung' nickte einigemale unklar.

C-G-J: ***Ich bin auf Erden nicht hellsichtig gewesen. Doch in der jenseitigen Welt schwingen für unser Bewußtsein die***

* Aquired Immune Deficiency Syndrome, zu Deutsch: Erworbenes Immunschwäche-Syndrom.

** Die Deutsch-Amerikanerin hatte gemäß ihren eigenen Angaben bereits 1965 einen ersten Kontakt mit C.G.Jung. Sie schreibt, 1973 habe ihr Jung das Bekenntnis ›Jung berichtigt Jung‹ diktiert, welches er 1976 nochmals bestätigte. Eva Herrmann ›empfing das Diktierte als tonlose Worte, welche sie direkt in die Maschine schrieb‹. Die acht Buchseiten lange Durchgabe findet sich im Band ›Von Drüben II‹, hrsg. vom Otto Reichl Verlag.

**Moleküle anders, in einer anderen Frequenz. Deshalb können wir Molekularstrukturen, die für Planetenbewohner noch unsichtbar sind, sehen. Aber es kommt trotzdem auf unsere Eigenfrequenz an, wieviel wir sichtbar machen können.**

**René:** *Wie würden Sie Ihre eigene Schwingung benennen? Kann man die näher definieren?*

G-G-J: ***Ich arbeite auf der wissenschaftlichen Ebene.***

**René:** *Ich meinte, ob Sie Ihre Schwingungsrate angeben können?*

G-G-J: ***Dazu müßte man eine Skala aufstellen. Ich habe mir über solche Dinge noch nicht so viele Gedanken gemacht.***

**René:** *Ich fragte, da ich annehme, daß Sie mit uns sprechen, weil Sie eine gewisse Affinität zu uns haben. Also müßten wir in etwa auf einer ähnlichen Frequenz liegen?*

G-G-J: ***Ja, das kann man so sehen.***

**René:** *Bevor wir in medias res gehen, hätte ich noch eine Bitte. Für heute abend habe ich zwei enge Bekannte eingeladen, eventuell auch zu einem Gespräch mit Ihnen! Hätten Sie vielleicht Zeit für eine kleine Konsultation? Es sind verständige, allernächste Freunde, die von den Vorgängen wissen.*

G-G-J: ***Sie sind ein bißchen voreilig!***

**René:** *Wir können es auch lassen. Es war nur so eine Idee.*

G-G-J: ***Wenn Ihre Frau einverstanden ist, können wir es probieren. Aber Sie sollten den Leuten sagen, daß auch Fehler passieren können. Deshalb vorerst nur engste Freunde einladen.***

**René:** *Das ist klar.*

*Zu unserer ökonomischen Problematik, über die wir schon gesprochen haben, hätte ich noch eine dringliche Frage. Wenn es Ihr Bedürfnis ist, der Welt etwas mitzuteilen –*

'Jung' unterbrach.

G-G-J: ***Mein Bedürfnis deckt das Bedürfnis der Welt.***

**René:** *Nun, da Sie aber Mira und mich als Übermittler verwenden wollen, muß es ja auch in Ihrem Interesse sein, daß wir ökonomisch über die Runden kommen, was derzeit keineswegs gewährleistet ist. Möchten Sie uns nicht wenigstens* *konkrete Tips geben, wie wir unsere Finanzen ins Lot bringen könnten? Ich frage Sie aus blanker Verzweiflung!*

G-G-J: ***Ich mache Ihnen einen Vorschlag. Sprechen Sie mit einem Freund von mir, der Finanzberater war*. Ich kann einen Termin für Sie abmachen. Ich selbst bin in diesen Angelegenheiten nicht kompetent genug.***

**René:** *Danke schön. Kann es sein, daß ich den Herrn kenne?*

G-G-J: ***Das weiß ich nicht. Haben Sie noch andere Fragen?***

**René:** *Ja, ich möchte sehr bald mit Ihnen über AIDS sprechen!*

G-G-J: ***Ja, das ist wichtig.***

**René:** *Unsere Wissenschaft steht offensichtlich komplett daneben und möchte das Problem rein mechanistisch mit einem Impfstoff aus der Welt schaffen. Ich hätte gerne gewußt, was AIDS aus Ihrer Sicht überhaupt ist?*

G-G-J: ***AIDS ist eine psychosomatische Krankheit, welche die Disordination des Lymphgefäßsystems voraussetzt. Die Lymphe arbeiten den Drüsen ähnlich, deshalb habe ich letzthin auch am Rande den Hormonhaushalt behandelt. Die Lymphe haben die wichtige Aufgabe der Gewebsreinigung und der Pflege des Flüssigkeitshaushalts. Sie erzeugen bestimmte Hormone, auch Streß-Hormone, die im Krankheitsfall vermehrt auftreten. Ich möchte sagen, die Lymphe sind eine Art Körperpolizei. Bei ihrer Funktion muß aber die menschliche Psyche mitspielen und es dieser Polizei ermöglichen, den ihr anvertrauten Körper zu reinigen und zu entgiften.***

***Das Immunsystem selbst ist sozusagen die intakte Ordnung des körperlichen Polizeistaates. Die höchste Autorität über die Körperpolizei hält die menschliche Psyche mit deren physischem Sitz im Gehirn. Als ihre Zentralorgane fungieren die Lymphdrüsen.***

***Im Grunde genommen ist es sehr einfach, dahinterzukommen, warum ein Ordnungs- oder Gesundheitssystem zusammenbricht. Es passiert, wenn die große Ordnung der Natur durch Mißachtung der natürlichsten Gesetze gestört wird. Darunter verstehe ich menschlich-ethische Gesetze und Grundsätze, wie die Liebe zur Natur, das Wissen von der Einheit und dem***

---

* Zu diesem Gespräch kam es zwar Monate später, die abstrakten Hinweise haben aber zu keinem nennenswerten Ergebnis geführt.

***Einklang aller Dinge, aber auch die Anwendung natürlicher Methoden zur Gewinnung von beispielsweise Erdmetallen und so weiter. Ich meine, die Ausbeutung des Bodens und der Luft sollte in angemessener menschlich-ethischer Form erfolgen. Es ist das kollektive Unbewußte, das die Art der Ausbeutung des Planeten steuert.***

***Jeder Planet besitzt ein Kraftfeld natürlicher Ordnung, das von den harmonischen Gesetzen und Ordnungssystemen dieses Kosmos abhängt. Der Traum der Menschheit kann es jedoch ins Negative oder ins Positive verändern. Das Erkennen der Natur und das Fühlen der kosmischen Gesetze geht aber noch weit jenseits des kosmischen Traumes, jenseits der Grenzen des Menschlichen und ist nur erfaßbar, wenn das Unterbewußtsein frei und offen verfügbar ist.***

***Die heutigen Umweltkatastrophen hängen in größtem Ausmaße mit jenen verbreiteten, tagtäglichen Attacken gegen das Unbewußte zusammen. Ich spreche vom gängigen Abschluß vor dem unbewußten Wissen, was zur Blockierung und somit auch zur Verhinderung übernatürlicher Entwicklung führt, das heißt für mich, einer Entwicklung, welche die Natur zu einem noch größeren Höhepunkt führen könnte.***

***AIDS ist eine Krankheit, die den Höhepunkt dieser Vernichtungsaktion des kollektiven Unbewußten darstellt. Der Mensch hat seine Fähigkeit aktiviert, den Traum der kollektiven Vernichtung seiner unbewußten Prozesse herbeizuführen. Es wird ihm gelingen, den kollektiven positiven Traum zu zerstören, wenn er weiterhin beabsichtigt, seine egoistischen Wünsche ohne Ehtik durchzusetzen. Alle Menschen, die sich in starkem Maße diesem negativen Traum angeschlossen haben, werden durch den Eintritt ihres eigenen Traumes vernichtet werden, sozusagen durch die Bestätigung.***

***René:*** *Und wie vollzieht sich die Ansteckung dann auf der physischen Ebene?*

C-G-J: ***Zuerst geschieht sie unterbewußt, dann erst reagiert der Körper. Denn die körperliche Disordination ist immer der Ausdruck einer psychischen Dissonanz, die dem Tagesbewußtsein nicht bekannt ist. Eine der Aufgaben des Körpers ist es auch, unzweifelhaft sichtbar zu machen, was im Unsichtbaren vor sich geht, um dadurch dem Überselbst oder der***

***höheren geistigen Wahrheit gegenüber wieder bewußter zu werden, sich dieser wieder zugänglich zu machen:***

**René:** *Es wird viel von Viren gesprochen, die von afrikanischen Affen herrühren, und andere abstruse Gedankengänge werden kolportiert.*

G-G-J: ***Es gibt sie schon, diese Viren, doch sind es vorerst feinstoffliche Erzeugnisse des Bewußtseins bzw. des Gehirns. Jedes Individuum, das in seinem Unterbewußtsein jenen negativen, kollektiven Traum unterstützt, wird davon betroffen.***

**René:** *Die Annahme der Primärübertragung durch offene Wunden und durch Blut ist demnach nicht gegeben?*

G-G-J: ***Das ist ein Unsinn.***

**René:** *Und über Sexualkontakte? Ist das auch ein Unsinn?*

G-G-J: ***Sexualkontakte stehen deshalb im Vordergrund, weil während sexueller Aktivität das Unbewußte stärker an die Oberfläche tritt. Man sieht sich seine Triebe an, und man nimmt auch leichter etwas aus der unbewußten Welt des Partners an, deshalb ist in solchen Situationen eine größere Empfänglichkeit vorhanden.***

**René:** *Und wo ist nun der Heilungsansatz zu suchen?*

G-G-J: ***Der liegt sehr tief. Ich meine, es werden schon in der Kindheit die Weichen für ein positives oder negatives Persönlichkeitsmuster gestellt. Bereits in der Schwangerschaft werden die späteren Problemzonen durch den Prozeß der geistigen Vererbung festgelegt. Aber sie können dennoch, wenn sie sensibel genug sind, mit der Zeit alle diese Muster durchbrechen, natürlich nur unter der Voraussetzung des Anerkennens der großen Einheit. Einen anderen Weg sehe ich nicht.***

**René:** *Sehen Sie irgendeine medizinische, ich meine zusätzlich körperlich ansetzende Therapie? Was ist da möglicherweise sinnvoll?*

G-G-J: ***Psychotherapie ist das wichtigste Hilfsmittel, manchmal sind auch homöopathische Dosen wirksam.***

**René:** *Von welchem Mittel?*

G-G-J: ***Man versuche Echinazea D 12 und Bromatum D 4 als Information für das Unbewußte.***

**René:** *Sie sagten ›manchmal‹. Wovon hängt das ab?*

G-G-J: **Es sprechen nicht alle Menschen darauf an.**

**René:** *Wie es aussieht, wird sich diese Epidemie geradezu explosionsartig ausbreiten. Wie glauben Sie, wird sich diese Seuche global weiterentwickeln?*

G-G-J: **Katastrophal!**

**René:** *Sollte man diese Ereignisse als apokalyptischen Wink mit dem Zaunpfahl verstehen, als eine den Sumpf bereinigende Krankheit, wie manche Zeitgenossen meinen?*

G-G-J: **Ach, sehen Sie, solche Schlagworte wie Krankheit als Reinigung, Geißel der Menschheit und so weiter erinnern mich an den Krieg. Alles, was mit großen Worten zu tun hat, ist Propaganda. Und da ich noch ein Individuum bin, habe ich auch hier Abneigungen, Vorstellungen und Einstellungen. Ich glaube nicht, daß es angebracht ist, religiös über diese Dinge zu sprechen, ist doch Religion selbst als Machtinstrument gegen das Unbewußte entstanden. Ich spreche jetzt nicht von den wahren Religionen, ich meine die Kirchen und Institutionen, welche Religion ganz gezielt und mit Erfolg als Werbemittel und Folterinstrument für die Psyche einsetzen.**

**René:** *Was würden Sie in Sachen AIDS unserem Gesundheitsminister raten, von der Vorgangsweise her?*

G-G-J: **Diese Herren Politiker sind doch selbst alle äußerst gefährdet. Sie leben ein Leben der täglichen Hektik und Unromantik.**

**René:** *Sehen Sie es in wenigstens begrenzter Weise als sinnvoll an, unsere Gesundheits-Oberen über die von Ihnen geäußerten Hintergründe zu informieren?*

G-G-J: **Ach, was glauben Sie denn? Wenn die das ernst nähmen, würde die gesamte politische Struktur zusammenbrechen. Vielleicht würde man sie ins Gefängnis bringen, wenn sie erkennen, was AIDS wirklich ist. Das ist ja die tragische Geschichte.**

**Sie brauchen es gar nicht religiös zu sehen, es ist politisch-wirtschaftlich, es ist die Situation der Erde. Sehen Sie sich doch die Machtstrukturen an und die Menschen, die sich diesem Apparat unterwerfen. Sie gehen zugrunde. Das ist alles — so einfach ist es.**

**René:** *Und sich nicht zu unterwerfen, bedarf enormer Energie.*

**G-G-J: Ich glaube nicht, daß es so schw… wirft sich doch nur dem Göttlichen. Wenn sie … etwas unterwerfen, ob dieser oder jener Mach… hin ein Sklave.**

**René:** *Mhm. Weil Sie vorhin die Kriegsterminolo… ten, als ich die Worte aussprach, die Sie an die Pr…nda erinnern, erinnere ich mich an eine Bitte an Sie. I… unseren Gesprächen fällt öfter der Terminus ›Geistige Vererbung‹, mit dem es vielleicht unnötige Probleme geben könnte. Ich möchte Sie bitten, diese Gesetzmäßigkeit noch etwas differenzierter darzustellen, damit wir nicht in die Nähe der Nazi-Erbgesetze gerückt werden.*

**G-G-J: Um Gottes willen!**

**Unter geistiger Vererbung verstehen wir die Strukturübergabe eines persönlichen und kollektiven Hauptmusters aus dem Unterbewußtsein der Eltern in das Unterbewußtsein des neuen Menschen. Der momentane Zustand des Vaters und der Mutter während der Zeugung bewirkt jene Prägung. Dies bestimmt auch schon oft vor der Geburt, wie gerne ein Kind inkarniert, dessen Strukturmuster nicht mit dem seiner Eltern vereinbar ist.**

**Diese Struktur wird während der unbewußten Phase, in der das Individuum nur Unterbewußtsein ist – es hat ja bis zum dritten intrauterinen Lebensmonat genau gesehen noch keinen Körper* –, eingeprägt. Dagegen wehrt sich ein Kind mit seinem Charakter. Das ist auch der Grund, warum in den meisten Fällen Kinder bis ins Alter gegen die Eltern kämpfen. Sie kämpfen nicht gegen die Person, sondern reagieren gegen die Einwirkung von deren Strukturmustern. Die karmischen Gründe dahinter – aber das würde jetzt zu weit führen. Ihnen ist ja klar, daß diese auch viel damit zu tun haben.**

**René:** *Ja, einigermaßen. Weil Sie gerade das Karma ansprachen und Sie auch bestätigten, daß Sie eine gewisse Affinität zu uns haben, meine Frage, mit welchen karmischen Zusammenhängen das zu tun hat?*

**G-G-J: Natürlich sind wir uns bekannt.**

---

* Ich dachte, damit sei gemeint, daß bis dahin noch keine fixe Verkopplung mit der Materie stattgefunden habe. 'Jung' aber erklärte in einer späteren Korrekturanfrage, daß er damit ausdrücken wollte, der Fötus habe bis zum dritten Monat noch die verschiedensten Evolutionsschritte zu tun, bis die endgültige Struktur vervollkommnet sei.

***e:*** *Möchten Sie uns darüber nicht näheres verraten?*

**Mira** (öffnet die Augen): *Mir tut alles weh. Ich kann nicht mehr.*

***René:*** *Ok, Herr 'Jung', bis heute abend. Tschüs.*

***Mira:*** *Meinst du, er war's wieder?*

***René:*** *Sicher! Gerade jetzt, als er uns vielleicht gesagt hätte, wie wir alle von früher zusammenhängen, bist du ausgestiegen. Hättest du nicht noch einen Satz abwarten könnten? Ich glaube fast, dir ist das Thema zu heiß gewesen.*

***Mira:*** *Macht ja nichts. Erzählt er's eben ein andermal.*

Die erste persönliche Konsultation mit ›CeGe‹, wie wir unseren Freund zunehmend zu nennen pflegten, ging problemlos über die Bühne. Mira hatte keine Komplikationen, da der erste Klient eine uns seit langem nahestehende Person war. Diese Person äußerte über ihren Kontakt, daß es das bislang schönste Erlebnis in ihrem Leben war und sie sich in ihren tiefsten Tiefen erkannt und angesprochen fühlte.

Zwei Jahre nach 'Jungs' Angebot im 1. Kontakt, interessierten Personen ›mehr über den Her- und Vorgang ihrer psychischen Energien‹ bewußtzumachen, begann sich in den nächsten Monaten langsam sein Wunsch zu verwirklichen. Mira fand zunehmend die Sicherheit, neben meiner Anwesenheit auch die Schwingung einer dritten und später auch vierten Person in das Trance-Geschehen zu integrieren.

Die individuellen Klientendialoge haben wir nicht direkt in die Chronologie der Ereignisse aufgenommen, um die Privatsphäre der Ratsuchenden zu wahren. Die im Rahmen unserer psychologischen Beratung bei uns im Studio stattfindenden Gespräche (oder auch auswärts auf unseren Seminar- und Vortragsreisen ermöglichten Dialoge) werden jedoch auszugsweise und von allzu Persönlichem abstrahiert, im abschließenden Kontaktkapitel des jeweiligen Bandes wiedergegeben.

17. Kontakt – 17/1/87 – 07.30 h – Dialog mit René im Studio Phoenix

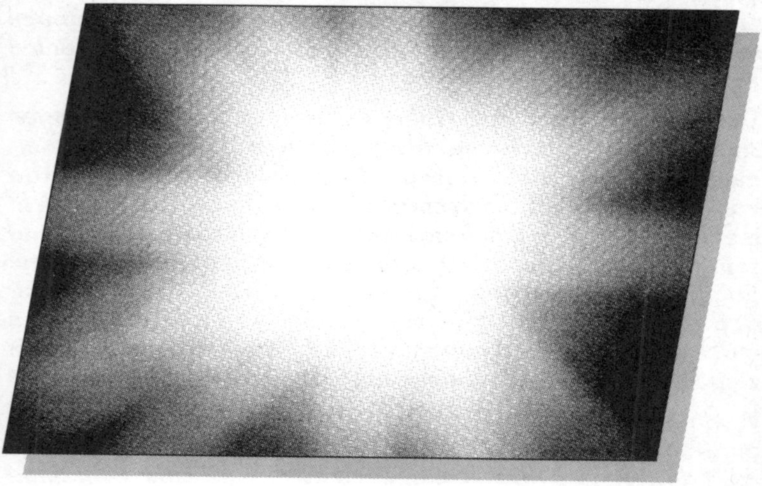

# *Erleuchtung von innen*

***Mira:*** *René, ich bin nicht sicher, ob er da ist. Soll ich jetzt was sagen oder nicht?*

***René:*** *Ja, alles sollst du sagen. Mach' bitte keine Kontrolle. Es wird sich schon herausstellen, ob er es ist. Sag' es einfach!*

G-G-J: ***Das kausale Denken –***

***Mira:*** *Jetzt ist er wieder weg.*

***René:*** *Ich glaub', du hast ihn wieder aus der Leitung geschmissen. Laß alles durch und frag' nicht mehr vorher, ob du es sagen sollst. Ich weiß nur, daß du selbst mir noch nie etwas über das kausale Denken erzählen wolltest.*

Kurze Pause.

G-G-J: ***Zum analytischen Denken als Vorbereitung auf den Krieg und das Chaos auf dieser Erde:****

***Wie wir in unserer Einleitung mitteilten, sehen wir uns veranlaßt, den Erdenmenschen nach bestem Wissen und Gewissen***

---

* Den hier folgenden Text hatte 'Jung' scheinbar als Fortsetzung seiner Übermittlungen vom 20.11.86 (4.Kontakt) gedacht, weshalb er wieder obigen Titel durchgab.

*unsere Erkenntnis zu übermitteln, um ihnen in ihrer chaotischen Situation zu helfen. Wir vermuten, daß es nicht leicht sein wird, diese Wahrheiten zu verbreiten und daß es noch schwieriger sein wird, dafür offene Ohren und offene Seelen zu gewinnen.*

*Der Atomkrieg ist der Höhepunkt eines jahrzehntelangen Aufbaus der Trennung des Menschen vom Universum und seinem Unterbewußten. Wenn der Mensch einen gewissen Grad von Unbewußtheit überschritten hat, spielt die Natur nicht mehr mit. Das heißt, solange der Mensch das Universum und seine Gesetze respektiert, läßt es ihn auch in Frieden leben. Sobald aber seine Angst vor dem Unbewußten soweit geht, daß er auch dem Universum seinen Stempel aufdrücken möchte, wird es sich wehren. Es wird dann für den Menschen zum Spiegel seiner Annahme von Krieg und Frieden.*

*Wenn Menschen für den Frieden kämpfen, nehmen sie auch an, daß Krieg natürlich ist. In ihrem tiefsten Innern schlummert der Wunsch nach Krieg, denn das Ich möchte nicht ohne Bestätigung seinen Willen und seine Funktion erbringen. Es muß sich wichtig machen, um auf diesem Planeten funktionieren zu können. Und um der Wahrheit aus dem Weg zu gehen, schaltet es das Licht, das aus den unbewußten Tiefen kommt, aus. Denn diese Erleuchtung von innen würde die gesamte Menschheit bedrohen.*

*Mein Freund Wilhelm Reich erklärte mir, Erleuchtung sei Erleuchtung von innen, ein Strahlen und Leuchten des Erkennens der inneren Wahrheit – jenes Lichtes, das die Gleichheit und Einheit von Innen und Außen erkennen läßt. Wenn dieses Leuchten einen Menschen erfüllt, verliert er alle Angst. Erst wenn dieses Leuchten einen Menschen ganz erfüllt, kennt er die Wahrheit, und sieht er, was ist. Vor diesem inneren Leuchten hat der Mensch insofern Angst, als er unbewußt weiß, daß er dann eine Bedrohung für die gesamte Menschheit – die im Unterbewußtsein eine Schranke gegen diese Wahrheit errichtet hat – darstellt. Es bedeutet einen großen, riesengroßen und schweren, unerschütterlichen Kampf, aus der Unwissenheit und dem Unbewußten in das Licht der Bewußtheit zu gehen. Meine Freunde, wir sterben dann viele unbeschreibliche Tode.*

*Es mag manchmal so aussehen, als würde der Schritt aus der Unbewußtheit zum Licht ganz einfach sein. Doch, wenn es das wäre, würde die Welt nicht in Trümmern liegen. Ich habe mich oft gefragt, wieso Gott es uns bei unserer Reise, bei unserer Entdeckungsfahrt, so schwer macht? Glauben Sie mir, mit dieser Frage habe ich mich viele Nächte abgemüht. Immer wieder habe ich mich gefragt, wieso es so schwer ist, aus der Dunkelheit ins Licht zu treten? Was ist der Grund, warum wir oft so blind sind? Warum erkennen wir oft nicht einmal, daß wir in der Dunkelheit sind? Ich habe diese Fragen viel studiert und bin wieder und wieder an meine Grenzen gestoßen, oftmals bin ich auch aus Rücksicht auf die Welt nicht weitergegangen. So kann ich es verstehen, wenn auch Sie öfter einen Rückzieher machen. Ich glaube, das ist gut so, denn vielleicht würde man daran zerbrechen, wenn man allzuhäufig über seinen eigenen Schatten springt. Man kann es nur soweit, als es in seiner psychischen Macht liegt. Aber wenn man im Innern das erste Licht gesehen hat, kann einen nichts mehr daran hindern, in die volle Erleuchtung zu gelangen.*

*Ich bin dorthin gelangt, daß ich nicht mehr glaube, daß Gott es uns so schwer macht, von der Dunkelheit ins Licht zu rükken. Es ist unser eigenes Ich, das uns daran hindert. Diese Wahrheit hat mich zutiefst erschüttert und mir bewiesen, wie frei wir eigentlich sind.*

*Freund Reich machte eine große Entdeckung. Diese Entdekkung des Orgon und der Bioenergetik hätte, wenn sie auf offene Ohren und Herzen gestoßen wäre, die Welt retten können. Aber wie Sie sehen, hat die Macht der Dunkelheit die Menschen noch nicht weit kommen lassen.*

*Ich mühe mich, stets die Wahrheit zu sagen, doch oftmals scheint mir, als könnten wir es nicht. Wenn man der Wahrheit auf den tiefsten Grund gehen will, muß man selbst sehr ehrlich sein und sich immer wieder erforschen. Wo manipuliert man und wo versucht man um eine Ecke zu laufen, um den Inhalt einer unbewußten Verdrängung zu behalten?*

*Wenn ich sage, daß das analytische Denken die Vorbereitung auf das Chaos und den Krieg auf dieser Erde ist, so meine ich, daß der Krieg sehr tief mit dem Krieg gegen das eigene Selbst verwurzelt ist. Ich habe es immer wieder gesehen: Je mehr ein Mensch sich selbst liebt, desto weniger ist er auch nach außen hin fähig, Krieg zu führen. Ein Mensch, der sich selbst erkennt, wird vollkommen unfähig zur Kriegsführung, aber er ist immer noch fähig, ja fähiger, sich selbst anzunehmen und zu lieben.*

***Es fällt mir schwer, über sexuelle Liebe zu sprechen. Ich hatte selbst in meiner Zeit als Psychotherapeut damit Probleme. Ich wollte nicht wahrhaben, daß Sexualität eine große Macht ist und große Bedeutung bezüglich der Wiederentdeckung der Ganzheit hat. Wilhelm Reich hat mich vollkommen von der Wichtigkeit der geschlechtlichen Vereinigung und der Reinheit des libidinösen Genusses überzeugt. Heute vermag ich zu sagen, daß ich es damals versäumte, mich ein bißchen tiefer in diese Bereiche einzulassen, mich von diesem Thema ganz und gar überschwemmen und überfluten zu lassen. Ich dachte immer, es sei auch möglich, ohne Sexualität zur Ganzheit zu gelangen. Doch heute weiß ich, daß man zuerst vollkommen hineingegangen sein und Sexualität als reine Liebe erfaßt haben muß. Das Annehmen all seiner Bilder und Muster, all seiner Verworrenheit und das Annehmen der Istheit — egal, wie verrückt sie einem erscheinen mag — ist der erste Weg zur Ganzheit.***

***Glauben Sie mir, Irrwege sind unumgänglich. Es gibt keinen einzigen Menschen, der sich auf dem Weg zur Wahrheit nicht hunderttausendemale geirrt hat und ebenso viele Fehler machte. Ich meine, wir alle verurteilen uns viel zu sehr. Wir wollen nicht begreifen, daß das Leben positiv und kein Rächer und Mörder an uns ist.***

***Je weniger wir uns vom Leben getrennt fühlen, desto weniger können wir verurteilen. Das analytische Denken aber bewirkt immer Urteil. Die Unwahrheit zu teilen, heißt jedoch, nicht zu sehen, was geschieht.***

Pause. 'Jung' spürte die Frage, die ich mir vorgenommen hatte, bei der heutigen Begegnung zu stellen:

C-G-J: ***Haben Sie Probleme mit Ihrem Kind?***

***René:*** *Ja, er knirscht letzte Zeit in der Nacht oftmals ziemlich mit den Zähnen. Können Sie uns darüber aufklären, was das bedeutet?*

C-G-J: ***Seine Persönlichkeit, sein Wille, sein höheres Bewußtsein und sein unteres Bewußtsein sind noch nicht in Harmonie gebracht. Er arbeitet daran, seine Wut über die unterdrückte Welt herauszulassen, weiß aber nicht, wie er das tun könnte.***

***René:*** *Was können wir dazu beitragen?*

C-G-J: ***Er ist in einer wichtigen Entwicklungsphase. Ich glaube nicht, daß Sie im Moment — außer sehr liebevoll zu***

***ihm zu sein und ein bißchen mehr mit Verboten aufzupassen — mehr für ihn tun können. Ein zweites Kind wäre gut.***

**René:** *Es scheint ja eines unterwegs zu sein. Erkennen Sie da etwas?*

G-G-J (lächelnd): ***Ich sage nichts.***

**René:** *Nun, morgen wissen wir es ohnehin genau.*

G-G-J: ***Ich verabschiede mich.***

Wir hatten am Abend zuvor beschlossen, einen Schwangerschaftstest zu besorgen, mit dem wir am nächsten Morgen über unser Gefühl Sicherheit finden wollten. Dann hatten wir unsere Idee jedoch wieder verworfen, da wir ohnehin ein paar Tage darauf in Wien einen befreundeten Gynäkologen treffen wollten, mit dessen Hilfe wir darüber endgültige Klarheit zu finden hofften.

Schon ein halbes Jahr lang hatte Mira immer wieder davon gesprochen, daß sie kein Kind mehr möchte. Ausgelöst hatte ihren Meinungsumschwung jener ominöse Sephet, welcher durch den medialen Hamburger sprach, der so lange bei uns wohnte. Dieses Wesen meinte, Mira würde eine weitere Schwangerschaft körperlich nicht verkraften, sie würde aufgrund ihrer schwächlichen Konstitution vielleicht daran umkommen, ein weiteres Kind würde ihr die letzte Energie rauben, usw. Jene Äußerungen machten Mira so sehr Angst, daß sie sich damit abzufinden begann. Wie wir heute wissen, hätte ein Kind unsererseits das Konzept Maestro Sephets, in dem wir eingeplant waren, zusehr durchkreuzt. Aber wir hatten begonnen, sein über weite Strecken unsinniges und verschleiert egozentrisches Agieren zu durchschauen und waren so dabei, den machtvollen Eindruck wieder auszuradieren.

Durch unsere Aktivitäten auf dem Gebiet der Pränatalen Psychologie hatten wir im Herbst auf einem ebensolchen Kongreß einen jungen, einfühlsamen Gynäkologen kennengelernt, den Miras Fallgeschichte aus Liebe zu seiner Berufung interessierte. Nach einer gründlichen Untersuchung meinte jener Arzt, daß Mira durchaus körperlich in der Lage wäre, noch ein Kind zu bekommen und diesmal auch die Chance bestünde, es ganz auszutragen. Mira war seitdem von dem von Lanto und Sephet ausgelösten Trauma halbwegs befreit. So begann sich nun schön langsam wieder eine Pro-Baby-Tendenz zu rühren, die von den tieferen Schichten aus Miras eigener Psyche oder vielleicht auch von, sagen wir, externen astralen Einflüssen ausging. Wir sprachen einigemale darüber, ob Manu nicht doch ein Schwesterlein haben sollte, da er eindeutig zu verstehen gab, daß er eines wollte. Auch die Adoption eines Mädchens hatten wir ernsthaft überlegt.

Gegen Jahresende begann Mira jedoch wieder zu betonen, daß sie kein Kind mehr wolle, für mein Gefühl betonte sie dies schon verdächtig oft.

In dieser Zeit begann sich irgendwie still und heimlich Miras Periode zu verschieben. Wir wissen das, weil der von Mira benutzte Fruchtbarkeits-Computer die täglich abgelesenen Daten später ausgedruckt hat. Dieses Gerät spielte aus für uns damals unerklärlichen Gründen plötzlich verrückt und zeigte inmitten der fruchtbaren Phase Miras grünes Licht an, anstelle des vor der Befruchtung warnenden roten Blinkens. Es scheint, als ob das Elektronengehirn damals absichtlich in die Irre geführt wurde. Jedenfalls konnten sich auch Gynäkologen keinen klaren Reim darauf machen.

Wir haben uns aber trotz Grünphase gesagt, sicher ist sicher, wir passen lieber auf. Während wir uns also – es war am Morgen des 24. Dezember – umarmten und vereinten, begann Mira äußerst witzig zu werden. Sie belustigte sich sichtlich über etwas außerhalb meiner Erfahrungswelt. Auf meine rätselnden Gesichtszüge hin erzählte sie mir einen kurzen, aber ziemlich irren Witz, der ihr eben eingefallen sei. Und so mußten wir während unseres Liebesspiels beide schallend lachen, so daß es uns sozusagen ›out of control‹ passierte. Es ging uns trotzdem ziemlich gut dabei. Einerseits, weil wir uns beide unschuldig fühlten, und andererseits derart starke Energien im Raum waren, daß wir sie sogar flimmern sehen konnten. Den Witz haben wir leider vergessen, er war zu gut, um ein zweitesmal erzählt werden zu können.

In den folgenden vierzehn Tagen hatte Mira einige eigenartige Träume, die – wie sich erst später herausstellen sollte – obigen Geschehnissen zugeordnet werden müssen. So sah Mira in einem Traum einen als Mädchen verkleideten Mann an Wärtern vorbei sich in ein Kraftwerk schwindeln und später dann durch ein kleines Seitentor diese Energiezentrale wieder verlassen. Ein andermal reiste sie nächtens astralbewußt nach China, um dort feinstoffliche Freunde zu treffen. Diese Fernreise wandelte sich schließlich in ein Traumgeschehen, in dem sie ein Buch voll kalligraphischer Tuschpinselarbeiten ›von ihrem Sohn‹ erhielt. Es hieß, daß nur sie die Bilder ›lesen‹ könne. Mira sah ein Bild an und rezitierte daraufhin ein Gedicht, das genau dem Aussagegehalt jener abstrakten Zeichen entsprach. Der ihren Sohn betreuende Kinderboy meinte im Traum dann, daß ihr Sohn wieder gehen möchte. Aber warum, das müsse sie ihn schon selber fragen. Der Sohn verwies einzig mit einer Geste auf das Umschlagzeichen des Buches. Mira blickte die Tuschgrafik an und übersetzte die Kalligrafie mit ›*Wer liebt schon einen geistigen Mann?*‹ Danach erwachte sie.

Diese und weitere Träume erzählen wir detailierter im Folgeband zu unserem publizistischen Erstlingswerk über die Channeling-Kommunikation mit unserem heute vierjährigen Sohn. Hier sei die Geschichte nur soweit erwähnt, als sie zum Verständnis des turbulenten Fortgangs der Geschehnisse um 'CeGe Jung' von Bedeutung ist. Die subtileren, spinnennetzartigen Zusammenhänge karmischer Natur, die zwischen all den beteiligten Personen und Entitäten diesseits und jenseits der Nebelwand bestehen, behalten wir vorerst bewußt für uns. Diese astralen Verflechtungen können jedoch von aufmerksamen Lesern im Lauf des Erscheinens unserer weiteren Bücher – zwischen den Zeilen – erkannt werden. Es sei hier nur einmal und am Rande erwähnt, daß wir in obiger Hinsicht Geheimnisse mit uns tragen, für die wir selbst eine geraume Zeit benötigten, um sie zu verkraften. Wir wollen mal sehen, wie sich die Reaktionen auf dieses Buch entwickeln und erst in einigen Jahren entscheiden, welche Rätsel wir zu enthüllen bereit sind. Momentan sind sie nicht von Belang, die meisten Leser würden uns ohnehin keinen Glauben schenken.

Der nächste Kontaktversuch mit 'Jung' fand tags darauf, am 18.1.1987 um etwa 8 Uhr 30 statt. Dieser Versuch nahm jedoch eine zuerst seltsame und dann freudige Wende. Nachfolgend ein verkürzter Auszug aus dem Tonbandprotokoll des Beginns jener wirklich gelungenen Überraschung:

Mira meditierte wie üblich einige Minuten vor dem Kontakt. Ich begab mich ebenfalls in eine entspannte, rezeptive Haltung, ohne jedoch meine linke Gehirnhälfte ganz ausschalten zu wollen. Innerlich rief ich wie üblich ›CeGe, bitte kommen – CeGe, bitte kommen‹ in den geistigen Ätherraum. Nachdem sich bei Mira kein Empfang einstellte, bat ich 'Jung' wie schon öfter auch mit lauter Stimme, zu uns zu sprechen. Nach einer kurzen Pause kam es anders als erwartet:

***Mira:*** *René, es ist dauernd wer anderer da, ich glaub' nicht, daß ich mir das nur einbilde. Er redet in einem total chinesischen Deutsch, weswegen ich mich innerlich schon biege vor Lachen.*

Ich meinte, Mira solle dieses Wesen doch direkt sprechen lassen, damit ich es auch mitbekomme. Nachdem sie sich kurze Zeit dagegen zierte, *›weil der so einen Blödsinn quakt‹*, hat sie sich dann doch etwas tiefer in Trance begeben und ihre Stimmbänder für ein sich *›Tashi‹* nennendes Wesen bereitgestellt.:

***Tashi:*** *Ich seien Tashi Wang, kommen aus China-Land. Haben große Freude zu sagen, daß die Ehre haben zu kommen.*

***René:*** *Zu kommen? Wohin denn?*

***Tashi:*** *Kommen zu Vater René und Mutter Mira-belle. Kennen aus frühere Leben. Haben viel Spaß. Tashi Wang haben große Aufgabe...*

Mir dämmerte ziemlich gleich, was da los ist, wollte es aber vor lauter Staunen nicht ganz wahrhaben. Als dieser spitzbübische Chinese auch noch schilderte, wie er es nach einigen Anläufen doch schaffte, sich über uns zur Verkörperung zu begeben, blieb mir einfach die Spucke weg. Er war es, der Mira drei Wochen zuvor den Witz einflüsterte, damit die Konzeption geschehen konnte. Ist das nicht eine Art kosmischer Raffinesse, der man hilflos ausgeliefert ist!

Mira benötigte einige Wochen, um auch mir gegenüber zuzugeben, daß sie die sich mehrenden Durchgaben von Tashi Wang ernst nahm. Diese Schwangerschaft nahm wiederum einen höchst dramatischen Verlauf, wenn auch in völlig anderer Weise als bei unserem ersten Kind. Erneut machten wir gravierende Erfahrungen, die uns große Strecken unserer spirituellen Entwicklung begleiteten. Wir sind dabei, diese Erlebnisse in Manuskriptform zu bringen, um auch diese Wachstumsmöglichkeit unseren Lesern (in unserem zweiten Babybuch) anzubieten. Da, wie gesagt, alles mit allem zusammenhängt – nicht nur im allgemeinen, sondern speziell auf unsere Durchgaben bezogen –, haben wir dieses Ereignis ansatzweise auch in dieses Buch einbezogen, was mancher Leser nach dem Erscheinen der Folgebände verstehen wird.

18. Kontakt – 22/1/87 – 11.15 h – Monolog vor Mikrofon im Studio

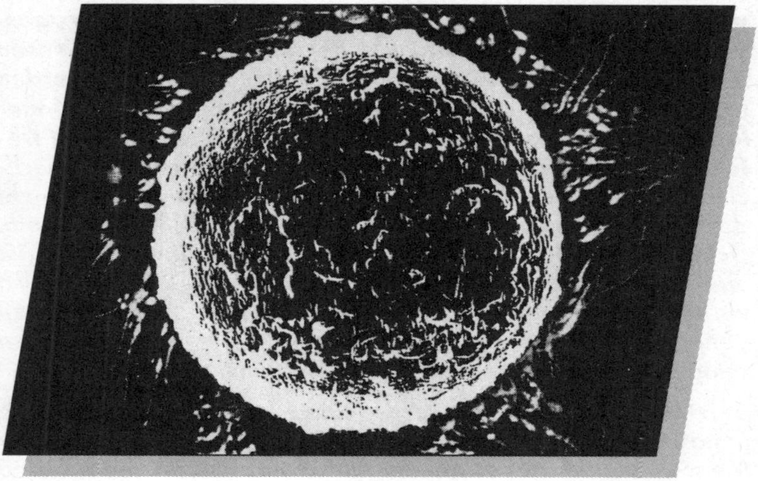

## *Ein Universum entsteht*

Nach unserer Wienfahrt zu dem befreundeten Gynäkologen hatten wir uns von dem freudigen Schock erholt und einen neuen Anlauf genommen, doch mit 'Jung' zu sprechen, was diesmal auch gelang. Allerdings ohne mein Beisein, da unser Sohn nach einem von uns verlangte. Also hatte ich deshalb Mira das Sensor-Mikrofon aufgebaut, um ' Jung' zumindest einen Monolog über sein Medium zu ermöglichen. Wir baten ihn gedanklich, er möge doch, nachdem es nun objektiv geworden ist, daß wir ein Baby bekommen, über die Schwangerschaft sprechen:

C-G-J: ***Jetzt wissen Sie, daß Sie ein Kind empfangen haben. Sprechen wir also über die Schwangerschaft. Das ist eine große Sache, ja ich glaube fast, es ist die größte Sache auf dieser Welt. Man könnte sogar sagen, daß jedesmal, wenn ein neuer Erdenbürger das Licht der Welt erblickt, der Menschheit eine Revolution geschieht. Aber wie viele Menschen fragen sich nach dem Sinn des Lebens? Und wie wenige erst erkennen auch einen Sinn darin, zu leben und zu sterben?***

***Nun, die Entwicklung eines Embryos vollzieht sich in Stufen, in***

*denselben Evolutionsstufen wie jenen der Menschheitsgeschichte. Das kollektive Unbewußte und das Unterbewußte wird vom neuen Wesen Schritt für Schritt nachvollzogen. Genau jene Informationen, welche das inkarnierende Wesen nötig hat, um in der kommenden Welt zu überleben, werden in ihm gespeichert und von ihm integriert. Ohne diese eingelagerten Urerinnerungen wäre ein in die physische Welt tretender Mensch nicht lebensfähig, da ansonst seine körperlichen, psychischen, emotionellen und geistigen Abläufe nicht der gemeinsamen Mindest-Norm entsprechen könnten. Denn, sind keine Daten aus dem Unbewußten verfügbar, ist eine Rückerinnerung unmöglich. Infolgedessen wäre solch ein menschliches Wesen unfähig, auch nur einen Schritt zu gehen, geschweige denn irgend etwas auf dieser Welt zu erkennen, zu verstehen und in seinem Geist umzusetzen.*

*Es ist für mich immer wieder faszinierend, mitanzusehen, wie genau die Natur schon alles im voraus einplant, was der Mensch später benötigt, um ein freies Leben möglich zu machen. Genau besehen sind wir eigentlich schon uralt, wenn wir schließlich auf die Welt kommen. Wir sind bereits tief geprägt von all den Urerinnerungen, die in jeder Körperzelle gespeichert sind. Denn jede einzelne menschliche Zelle ist eine Urerinnerung und besitzt schon ihre eigene, aus geistiger Frequenz aufgebaute Struktur, die absolut alles — alles, was jemals war und sein wird — miteinbezieht.*

*Somit sind sämtliche Möglichkeiten des Universums in jeder Zelle eines geborenen Menschen enthalten! Dies aber bedeutet auch, daß ein noch junger Embryo viel weniger Möglichkeiten hat. Doch schon in der allerersten Zelle ist die Urerinnerung der vollkommenen Transformation und gänzlichen Erleuchtung eingeschlossen. In dieser ersten Urzelle — ich meine das Ei und den Samen, die verschmolzen und ein Ganzes geworden sind — kam auch das Unbewußte zum Bewußten und wurde eine Einheit. Und diese Urzelle erwächst im weiteren Verlauf immer mehr zu einer unendlich großen, weiten Möglichkeit, zur völligen Entfaltung jeglichen Lebens.*

*Es wird behauptet, ein Mensch werde zum Menschen, weil es seine Gene bestimmen. Solches jedenfalls nimmt die irdische Wissenschaft an. Doch ich sage: Der Mensch ist viel mehr, er ist die gesamte in seinem Speicher erfaßte Urerinnerung und allergrößte Urmöglichkeit im Universum in physischer Form.*

*Was aber ist wohl diese Urerinnerung? Sie ist der Traum allen Lebens, vom absolut ersten Beginn der Schöpfung an. Das schließt alles, einfach alles mit ein – jeden Traum, jeden Gedanken, alles, was der Geist jemals produzierte, ja sogar die Natur des Geistes an sich und alles Wissen, das jemals gewußt wurde und gewußt werden kann und wird. Das heißt, auch die latenten Möglichkeiten der unendlichen Entfaltung, der grenzenlosen geistigen, emotionellen, physischen, psychischen – und was immer Sie wollen – Weiterentwicklung.*

*Sie tragen also in sich, in Ihrem Herzen – so wie auch ich in meiner Bewußtseinsmitte – die Energiestruktur des gesamten Alls, des gesamten Seins und des gesamten Lebens. Das ist ein unvorstellbares Ausmaß an Energie, dessen wir nicht in der Lage sind, uns auch nur annähernd bewußt zu sein. Würden wir von einem Augenblick zum anderen diese Urerfahrung, Urerinnerung und Urspeicherung – also diese große Einheit – erfassen, wir würden augenblicklich zu Asche werden, denn unser momentanes Potential könnte es nicht ertragen. Evolution sehe ich deshalb mehr als Training an mit dem Ziel, die gespeicherten Erfahrungen und Urerinnerungen immer mehr zu erkennen und zu verarbeiten. Um zu begreifen, daß wir von Beginn an alles waren, dazu gehen wir unendlich, unendlich, unendlich weit, und wir wissen nicht – oder besser, ich weiß nicht –, wo dieser Weg endet. Wahrscheinlich endet er nie.*

*Das allumfassende Leben ist in seiner Ganzheit in uns gespeichert, und wir müssen lernen, uns dessen mehr und mehr bewußt zu werden. Das ist unser Auftrag. Wie ich schon anmerkte, ist es nicht möglich, das alles in einem Moment zu erfassen. Jede aufkeimende Angst davor beruht wahrscheinlich auch auf unserem intuitiven Wissen, daß wir es oft nicht verkraften können, wenn wir etwas zu schnell erfahren. Dies ist eine Annahme, die sich oftmals bestätigt hat.*

*Wenn eine Frau Mutter wird, erlebt sie also in ihrem Unterbewußtsein die gesamte evolutionäre Entwicklungsgeschichte wieder mit und durch. Es ist eine grenzenlose Chance für sie, mitzugehen, mitzufühlen, bewußter zu werden und sich selbst dabei neu zu entdecken. Es geht in dieser Zeit darum, zusammen mit dem werdenden Leben geistig zu wachsen, indem man versucht – wie Sie es in Ihren Seminaren ansprachen –*

*›mit dem werdenden Leben auf Du‹* zu sein. Anders gesagt, es dreht sich alles um die Erkenntnis, daß man es als Frau gewissermaßen selbst ist, daß es das Leben in einem selbst ist, das sich im Embryo entfaltet und zu einer neuen Identität gelangen will – so wie der Wurzelstock einer Blume, der ständig frische Blätter trägt und neue Blüten entwirft.*

*All diese Vorgänge werden von der Sonne gespeist, die sowohl universale Mutter wie auch Schöpfer und Erhalter des Lebens ist. Wann immer eine Mutter schwanger geht, sollte deshalb die Sonne einen wichtigen Platz in ihrem Leben einnehmen. Der größte Trost kann von ihr empfangen werden, denn die werdende Mutter ist ja selbst zu einer kleinen Sonne geworden. Alle Urerinnerungen werden von den lebensspendenden Strahlen unseres Zentralgestirns wieder wachgerufen, alte Erinnerungen aus der Kindheit können aufsteigen und, auch wenn sie noch nicht verarbeitet wurden, bewältigt werden. Da die Sonne vor allem das Symbol des Lebens und der Liebe ist, kann eine Mutter mit genügend Sonne im Herzen auch alles heilen, was sie selbst und das wachsende Leben irritiert oder traurig macht. Allein an die Sonne zu denken, kann einem Menschen viel Kraft schenken. Und wachsendes Leben braucht viel Sonne, deshalb sollte die hoffende Mutter besonders Nahrung, in der viel Sonnenenergie gespeichert ist, also viel Licht und Liebe enthalten ist, zu sich nehmen.*

*Der Embryo wächst mit jeder Zellteilung, und mit jeder winzigen Vergrößerung expandiert zugleich das ganze Universum. So werden beständig neue Möglichkeiten geschaffen und neue Träume geträumt. Allein durch das Entstehen nur einer neuen Kreation werden schon unvorstellbare Mengen an Energie aktiviert, Energien, welche die Kraft in sich tragen, die Mutter in ihrem Unbewußten zu transformieren. So sie es zuläßt, wird sie Zeuge der lebendigen Kraft Gottes. Dieses Wort ist nicht fehl am Platz. Ich spreche es hier bewußt aus, welches Wort sonst sollte ich verwenden? Wenn wir offen genug sind, dieses Wort ›Gott‹ in seiner reinsten Form zu empfinden, ist es bar jeder Logik und Anhaftung, auch bar jeder Religiosität. Denn kein Wort trägt die Urerinnerung an diese Kraft im Universum mehr in sich, vielleicht wird es deshalb mit soviel Angst und Scheu, mit soviel Ehr-Furcht ausgesprochen.*

---

* 'Jung' meint hier den Titel unserer Embryo-Kontakt-Seminare, in denen Mira als medialer Mittler zwischen den geistigen Wesen der Embryos und den werdenden Müttern fungiert. Siehe dazu das ca. Herbst 1989 bei Goldmann erscheinende Taschenbuch gleichen Titels.

*Auch ich habe große Ehrfurcht vor dem werdenden Leben und noch mehr vielleicht vor der Mutter, die das neue Leben hervorbringt. Ich kann mir kein größeres Erlebnis für eine Frau vorstellen, als schwanger zu sein. Ich möchte hier mit aller Deutlichkeit sagen, daß ich mir aus vollstem Herzen wünsche, die Mütter mögen diese Zeit benutzen, um aus ihrer Unbewußtheit zu erwachen, und sich nicht scheuen, einen großen, weiteren Schritt in ihrer eigenen Evolution zu gehen.*

*Liebe Mütter und Väter, hier spricht 'C. G. Jung' zu euch! Ich möchte mich um Gottes willen nicht wichtig machen, doch ich weiß, daß dieser Gedanke, wenn ich ihn ausspreche, eine Wirkung haben wird: Ich, 'C. G. Jung', bete für alle Mütter und Väter dieser Erde, daß sie aus ihrem selbstbegrenzenden Traum, aus ihrem Glauben an Vernichtung und Chancenlosigkeit, erwachen mögen. Ein kleiner Schritt von jedem, weg von Mord und Totschlag, würde schon bedeuten, daß wieder mehr Liebe die Welt regiert.*

*Neues Leben – ich finde fast keine Worte – ist die größte Wachstumsmöglichkeit im Universum, eine Möglichkeit, die jedem einzelnen gegeben ist. Hat man erst die Bedeutsamkeit erkannt, die ein neuer Erdenbürger darstellt, wird man sich – tief im Inneren – augenblicklich wandeln und beginnen, die Größe Gottes und des Lebens zu erkennen.*

*Es ist mein innerster Wunsch, vielen Kindern auf ihrer Reise zu helfen, denn in der jenseitigen Welt erkannte ich, daß der Mensch erst dann voll Mensch wird, wenn der Weg seiner Entwicklung von der Eizelle bis zum gebärfähigen, gebärbereiten Embryo ohne große Störung gegangen werden kann – mit der latenten Möglichkeit im Unterbewußtsein, sogar ein ganzes Universum in Harmonie zu bringen.**

*So wie auch Jesus Christus solch ein Embryo war und solch eine Chance hatte. Über die Archetypen von Maria, Josef und dem Jesuskind sprach ich ja bereits zu Weihnachten. Werden wir uns also mehr und mehr bewußt, daß wir alle solche Qualitäten und Fähigkeiten, meist noch tief verschüttet, in uns tragen.*

---

* Während des Korrekturlesens dieses Kapitels meinte Mira zu mir, sie verstehe das nicht, ein Universum sei doch an sich in Harmonie. Nachdem ich dazu nichts beitragen konnte, meldete sich 'Jung' innerlich bei Mira und meinte, sie habe schon recht, im tiefsten Urgrund sei vollendete Harmonie gegeben, aber es ginge auch darum, die oberflächlicheren Schichten unseres sichtbaren Universums in Harmonie zu bringen. Und dies sei mit Hilfe integrierterer Seelen möglich.

Ich hatte eine lange Liste mit Begriffen aus der traditionellen und esoterischen Psychologie angefertigt, groß *›BITTE DEFINIEREN‹* darübergeschrieben und im Raum deponiert. Ich erwartete nicht unbedingt exakte Abgrenzungen, sondern eventuell auch Vorstellungsbilder oder zumindest irgendeine Art von Hilfe, um genauer zu verstehen, was 'Jung' meint, wenn er dieses oder jenes Fachwort verwendet.

Der Zettel mit meiner Begriffsliste lag während des ganzen vorhergegangenen Monologs am Boden. Ohne Aufforderung – ich war im Raum ja gar nicht anwesend – begann 'Jung' zum Abschluß etwa die Hälfte der von mir notierten Termini zu besprechen:

C-G-J: ***Das ÜBERBEWUSSTE ist der gelungene Übergang von der verdrängten Speicherung – sprich Urerinnerung – in das volle Bewußtsein des Lebens und seiner Formen und Möglichkeiten.***

***Das ICH ist jene Substanz des Lebens, die sich ihrer eigenen Möglichkeiten bewußt ist.***

***Das UNBEWUSSTE sind die nichterkannten Fähigkeiten, Möglichkeiten und Bewußtseinsinhalte eines Individuums. Diese liegen brach und kommen nicht wirksam zur Geltung.***

***Das ES sind die Triebe und alles, was über das Ich wirksam wird, jedoch nicht bewußt nachvollzogen werden kann, da die Sperre vom Unbewußten zum Bewußten zum Teil noch geschlossen ist.***

***Das UNTERBEWUSSTSEIN bestimmt die Handlungen des Ichs. Es wird vom Ich akzeptiert, obwohl es die Ursache der Handlungen nicht kennt.***

***Der GEIST ist das gesamte Potential des Unter- bis Überbewußtseins einer Individualität.***

***EMOTIONEN sind sowohl Träger als auch Verursacher der unbewußten Muster, anders gesagt, der Spiegel für nichtbewältigte unterbewußte Inhalte.***

***Die PSYCHE besteht aus unbewußter, unterbewußter und überbewußter Reaktion des Menschen und bestimmt das Verhalten und die Reaktionsweisen auf die Umwelt. Nichtbewußte Strukturmuster werden zu Problemzonen im Leben jedes einzelnen, aktiviert von der geistigen Emotion, um dem Betreffenden zu helfen, mehr Bewußtheit über seine Chancen zu bekommen. Ich verabschiede mich.***

19. Kontakt – 25/1/87 – 08.00 h – Innerer Dialog mit Mira im Studio

## ›CeGe‹ und der China-Boy

**Mira:** *Er kommt nicht, der 'Jung'.*

**René:** *Dann rufen wir eben den Tashi. Oder?*

**Mira:** *Wieso kommt der 'Jung' nicht? Ist das nicht komisch?*

**René:** *Ja, vielleicht hat er keine Zeit? Du hältst dich auch nicht immer an deine Termine.*

**Mira:** *Jetzt bin ich frustiert. Ich fühl' mich richtig versetzt.*

**René:** *Er wird es sicher nächstesmal aufklären. Richte deine Antenne besser jetzt statt nach oben, nach unten in deinen Bauch hinein. Tashi hat sicher auch etwas zu sagen.*

**Mira:** *Nein, ich will mit dem 'Jung' reden.*

*Ich find' das sehr arg. Ich hab' nämlich vorhin zu Maria und Jesus um Hilfe gebeten, damit nur das Echte durchkommt. Und gerade jetzt kommt gar nichts durch. Nein, im Hintergrund hör' ich schon 'was.*

**René:** *Ja, würdest du es bitte an das Mikrofon weiterleiten. Das Tonband läuft seit zehn Minuten.*

**Mira:** *Da bin doch ich nicht daran schuld, wenn der nicht richtig herkommt.*

**René:** *Du hast gerade behauptet, daß du doch etwas hörst!*

**Mira:** *Ich hör' jemand sagen, ›**daß er große Freude hat und in Zukunft große, helle Sterne sieht**‹.*

**René:** *Wer sieht das? Unser neuer Sohn?*

**Mira:** *Ja, wenn er's ist?*

*Er sagt, ›**Stern funkeln wie Gold**‹.*

**René:** *Bitte laß ihn doch direkt sprechen, sei so nett.*

Mit leisem Murren begibt sich Mira in tiefere Trance.

**Tashi:** *Tashi Wang haben große Freude. Sehen goldene Stern in Zukunft.*

**René:** *In wessen Zukunft?*

**Tashi:** *In Zukunft von Erde. Haben Freude, weil fühlen, daß kommen große Zukunft.*

**Mira:** *Jetzt hör' ich wieder nichts mehr.*

**René:** *Vielleicht hast du ihm das Wort abgeschnitten.*

**Mira:** *Mir ist schlecht.*

Just in dem Moment als ich daran dachte, den Rekorder auszuschalten, kam der Chinesen-Boy doch noch einmal durch:

**Tashi:** *Sehen große Zukunft für Erde. Stern gehen auf in Norden, wandern nach Süden. Seien Stern von Transformation –*

Abbruch.

**Mira:** *Ich glaub', jetzt ist der 'Jung' da.*

G-G-J: **Guten Morgen.**

**René:** *Herr 'Jung', ich frage das momentan Allerwichtigste zuerst. Was ist die Ursache für das Schlechtwerden am Beginn einer Schwangerschaft? Kann man das lindern?*

**Mira:** *Er hat nur gesagt, ›**er will mich beschützen**‹ und ist hinter mir gestanden. Er sagt, ›**er respektiert es, wenn es mir nicht gut geht. Deswegen geht er jetzt wieder. Er kommt zurück, wenn es mir besser geht. Dann hat er mich noch irrsinnig lieb gehalten.***

*Mir ist so schlecht, René. Wenn ich mich nicht gleich hinlege, spei' ich mich an.*

*Von 'Jung' hab' ich noch 'rüberbekommen,* ***›daß ich mich nicht überanstrengen soll, weil ich mich sonst im Unterbewußtsein ganz abblocke‹****. Da hörst du es!*

***René:*** *Nun ja, dann geben wir es für heute auf.*

Mit Tashi Wang hatten wir in den Wochen darauf noch einige lustige und auch ernsthafte Kontakte. Im weiteren Verlauf gab Tashi auch andere seiner Inkarnationen preis und sprach unter einem aus dem Lexikon bekannten Namen weiter. Aber nicht nur er selbst, auch seine Freunde aus mittelalterlicher Zeit, die während der Schwangerschaft teils als Schutzwesen fungierten, teilten uns die Richtigstellung der in den Geschichtsbüchern nachzulesenden Historie jener Persönlichkeit mit. Nachdem diese Übermittlungen noch nicht abgeschlossen sind, enthalten wir uns bis zum Finale vorerst weiterer Details.

In diesen Tagen, als uns so richtig praxisnah bewußt wurde, daß wir noch ein Baby bekommen, war auch unsere materielle Situation extrem am Kippen. Man kann sagen, es herrschte Alarmstufe eins. Zugleich brachte mir der hormonell bedingte Ausfall Miras zu Bewußtsein, daß auch unsere gemeinsame Channeling-Arbeit eine ziemliche Unterbrechung erfahren dürfte. Es sind ja nicht nur die Schwangerschaftsmonate, sondern auch die Jahre danach, wie wir inzwischen aus erster Hand wußten, die durch ein Baby zeitlich voll beansprucht werden. Ich empfand die auf mich zukommenden Probleme damals jedenfalls als riesengroß und geriet etwas in Panik, was sich natürlich auch auf Mira übertrug. Auch unsere Beziehung bekam von diesem Streß einiges ab, was es wiederum äußerst erschwerte, eine genügend harmonische Einstimmung für unsere Trance-Gespräche zu finden.

Man muß sich vorstellen: Jetzt hatten wir mit (für uns) hohen Summen Leihgeldes den Sprung aufs Land gewagt, um dort die äußere Ruhe zu finden, die der Kultivierung innerer Stille förderlich ist. Dann hatten wir unsere Praxis für psychologische Beratung eröffnet, um unseren Aktivitäten einen offiziellen Rahmen zu geben, was, nebenbei bemerkt, mehr an Kosten schluckte, als es Honorare hereinbrachte. Und wir waren nach unseren jahrelangen Trainings nun an einem Punkt angelangt, von dem wir mit gutem Gewissen sagen konnten, daß wir wirklich Qualitatives fürs persönliche Wachstum zu bieten haben. Endlich soweit, bricht dieses Kartenhaus plötzlich durch ein kommendes Baby zusammen. Über das Baby freuten wir uns aber auf anderer Ebene gleichzeitig irrsinnig.

Es fanden sich zwar noch ein paar Gelegenheiten für Klienten-Dialoge mit 'Jung', aber meine Gespräche mit ihm konnte ich erst zwei Monate nach der Geburt wieder aufnehmen. Unsere ökonomischen Umstände und die fortschreitende Schwangerschaft ließen einfach vorher keinen Raum mehr dafür frei. Ich orientierte mich mit aller Energie auf diverse Nebenjobs, um uns (bald vier) durchzubringen.

Allein mit unserem Baby im Bauch, das wir Leonardo nannten, führten wir weiterhin diverse Dialoge. Es gab darunter manch mysteriöse Botschaften, wie *›die Schwangerschaft sei hauptsächlich für Miras spirituelle Entwicklung da‹* und dieses und jenes werden wir nach der Geburt schon verstehen.

Zwei Monate vor der Geburt meinte Leonardo seltsamerweise, *›daß seine Aufgabe nun erfüllt sei und er jetzt wieder gehen möchte‹*. Ich hatte diese Mitteilung nicht wahrhaben wollen und einer unterbewußten Regung Miras zugeschrieben, doch es kam wie vorhergesagt. Einen Tag vor der Geburt – Mira hatte diesmal dies Baby fast ausgetragen – war ein Gefühl im Raum, als ob Leonardo nicht mehr da sei. Auf die Frage Miras an Leonardo, wo er denn sei, spürte sie nur noch einen Reflex vom Babykörper und das war die letzte physische Regung, die erfolgte. Am 22. August kam dann unser Sohn wie von ihm angekündigt zuhause – unter Beisein einer verständigen Hebamme und eines befreundeten Arztes – tot auf die Welt. Während es Mira schon innerlich wußte, konnte ich die Welt nicht mehr begreifen.

Vier Stunden nach der Geburt ging Mira trotz hohen Fiebers auf einen inneren Impuls hin in Trance und Leonardo sprach direkt zu mir, zum Arzt und zur Hebamme über den Sinn seiner Rückkehr in die feinstoffliche Welt. Da das Tonband, mit dem ich den ersten Schrei unseres Babys aufnehmen wollte, noch immer endlos weiter lief, wurde diese Botschaft automatisch aufgenommen.

Diese Umstände der Schwangerschaft seien hier angemerkt, weil 'Jung' in späteren Kontakten noch öfter darauf zu sprechen kam.

# *Dialog über Ganzheitsmedizin*

Über eine Zeitschriftenanzeige erfuhren wir von einer Veranstaltung, die sich ›Wiener Dialog über Ganzheitsmedizin‹ betitelte. Ein erster internationaler Kongreß zu solch einem fortschrittlichen Thema in Wien, das ließ mich aufmerken. Ich hielt die Information beinahe für eine Parodie, nachdem die Veranstalter aus bürgerlichen Kreisen kamen. Nichsdestotrotz waren unter der langen Liste von Referenten einige wenige Trendsetter, deren grenzüberschreitendes Engagement es lohnen würde, den Kongreß zu besuchen.

Das Problem lag jedoch wieder an den für uns zu hohen Kongreßkosten.

Ich weiß nicht, was mich dazu getrieben hat, im Sekretariat der Veranstalter anzurufen, ich tat es jedenfalls spontan. Eigentlich wollte ich nur meiner Entrüstung darüber Luft machen, daß zwar ein Kongreß unter solch einem hochtrabenden Titel abgehalten wird, aber die überwiegende Mehrheit der Vortragenden sicherlich keine Ahnung davon hat, was Ganzheitsmedizin überhaupt ist.

Zu meiner Überraschung hat sich die Sekretärin des Veranstalters meiner Einschätzung angeschlossen, aber gemeint, daß dies trotzdem ein Schritt in die richtige Richtung sei. Worauf sich ein ausführliches Gespräch ergab, das darin gipfelte, daß wir zwei Freikarten für die gesamte Kongreßwoche zugesandt bekamen.

Im Zug nach Wien, etwa inmitten der Strecke, nachdem ich im Kongreßkatalog die wenigen für uns wirklich zukunftsweisenden Vorträge angestrichen hatte, meldete sich 'Jung' plötzlich innerlich bei Mira zu Wort. Offensichtlich hatte er den Katalog mitstudiert. Er informierte uns aus seiner Sicht über eine bekannte Vortragende aus New York.*

In dem spontanen Dialog meinte 'Jung' zuallererst, ***›diese Person habe ein totales Verständnis von Mathematik, weil sie die Partnerseele eines historisch bekannten Wissenschaftlers sei, dessen Wissen sie im Unterbewußtsein mit sich trage.*** ** ***Aufgrund der Einheit mit ihm sei sie sogar in der Lage, die feinen Funktionen der Psyche mittels der Quantenphysik zu beweisen.‹*** Das Vortragsthema dieser uns am ersten Kongreßtag sehr beeindruckenden Referentin lautet ›Schaffung einer Spirituellen Psychologie‹. 'Jung' meinte dazu, ***›sie ginge an dieses Thema zu überbetont wissenschaftlich heran, die andere Welt habe aber dennoch großes Interesse an ihren Aktivitäten‹***. Wir gewannen dann während ihres Vortrags auch wirklich den Eindruck, daß viele Unverkörperte an ihren Ausführungen teilhatten und sie direkt inspirierten.

Nachdem sich 'Jung' einige Minuten lang während der Zugfahrt durch Mira indirekt mitteilte, was sie laut nacherzählte, begann er schließlich direkt zu mir zu sprechen, ohne daß den mitreisenden Fahrgästen die zweiweltliche Art des Dialoges aufgefallen wäre. Er erwähnte, ***›daß jene Dame ihrem Mann geistig haushoch überlegen sei, und auch, daß sie Sexprobleme habe‹***. Interessanterweise setzte er noch hinzu, ***›daß dies aber gut so sei‹***. Auf meine verwunderte Gegenfrage meinte 'Jung' nur, ***›daß sie ohne diese Blockaden ihre weltweit wichtige Funktion nicht so erfüllen könnte, wie sie es tut. Es gäbe auch Blockaden, die sinnhafterweise im Moment nicht bewußt werden sollten.‹*** Er riet uns auch, ***›ihre Geburtsdaten***

---

* Ihren Namen behalten wir besser für uns, da wir nicht die Gelegenheit fanden, ausführlich genug mit der Dame zu sprechen und ihr mitzuteilen, was wir Ihnen im folgenden erzählen.

** Auch den Namen dieses Herrn möchten wir für uns behalten.

***zu besorgen, denn ihr Kosmogramm würde sehr aufschluß-reich sein***‹.

Auf das von der Frau Prof. Dr. Dr. gewählte Vortragsthema zu sprechen kommend, wollte ich von CeGe wissen, was er denn als Kern einer Spirituellen Psychologie ansehen würde? Darauf 'Jung' ganz konkret: ›***Das zentrale Thema könne nur die All-Einheit, die totale Überwindung der Trennung sein.***‹

Ich scherzte mit 'Jung' noch etwas herum und kam auf den einige Tage zuvor abgeschlossenen Vertrag über dieses Buch, das Sie nun in Händen halten, zu sprechen. CeGe berichtete, ›***daß die andere Welt mitgeholfen habe, einen geeigneten Verlag zu finden***‹.

Ich erinnere mich auch noch, daß 'Jung' Tashi, d.h. unseren ›verstorbenen‹ Sohn ›***Leonardo, als seinen spirituellen Bruder bezeichnete***‹ und daß er auf meine spielerische Frage, wann wir denn mal zusammen nach Amerika gingen, meinte, ›***frühestens in ein bis zwei Jahren***‹.

Genaueres können wir über dieses gegen Ende sehr lustige Gespräch im vollbesetzten ›Rosenkavalier-Expreß‹ der Österreichischen Bundesbahnen nicht erzählen, da wir von der Plauderei nur stichwortartige Notizen auf unseren Fahrkarten machten.

Erwähnenswert ist noch der Vortrag Prof. Fritjof Capras am Abschlußabend. Durch seinen vor einigen tausend Zuhörern gehaltenen Vortrag über ›Ganzheit und Gesundheit‹ fühlte sich CeGe nochmals herausgefordert, einen Kommentar zu geben. Während wir dem Vortrag lauschten, sprach 'Jung' innerlich zu Mira über seine jeweilige Position zum von Capra gerade angesprochenen Inhalt. Meine Frau war immer nahe daran, mir zuzuflüstern, was 'Jung' ihr gerade sagte, und hatte es auch einigemale getan. Um jedoch nicht zu sehr zu stören und die nächsten Worte Capras nicht zu überhören, hat sie es dann bleiben lassen. Nach der Veranstaltung konnte sie leider nur noch bruchstückhaft wiedergeben, was ihr 'Jung' flüsterte.

Auf der Heimfahrt, zusammen mit einem befreundeten Arzt und dessen Frau, versuchte Mira das Wesentlichste zu wiederholen. Weil es ihr aber nicht annähernd gelang, kam CeGe während der Fahrt im Auto durch und sprach nochmals vor uns vieren zur Frage, was denn Ganzheitsmedizin nun eigentlich sei.

Er meinte, ***›die Funktion des Arztes sei eigentlich in der Personifikation des Höheren Selbstes zu sehen, beziehungsweise in der Verkörperung von dessen Heilungsfunktion in der Gesellschaft. Die ›Götter in Weiß‹ seien ursprünglich wirklich Götter gewesen und werden es dereinst wieder sein. Unsere Ärzte werden sich dessen jedoch erst bewußt werden, wenn wir ihnen — und auch sie selbst sich — wieder erlauben, einen Zugang zum Höheren Selbst zu finden. Erst wenn genug Ehrfurcht vor der höheren Form des Arztes herrscht, werden sie diese Aufgabe für uns auch erfüllen können. Die Angst aller Beteiligten davor könne nur durch Vertrauen in die Göttlichkeit geheilt werden. Erst dann wird sich das Höhere Selbst als Archetypus der Heilung darstellen können. Die heutigen Repräsentanten dieser kosmischen Symbolwirklichkeit seien hingegen eine oftmals lachhafte und pervertierte Form der Achtung des Arztes.‹***

Bei unseren Freunden zuhause angekommen, diskutierten wir noch eine Weile, auch darüber, warum 'Jung' sich denn ausgerechnet bei uns so intensiv meldet. Wir waren davon überzeugt, daß da mehr dahintersteckt und daß uns irgendwelche Hintergründe vorenthalten werden.* In dieses Gespräch hinein flüsterte 'Jung' Mira ins innere Ohr, ***›daß er sich nie mit Medien einlassen würde, die unbewußt sind, und daß er nur über Medien spreche, die er als ernsthafte Sucher erkennt. Es müssen Menschen sein, die bereit sind, intensiv an sich zu arbeiten und mit ihm zu wachsen. Auch nehme er lieber weniger qualitative Kanäle als ganz gute, die nicht an sich arbeiten.‹***

Übrigens haben wir inzwischen einige Leute — darunter einen Mitarbeiter eines C.G.Jung-Institutes — kennengelernt, die zwar nicht vordergründig medial sind, denen sich aber Jung im Traumleben manifestiert, was uns 'Jung' 1988 auch bestätigte.

---

* Als wir dieses Manuskript fertigstellen, wußten wir bereits bedeutend mehr darüber, auch daß wir diese Informationen damals noch nicht verkraftet hätten. Da wir schön der Reihe nach veröffentlichen, haben wir noch bis zum vierten Band Zeit, uns zu überlegen, wie weit wir den Background bekanntgeben.

**21. Kontakt – 22/10/87 – 18.00 h – Mitschrift durch Mira im Studio**

## *Spirituelle Arbeit*

Ausgelöst durch den Ganzheitskongreß in Wien wollte Mira die eigene Position zu ihrer Berufung hinterfragen und meditierte über diese Sache in unserem Tempelraum. Sie notierte den Satz ›*ICH SUCHE DIE RICHTIGE EINSTELLUNG ZU MEINER SPIRITUELLEN ARBEIT*‹ auf ein Blatt Papier und begann – die Frage zuerst an ihr Inneres Selbst und dann an 'Jung' richtend – Antworten zu vernehmen. Mangels eines vorbereiteten Aufnahmegerätes notierte sie die darauf in Trance einfließenden Durchgaben auf demselben Stück Papier dazu:

C-G-J: ***Sehen Sie spirituelle Arbeit als Teil Ihrer geistigen Entwicklung an. Sie selbst können nur wachsen, wenn Sie anderen Menschen geholfen haben, die in ähnlichen Situationen wie Sie gewesen sind. Als Teil dieser Menschen dürfen Sie dienen, lieben und geben. Und alles, was Sie in Liebe geben, wird in Ordnung sein und Ihnen nützen, sich selbst besser zu erkennen. Staunen Sie, wie das Wissen über Ihre Lippen kommt, und schreiben Sie es nicht sich selbst, sondern der Kraft Gottes zu, die über Sie spricht.***

***Es bedarf großen Mutes, in die Öffentlichkeit zu gehen, aber***

*Gott wird Sie schützen und wie eine Mutter die Hand über sein Küken halten. Denn außer dem universalen Gesetz der Liebe gibt es nichts, das heilen und helfen kann.*

*Vergessen Sie die Schuld. Anstatt des Richters können Sie eine liebende Mutter in Ihr Unterbewußtsein stellen, eine Mutter, die Ihnen hilft, Ihr liebendes Herz soweit zu entwickeln, daß es auch fähig wird, sich selbst zu verzeihen und seine Fehler einzugestehen. Aus Angst vor Fehlern nichts zu tun, ist eine wahre Sünde, ein Vergehen am eigenen inneren Wunsch, etwas zu tun. Setzen Sie neue Prioritäten in Ihr Wachbewußtsein, und überzeugen Sie den Richter über Gut und Böse in Ihrem Hirn so von der Richtigkeit Ihres inneren Wünschens.*

*Wenn Blockaden erkannt werden, ist es an der Zeit, sie loszuwerden. Also machen Sie sich ans Werk, auch wenn es weh tut. Wir alle hier kennen den Geburtsschmerz, denn auch wir mußten da durch. Der Arzt im Jenseits ist jene Grenze des Bewußtseins, die überschritten wird, wenn unser Wachbewußtsein nicht mehr die erste Instanz in unserem Leben darstellt. Das Jenseits hat nicht unbedingt nur etwas mit dem physischen Tode zu tun. Es ist auch der Zustand jenseits unseres Wachbewußtseins, den wir im Traume erleben. Eines Tages werden wir alle erkannt haben, daß unser Traum erst unser Realitätsbedürfnis hervorgebracht hat und daß die Wurzel unseres physischen Erlebens jenseits der Schwelle unseres Tagesbewußtseins – nämlich in eben jenem Traum – zu finden ist. Nachdem wir aus diesem Traum – dem Tagesbewußtsein – durch den Tod wieder herausgetreten sind, vereinen sich erneut unsere Taten mit unseren Wünschen. Dann beginnen wir zu verstehen, wieso wir auf Erden gelebt haben und daß unser Tages- oder Wachbewußtsein unsere eigene Projektion war.*

*Insofern sind alle Probleme von uns selbst steuerbar und sind jenseits von Zeit und Raum – als wir im Vollbesitz unserer Kräfte und unseres ganzen Bewußtseins waren – im wahrsten Sinne von uns gesteuert worden. Diese Erkenntnis gibt Kraft in Krisen und Zeiten der Not, anders gesagt, es ist unser ›Höheres‹ oder ganzes Selbst, das wir erkennen, wenn wir geheilt werden.*

*Mehr habe ich zum Thema spirituelle und geistige Arbeit nicht zu sagen. Geben Sie acht, nicht die Liebe zu verlieren, ansonsten sehe ich kein Hindernis. Guten Abend.*

22. Kontakt – 25/10/87 – 09.30 h – Trancetrainings-Monolog im Studio

# *Ich denke – es denkt*

Mira hatte aber diesmal gravierende Schwierigkeiten, CeGe zu kontaktieren. Sie kam nicht so leicht wie sonst in die notwendige geistige Balance, weil sie zuviel an dieses und jenes denken mußte. Als wir schon aufgeben wollten, wie wir es übrigens hin und wieder durchaus tun mußten, einfach weil die Situation nicht stimmte, griff 'Jung' diesmal selbst ein, um den Kontakt zu stabilisieren. Er schritt zu einer Methode, die er bisher noch nicht angewandt hatte.

Als ein kurzer Moment da war, in dem er etwas besser durchkam, nutzte er die Chance, um mit spezifischen Kommandos an Miras Unterbewußtsein ihre Orientierung auf zu starke gedankliche Aktivität aufzulösen. Ich möchte seine Vorgangsweise fast ›als hypnotische Suggestion aus dem Jenseits‹ bezeichnen, als eine neue Variante, ein Medium (von der anderen Seite her) auszubilden.

C-G-J (in der Ich-Form stellvertretend für Mira sprechend): ***Ich kann jetzt nicht mehr denken. Ich muß vielleicht unzusammenhängend sprechen, aber am Ende wird der Inhalt den-***

***noch klar erkannt werden. Ich gebe mich auf und ergebe mich in das, was durch mich sprechen möchte.***

***Im Namen der Weißen Bruderschaft gebe ich bekannt, im Rahmen des Weißen Lichts zu arbeiten. So will ich mich wieder dem Fundament der geistigen Arbeit, welche eine rein psychische Plattform ist, zuwenden. Ich sehe alles und spreche alles nach, was mir gegeben wird, egal, was mein Ego darüber nachsinnt. Sobald ich denke, muß ich aufhören zu arbeiten. Eigene Gedanken können nur integriert werden, wenn ich nicht darüber nachsinne. So kann ich ein freier, reiner, esoterischer und spiritueller Kanal werden, der sich selbst als Teil des Ganzen erlebt.***

Pause.

G-G-J: ***Ich bin ein Teil des Universums. Nichts stört mich. Ich anerkenne die Kraft der freiflutenden Energie und gebe mich ihr in meiner ganzen Intensität hin. Ich erarbeite meine Kraft durch Liebe und ewige Hingabe an die Schöpferkraft.***

***Ich werde sehen, wie auch andere Menschen sich geistig entwickeln, um wiederum Teil der universellen Kraft zu werden. Chi – oder wie immer es genannt wird – fließt in reinster Form durch mich, und die Essenz des Wissens wird sich durch mich kundtun. Ich denke nicht nach, denn das ›ich denke‹ erzeugt mein Ego. ›Es denkt‹ wird und muß es heißen.***

***In der archetypischen Terminologie heißt ›ich denke‹ der Narr, und ›es denkt‹ ist der Hohe Priester, der gegenüber der Hohen Priesterin sitzt. Der Kelch und das Schwert sind die Symbolik des Empfangens und des Handelns. Es macht die Reinheit des menschlichen Geistes aus, seinen Kelch dem Weiblichen hinzugeben, um zu empfangen, denn nur durch das Weibliche kann er lernen zu empfangen. Mit dem Schwert führt er durch, was er empfangen hat. Der Hohe Priester ist ein Mensch, der gelernt hat, wirklich zu empfangen und seine weibliche Seele zu entdecken. Erst dann ist er wahrhaft fähig zu handeln …***

Hier folgte eine sehr persönliche Ansprache, die wir nicht publizieren möchten.

G-G-J: ***… Ich danke Ihnen. Ich werde auch künftig über Sie sprechen, wenn Sie weiterhin üben, ein Kanal zu sein, indem Sie in Trance einfach versuchen, nicht zu denken und alles auszusprechen. Ich werde dabeisein und Sie beschützen. Ihr habt dem Werke zugesagt, und wir werden helfen, das Ziel zu erreichen.***

**23. Kontakt – 3/11/87 – 14.20 h – Dialog mit René in Zürich**

## *Eine Botschaft an C.A. Meier*

Anfang November finden in Basel jährlich sogenannte PSI-Tage statt, die im deutschsprachigen Raum wohl wichtigste Tagung ›für internationale und interdisziplinäre Diskussion von Grenzfragen der Wissenschaft‹. Ich ließ mir das Programmheft kommen und fand, daß es eigentlich an der Zeit sei, mit unseren Erfahrungen in Sachen Embryo-Kommunikation – wir hatten inzwischen mit einer ganzen Reihe von Ungeborenen mentalen Direktkontakt gefunden – in Vorträgen vor größerem Publikum nach außen zu gehen. Also rief ich den Programmplaner an, dem unser erstes Buch zumindest vom Umschlag her schon bekannt war, und ich fragte an, ob es nicht einen Weg gäbe, uns zwecks Präsentation unserer Erfahrungen einzuladen.
Die höhere Einsicht verfügte, daß wir zwei Pressekarten bekamen und vor Ort dem Moderator Rainer Holbe vorgestellt wurden, der uns – unkompliziert wie er ist – gleich ins abendliche Eröffnungsprogramm einbaute. So konnten wir unser Anliegen erstmals in einer Großveranstaltung darstellen. Auch die allererste Vorführung von einigen Minuten unserer Dialoge mit CeGe erfolgte an diesem Abend. Ich wählte eine

Sequenz aus dem zwölften Kontakt über Traum und Wirklichkeit, die über Saal-Lautsprecher den Schweizer Esoterikern präsentiert wurde. So erfuhren Jungs bzw. 'Jungs'* Landsleute erstmals, was ihr ehemaliger Mitbürger heute zu vermelden hat. Die Folge waren Zeitungsberichte, Interviews mit Radiostationen und Einladungen, da wie dort Seminare und Vorträge zu halten.

Während dieses Aufenthalts in der Schweiz kam mir der Gedanke, ob vielleicht heute noch Mitarbeiter C.G.Jungs lebten und wer von denen wohl an einem Direktkontakt interessiert sein würde? Ich erhoffte mir von solchen Konfrontationen auch, etwas weniger Probleme mit der in Gesprächen immer wieder geforderten Beweisbarkeit zu haben, ob unser 'Jung' nun der hinübergegangene historische Jung sei oder nicht.

Über eine hilfreiche Buchhandlung und das Telefonbuch fanden wir schließlich zum 82jährigen Prof. Dr. C.A. Meier, einem langjährigen engen Mitarbeiter Jungs, der ehemals auch dem C.G.Jung-Institut als Präsident vorstand. Seit 1963 leitet Prof. Meier die ›Klinik und Forschungsstätte für Jung'sche Psychologie‹ in Zürich.

Am Telefon zeigte sich der Professor überrascht, aber offen genug, sich mit der Sache näher einlassen zu wollen, er hätte nachmittags eine Stunde Zeit für uns.

Kurz vor dem Gesprächstermin kam mir der Gedanke – oder wurde er mir eingegeben? –, daß 'Jung' vielleicht zum vereinbarten Treffen direkt etwas beitragen möchte. Wenn ich 'Jung' wäre, hätte ich es jedenfalls optimal gefunden, mich mitteilen zu können. So bat ich Mira, doch zumindest einen Kontakt zu versuchen. Obwohl damals noch etwas ungeübt in Trance-Sitzungen, die außerhalb unserer eigenen vier Wände stattfinden, willigte sie dennoch ein:

***Mira:*** *Ich sag' also, was ich hör'.*

C-G-J: ***Sie waren bei meinem Geburtshaus!***

***René:*** *War das Ihr Geburtshaus? Ich dachte, Sie –*

'Jung' unterbrach.

C-G-J: ***Ich möchte über den Tod sprechen, über den Tod im***

---

* 'CeGe Jung' oder ›C.G.Jung‹, das ist hier die Frage. Der Leser möge für ihn Nichtzutreffendes streichen.

*allgemeinen. Das ist auch wichtig für den Mann, der sehr darauf wartet. Geben Sie ihm diese Antwort von mir:*

*Ich bin auf einer Stufe großer Weisheit angelangt und möchte meinem Freund und anderen Freunden im Geiste auf dieser Welt einen Dienst erweisen, indem ich ihnen Beobachtungen und Erkenntnisse, die ich nach meinem Tode machte, mitteile.*

*Ich habe erkannt, daß das archetypische Verhalten nach dem Tode durch die Bereitschaft des Individuums gelenkt und gefördert wird. Ich komme heute nicht gut durch, aber wenn Sie genau hinhören —**

*Das archetypische Verhalten nach dem Tode wird von der Umwelt mitgeprägt und so im nächsten Leben ein neuer Archetypus kreiert. Betrachten Sie das Leben nach dem Tode als eine Manifestation des kollektiven Bewußtseins. Diese entsteht, wenn ein Individuum erlebt, daß da kein Individuum mehr ist, wie es in seiner Vorstellung auf der materiellen Ebene bestanden hat. Sie können sich vielleicht vorstellen, daß es Leuten, denen es im physischen Leben an Wissen und Erfahrung mangelte, nicht leicht fiel, jenseits der Grenze zu gehen und mit dem neuen Bewußtsein umzugehen oder es zu kreieren. Ich komme sehr schwer durch, versuche es aber trotzdem weiter.**

**René:** *Vielleicht sollten Sie wieder eine kleine Übung mit Mira einschalten, wie Sie es kürzlich taten?*

**G-G-J:** *Das ist nicht nötig. Sie befindet sich in einem neuen Stadium und muß lernen, mit dieser Situation — mit der Unperfektheit — fertig zu werden. Lassen wir also auch ihre unterbewußten Gedanken mitspielen, bis sie ein ganz freier Kanal geworden ist. Es sind ja schließlich immer noch auch meine Gedanken, die Sie ausspricht, auch wenn sie nicht alle aus meiner persönlichsten Quelle sind.*

*Ich spreche also über den Archetypus des Todes. Es ist dies eine Vorstellungswelt, in der ein Mensch ohne physische Umgebung lebt und sich bewähren muß. Und je nachdem, wieweit er im Leben seine geistigen Fähigkeiten erkannt und akzeptiert hat, so frei ist er auch nach dem Tode. Das bedeu-*

* Die Übermittlung geschah etwas zögernd, wahrscheinlich aufgrund der nicht optimalen Umstände in der Zürcher Wohnung unserer Freunde. Auch der Streß, möglicherweise nachher von dem früheren Mitarbeiter Jungs ›geprüft‹ zu werden, kam hinzu.

*tet, daß nur, wer sich geistig beschäftigt hat, nach dem Tode ein wahres, freies und glückliches Leben leben kann. Denn die Grenzen der Realität, die sie sich setzen, markieren auch die Grenzen in ihrem Bewußtsein. Und das zu akzeptieren, ist nicht immer leicht für die Umwelt.*

*Wenn etwa eine Mutter ihr Kind verliert* kreiert sie im Unterbewußtsein das Leben des Kindes weiter und schafft eine, sagen wir mal, Art Persönlichkeit. So etwas wirkt sich auch auf ein Individuum, das keinen physischen Körper mehr hat, aus. Es herrscht ja eine Wechselwirkung zwischen Jenseits und Diesseits. Das bedeutet, das Leben nach dem Tode wird ursächlich von den Menschen auf der Erde – oder auch anderen dichteren Aufenthaltsorten – geprägt. Sobald ein Mensch nach dem Tode erwacht und erkennt, daß er nicht mehr im physischen Körper lebt, erwartet ihn eine Welt voller Symbole. Ansonsten ist es nicht anders und nicht unwirklicher, als es auf der physischen Erde gewesen ist. Nur hat er nun die Chance, alle Dinge viel realer zu erleben, ohne die Illusion der Begrenztheit. Solange er nun noch Begrenzungen hat, sind sie geistiger Art. Er projiziert sie und erlebt so seine eigene Welt. Aber innerhalb dieser Welt gibt es keine physischen Grenzen mehr.*

*In meiner Umgebung hier ist, soweit ich mich erinnere, niemand, der nicht erstaunt über diese Tatsache gewesen wäre. Sich ohne Probleme von einem Ort zum anderen – sagen wir ohne Zeit – zu bewegen oder Gegenstände zu durchdringen und sie gleichzeitig vollbewußt wahrzunehmen, ist fürs erste schon verwunderlich. Dennoch kommen wir der Realität hier schon näher, da wir die Bilder lebendig erfahren und den Ursprung des Lebens um so mehr erfassen und unsere Möglichkeiten wahrer und tiefer erkennen können. Wir sind ohne bremsende Beschränkungen durch Gedankengebilde existent. Das wahre Glücksgefühl hier besteht aber in der Freiheit sowohl des Denkens, der Emotionen, der Liebe und auch des Gewahrseins des eigenen Körpers. Wollen Sie mir dazu Fragen stellen?*

Ich sah auf die Uhr und überlegte kurz, ob ich 'Jung' auf unseren Termin bei Prof. Meier hinweisen sollte, als er schon darauf reagierte und weitersprach:

---

* 'Jung' deutet die Totgeburt unseres Sohnes Leonardo an. Es scheint, als ob er die psychischen Vorgänge nach dieser Geburt genau mitverfolgt hat.

**C.G.J.: Doch ich merke, die Zeit ist zu kurz, um jetzt mehr auf dieses Thema einzugehen. Sagen Sie ihm, daß ich nur die Botschaft übermitteln möchte, daß das Leben nach dem Tode eine weitaus größere Realität ist als alles, was er sich jemals auf Erden vorgestellt hat. Und daß ich ihn in Liebe erwarten werde.**

***Der Archetypus des Todes ist auch eine Symbolik, aber ich kann mich jetzt in dieser kurzen Zeit nicht so darüber ausbreiten.***

**René:** *Eigentlich sollten wir schon fahren, damit wir den alten Herrn noch erreichen. Ich bin sicher, wir werden noch die Zeit finden, weiter darüber zu sprechen.*

*Herr 'Jung', ich hätte zuletzt noch rasch eine ganz kurze Bitte im Sinne der Sache. Ich weiß zwar, daß Sie mit Verifikationen nichts zu tun haben wollen, aber wäre es nicht sinnvoll, Herrn Prof. Meier einen speziellen persönlichen Hinweis zu geben, vielleicht über etwas, von dem wir sicher nichts wissen können?*

**C.G.J.: *Er ist zu alt, um solch ein Spiel zu spielen. Das, was ich ihm sagte, wird ihn innerlich tief berühren. Es geht doch nicht darum, ob ich ihm die Botschaft persönlich übermittle. Es geht vielmehr um die Botschaft selbst, die ihm das Universum auf seine Frage zukommen läßt.***

***Ich werde mich auch in Zukunft von solchen Spielen distanzieren, denn ich möchte nicht als ›der alte C.G.Jung aus dem Jenseits‹ in die Welt eingehen. Ich bin es nicht mehr! Ich bin ein Archetypus, ich bin das Leben selbst. Und Sie spielen mit Namen und Zahlen, deren Wichtigkeit, wie ich erkannt habe, weit hinter dem zurücksteht, was der Inhalt einer Aussage ist oder was uns etwas, das an einen Namen gebunden war, übermitteln kann. Ich bin darüber hinaus, ein ›C.G.Jung‹ zu sein, und möchte auch in Zukunft davon Abstand nehmen, denn ich will, daß die Menschen auf der Erde akzeptieren, daß wir alle dasselbe Bewußtsein haben. Ich bin ein Teil ihrer Seele, ihres Unterbewußtseins und möchte auch gerne als unterbewußte Projektion der Menschen fungieren. So kann ich sie am besten erreichen.***

**René:** *Ich habe volles Verständnis dafür. Nur wird so jene Problematik, die ich bzw. unser Verleger dabei hat und haben wird, um Ihre Botschaft an breitere Kreise leiten zu können, vor allem an solche, die – wie wir annehmen – an der Thematik besonders interessiert sein werden, aufrechterhalten. Der momentane Arbeitstitel für das Buch lautet deshalb ›Im visio-*

*nären Dialog mit 'C.G.Jung'‹, Ihren früheren Namen in Anführungsstriche gesetzt.*

*Welche Position haben Sie dazu? Ich kann mir nicht vorstellen, wie wir im engeren Sinn Interessierte erreichen können, ohne Ihren früheren Namen zu nennen? Ich hoffe, daß Sie sich nicht dagegen verwehren.*

C-G-J: **Ich werde zu den Leuten immer so sprechen, daß sie merken, das ist nicht mehr der Alte. Das müssen sie akzeptieren, oder sie werden gar keinen ›C. G. Jung‹ vorfinden. Es sollte auch Ihnen zu denken geben, denn Sie werden mit starken Kritikern konfrontiert werden. Es würde der Sache schaden, wenn Sie allzusehr darauf beharren, verstehen Sie? Auch nicht zuletzt deshalb, weil es auf dieser Ebene nicht beweisbar ist. Aber das ist ja auch gar nicht nötig.**

**René:** *Für uns persönlich sehe ich diese Notwendigkeit überhaupt nicht. Dennoch eine Frage zu Ihrem letzten Satz: Solche Kontakte sind also an sich nicht beweisbar? Ich meine jetzt nicht konkret unseren Fall, sondern allgemein gefragt.*

C-G-J: **Es ist für den logischen, analytischen Verstand nicht zu beweisen. Ich spreche außerdem für die unbewußten und zu den unterbewußten Schichten.**

**Ich lebe hier ganz anders. Ich lebe zwar das, was ich damals erkannte, aber ich lebe weit darüber hinaus. Ich kann und will mich nicht beschränken. Es ist allein schon eine Beschränkung, mit einem Jenseitigen zu sprechen, der ein Diesseitiger war. Es sind doch die Weiterentwicklungen, die vielfältigen Möglichkeiten des Lebens, die das interessante, sagen wir, Gesprächsthema darstellen. Hier spricht ein neuer Mensch, obwohl er der alte ist. Es ist die Schwelle des Todes, die uns von diesen Schranken befreit, also möchte ich mich jetzt nicht vom Diesseits aus wieder beschränken lassen.**

**René:** *Indem wir über diese Sache sprechen, befreien wir uns und den Leser ja in gewisser Weise ohnehin schon davon. Könnten Sie, um diesen sensiblen Punkt abzuschließen, noch etwas mehr begründen, warum diese vielfach verlangte Beweisführung nicht möglich ist?*

C-G-J: **Weil die unterbewußten Schichten anders denken, fühlen, handeln und leben als jene, die die Zahlen schufen – es sind nicht die rechten Zahlen. Bilder, Worte und Namen sind Schwingungen, darüber kann man reden, aber man soll-**

***te sich nicht darauf fixieren. Wenn hier Leute sitzen und denken, ›ich spreche mit dem C.G.Jung aus der Schweiz‹, dann sind sie beschränkt, beschränkt in ihrer Wahrnehmung. Dann sind sie in ihrer Aufnahmefähigkeit blockiert. Im Unterbewußtsein denken sie vielleicht immer: ›welch ein toller Mann‹ — das alleine genügt, eine Öffnung zu verhindern!***

***Auf diese Weise werde ich zu sehr in meinen Aussagen begrenzt, aber die Zeit ist zu kostbar, um sie mit solchem Unfug zu verbringen. Andererseits ist es kein Zufall, daß der C.G.Jung von damals der jetzige 'CeGe Jung' ist, der spricht. Natürlich sind Zusammenhänge gegeben.***

**René:** *Ich finde es sehr schön und bestimmt, wie Sie die Situation abgeklärt haben, und fühle mich als Dokumentarist jetzt wohler in meiner Haut. Zu Beginn unseres Gesprächs hatten Sie erwähnt — oder war es Mira? —, daß wir Ihr Geburtshaus besuchten! Hat dort wirklich Ihre Geburt stattgefunden? Oder war das ein Übermittlungsfehler?*

C-G-J: ***Es war das Haus meiner seelischen Wiedergeburt. Wenn ich sage ›Geburtshaus‹, dann meine ich, ich hatte dort viele Entbindungen. Meine Geburtsschmerzen hatte ich dort.***

**René:** *Mir fällt jetzt noch ein Mann ein, über den ich Sie fragen wollte. Soviel ich weiß, lebt er in London, und zwar Herr Laurens der Post!*

C-G-J: ***Ein guter, alter Freund.***

**René:** *Würden Sie es begrüßen, wenn wir auch mit ihm gelegentlich Kontakte knüpfen, oder zumindest keinen Einwand dagegen haben? Er hat, wie Sie sicherlich wissen, ein Buch über Sie geschrieben. Ich las kürzlich ein bißchen darin. Im letzten Kapitel berichtete er über die Vorgänge während Ihres Todes, über seltsame Synchronizitätsabläufe*. Insofern denke ich, daß er ein besonderes Interesse an der Form unserer Kommunikation haben könnte.*

C-G-J: ***Wenn er sich nicht auf den alten C.G.Jung fixiert.***

**René:** *Hätten Sie eventuell eine kurze Botschaft an ihn, die ein Anknüpfungspunkt wäre?*

---

* Am Nachmittag des 6. Juni 1961 tobte in Küsnacht ein Gewitter, als ob die Natur mobilisiert worden wäre, um das Ereignis anzuzeigen. Van der Post träumte auf einem Schiff fernab von Zürich zur selben Zeit vom Tod seines Freundes. Als er vor Jahren einen Film über Jung drehte und es zur Szene über Jungs Tod kam, währenddessen ein Blitz Jungs Lieblingsbaum im Garten entzweite, schlug wiederum ein Blitz im Garten ein.

C-G-J: **Es ist jetzt nicht die Zeit dafür.**

***Ich möchte Sie darauf hinweisen, daß es wichtig ist, eine abwartende Haltung einzunehmen und nicht —***

***— die Dinge voreilig herbeiziehen zu wollen, denn Ihre Frau muß noch Ent-wicklungen machen. Ich spreche auch im Namen des Unterbewußten Ihrer Gattin. Ich möchte sie nicht überfordern, denn ich kenne die Qualen des Geburtsschmerzes.***

**René:** *Also, ich werde den Dingen ihren Lauf lassen, aber Ihnen doch hie und da weisen, wohin sie laufen sollen. Ich habe vorhin auch im Sinne des Verlegers gefragt.*

C-G-J: ***Wir freuen uns hier, daß Sie so einen guten, hellen und positiven Verlag für die Botschaft gefunden haben.***

**René:** *Ja, wir freuen uns auch darüber. Ich glaube, wir schließen besser jetzt ab und beeilen uns, den Herrn Professor zu treffen.*

C-G-J: ***Ich übermittle ihm alle Wünsche und gratuliere ihm für eine ganz bestimmte Sache, auf die er stolz sein kann — eine Sache, die ich hier nicht nenne, aber er weiß dann schon, wovon ich spreche.***

**René:** *Ich danke Ihnen in seinem Namen. Wir werden ihm das Tonband vorspielen, wenn er möchte.*

C-G-J: ***Auch wir danken Ihnen. Auf Wiedersehen.***

Mit etwas Verspätung langten wir beim Wohnhaus Prof. C.A.Meiers an. Wir gingen deswegen in unserem Gespräch gleich in medias res und spielten das kurz zuvor aufgenommene Tonband schon ein paar Minuten nach unserer Ankunft ab. Während sich C.A. Meier in die Botschaft vertiefte, gestattete er mir auch, einige Fotos zu machen. Leider ergab sich aufgrund der zeitlichen Bedrängnis keine Möglichkeit zu einem ausführlichen Meinungsaustausch mit diesem angesehenen Spezialisten der Jungschen Psychologie, der eine ganze Serie von Büchern zum Thema schrieb. Seine vorläufige Stellungnahme, bevor er mich um eine Kopie der Übermittlung bat, lautete ungefähr:

**C.A.Meier:** *Also, so hätte Jung zu Lebzeiten nie gesprochen. Aber das, was er hier sagte, macht es nicht unbedingt völlig unwahrscheinlich, daß es aus seiner Quelle stammt.*

24. Kontakt – 18/11/87 – 12.15 h – Mitschrift durch Mira im Studio

## *Fühlen Sie selbst als Medium?*

Trotz aller aufbauenden Erfahrungen hatte Mira wieder eine Phase des Selbstzweifels und der Unsicherheit, in der sie sich zur Meditation zurückzog. 'Jung' bekräftigte kurzerhand seine Kooperation und unser Teamwork, indem er Mira die folgenden Zeilen zu Papier bringen ließ.

C-G-J: ***Ich, 'C.G.Jung', möchte noch zu Tausenden von Menschen sprechen, um mein Wissen aus dem jenseitigen Zustand weiterzugeben. Ich möchte über meine Erfahrungen erzählen und übermitteln, welche Möglichkeiten ein Individuum schon jetzt auf der Stufe des Erdenlebens hat. Ich möchte der Menschheit in Aufrichtigkeit dienen und wünsche mir viel Liebe und Verständnis für mein Medium, welches in Entwicklung ist und noch viele schwere Stunden der Entscheidung vor sich hat, weiter in die Tiefen ihres Selbstes einzudringen.***

***Ich möchte Sie alle aufrufen, sich selbst als dieses Medium zu empfinden und mitzuerleben, was es erlebt, und selbst zu fühlen, was zu Ihnen spricht. Ich bitte Sie um Geduld, denn wir***

***sind alle noch nicht perfekt, doch wir alle haben diese Schöpferkraft und sollten sie auch alle nutzen.***

***So habe ich beschlossen, hier weiterhin zu dienen, damit auch ich meinem eigenen Höheren Selbst immer näher und näher komme. Über einen Kanal zu kommunizieren, ist phantastisch und bietet mir die Möglichkeit, an euch zu appellieren, doch zu erkennen, daß wir alle ein Herz und eine Seele sein können.***

***Ich werde kommen, wenn Sie mich in Ehrlichkeit rufen und keinen Schabernak mit mir treiben wollen. Das ist jetzt nicht böse gemeint. Wir haben auch hier herüben Spaß, und Sie sollten vielleicht nicht immer alles so tierisch ernst nehmen. Der Humor ist doch sehr wichtig. Wir sollten ihn kultivieren, um ihn unserer Schöpferkraft in Freude widmen zu können.***

***Ich danke für die Übermittlung und bleibe Ihr 'CeGe Jung'.***

'Jung' verweilte noch ein wenig bei Mira, um nonverbal mit ihr Energien auszutauschen. Wie schon öfters, kam auch diesmal Mira mit von Freudentränen benetzten Wangen zu mir, um mir die obige neueste Botschaft zu zeigen. Man konnte ihr anmerken, daß sie die Sicherheit, daß tief innen alles in Ordnung ist, wiedergefunden hatte. Aber für wie lange würde das äußerlich anhalten?

25. Kontakt – 19/11/87 – 11.00 h – Monolog vor Mikrofon im Studio

## *An die richtige Quelle gelangen*

Seit Monaten erhielten wir immer wieder Briefe und Telefonate von einem Wiener, der uns in subtil aggressiver Weise mitteilte, daß ›Mira keineswegs das einzige Medium sei, durch welches Jung sich mitzuteilen pflegt‹. Dieser Herr hatte eines unserer New Age- Selbstheilungs-Workshops* besucht, in dem wir den Teilnehmern am Rande auch über unsere damaligen Channeling-Erfahrungen berichteten. Dies muß dem fleißigen Briefeschreiber, der eine noch unausgegorene schreibmediale Ader besitzt, zumindest unterbewußt dazu bewegt haben, ebenfalls mit CeGe in Kontakt treten zu wollen.

Wir erhielten schließlich Fotokopien einiger seiner Durchgaben per automatischer Schrift, die über weite Strecken aus diffusem psychologischem Amalgam bestanden, partiell auch in grobe Banalitäten ausufernd. Schließlich teilte uns

* ›Heilung durch bewußte Ernährung und Öffnung für kosmische Energien‹. Es geht in diesem Workshop um die Grundlagen naturgemäßer Ernährung und um Heilmeditation, in der von Mira auch Heilenergien gechannelt werden, die jedem, der sich dafür öffnet, zur Verfügung stehen.

jener automatische Schreiber bzw. sein vorgeblicher jungscher Federkiel sogar mit, daß wir in Erwartung einer Tochter seien, was kurze Zeit später den Tatsachen ja nachweislich diamentral gegenüberstand. Dennoch ließ Herr L. nicht lokker. In seinen von unangenehmer Egozentrik strotzenden Briefen und Telefonaten forderte er immer wieder eine Bestätigung seines vermeintlichen Jung-Kontaktes.

Da Mira schon nicht mehr zum Telefon ging, um dem lästigen Herrn auszuweichen, mußte dringend etwas unternommen werden. Was lag näher, als,Jung' um eine Stellungnahme zu bitten. Gesagt – getan:

C-G-J: ***Herr L., Sie sollten versuchen, sich einmal mit der Persönlichkeit eines gewissen Napoleon auseinanderzusetzen. In Ihren tiefsten Tiefen existiert da eine Ähnlichkeit mit diesem Archetypus, von dem auch Napoleon getragen wurde – unterstützt durch die Menschheit, die Geschichte und die Aufgaben, die er zu erfüllen hatte. Ich gehe so gerade auf Sie zu, weil Sie es so wollen. Was möchten Sie von mir? Daß ich über Sie sprechen oder schreiben soll? Ich kann mich nicht erinnern, jemals persönlich bei Ihnen gewesen zu sein. Passen Sie auf, daß nicht noch viele andere Wesen über Sie oder aus Ihnen kommen, aus Ihrem Unterbewußtsein. Wie alle anderen Menschen haben auch Sie ein weites, tiefes Unterbewußtsein. Durch dieses sind Sie mit allen Schichten verbunden und können versuchen, abzurufen, was immer Sie wollen, und sich verbinden, mit wem immer Sie wollen. Seien Sie gewiß, daß Sie an die richtige Quelle gelangen, an die Quelle Ihres Selbstes. Das wäre der Ort, den aufzusuchen sich lohnte.***

***Was wollen Sie erreichen? Ich möchte nicht zu eindringlich werden und will mich zurückhalten, aber ich habe die Aufforderung erhalten, ein Statement über Sie abzugeben. Also, wann immer Sie sich einbilden, der oder der zu sein, dann können Sie es, es ist keine Schwierigkeit. Jeder Mensch besitzt diese Fähigkeit und Funktion. Ich werde mich später mehr über dieses Thema ausbreiten, wenn die Öffentlichkeit danach verlangt.***

***Herr L., ich habe meine eigenen Vorlieben, denn ich bin noch ein Individuum, so ziehe ich es vor, dorthin zu gehen, wo es mir gefällt. Und das sollten auch Sie tun. Ich möchte Ihnen***

***keine Vorschriften machen, eigentlich auch keine Ratschläge geben, und auch zu sonstigem fühle ich mich nicht veranlaßt.***

***Beschäftigen Sie sich mit den Archetypen und kommen Sie Ihrem eigenen Selbst immer näher. Das ist nun doch ein Rat. Ich würde ihn auch jedem anderen geben. Lernen Sie, in den Abgründen des Unterbewußtseins fließen zu können, ohne jemanden zu belästigen.***

'Jung' gewährte Mira eine kurze Pause, um sich von der leidigen Sache gedanklich abwenden zu können, und kam dann wieder, indem er sein Medium direkt ansprach.

G-G-J: ***Ich kann in Ihrem Unterbewußtsein die chinesische Spirale erkennen, Sie wissen schon, diejenige, welche den Aufbau des Universums zeigt.* Dieses chinesische Wissen ist hochinteressant, und es wäre gut, es noch mehr in die westliche Welt zu integrieren, es birgt nicht so sehr eine speziell östliche Wahrheit, sondern eine fundamentale Wahrheit, die das ganze Universum betrifft. Ich bin von diesem Wissen fasziniert und kann es auch in meinen wissenschaftlichen Arbeiten benützen. Auch deswegen habe ich mir Sie als Partner ausgewählt. Dazu bin ich interessiert, in Ihrem Unterbewußtsein zu lesen, um die Fortschritte in Ihrer Psyche zu erkennen und selbst verarbeiten zu können – das hilft auch mir. Es ist wichtig, die alte Matrix eines Menschen zu kennen, um zu wissen, welche Wege er gehen kann und welche nicht. Die alten Strukturen bauen uns auf, deshalb gehen wir auch in übergeordneten Situationen immer wieder dieselben Bahnen, vom Zentrum nach außen.***

***Ich habe mir Sie aber auch auserkoren, weil Ihre Sensitivität auf einem stark geerdeten Realitätssinn gründet, den Sie als Archtypus aus dem alten China mitgebracht haben.***

***Über frühere Leben zu sprechen, ist ein Kapitel für sich. Ich werde darauf eingehen, wenn bestimmte Gruppen oder Leute das wünschen. Es ist da eine Matrix in uns, die sich durch alle Leben zieht. Und aufgrund unserer heutigen Matrix kön-***

---

* Mira hat sich nicht nur in diesem Leben viel mit dem alten chinesischen Gedankengut auseinandergesetzt. Es deutet auch vieles darauf hin, das heißt, eigentlich wissen wir es – obwohl wir es nicht beweisen können und auch nicht wollen –, daß sie einige für sie wichtige Inkarnationen im alten China verbracht hat. Im jetzigen Leben hat Mira unter anderem Makrobiotik, die Lehre vom ›Großen Leben‹, ausgiebig studiert. In dieser Kosmologie stellt die Spirale das zentrale Element dar, auf welchem alles aufbaut.

*nen wir auch die Matrix aus früheren Leben erkennen. Immer dann, wenn – und überall dort, wo – wir die Matrix erweiterten, passierten entweder Unfälle, schwierige Situationen, Schocks und alle möglichen Leiden, um uns aus der Bahn zu werfen. Wie uns scheint, geschah dies unfreiwillig, doch unser Unterbewußtsein hat immer zugestimmt.*

*Wir könnten in einem Zustand der absoluten Nicht-Weiterentwicklung verharren, wenn es in unserem Unterbewußtsein so geschrieben stünde. Unfälle, Verwicklungen, Leiden und Schmerzen gibt es nur, wenn wir uns entwickeln wollen. Wir haben durchaus die Wahl, stehenzubleiben, doch ist es auch keine gleichbleibende Situation. Unsere Psyche ist nicht für dauerhafte Zustände angelegt, wir ertragen sie nicht lange. Deswegen sind wir alle einem ewigen Evolutionsprozeß ausgesetzt, dem wir auch zustimmen und den wir mitbestimmt haben, von Anbeginn der Schöpfung an.*

*Ich will damit sagen, daß wir vom Schöpfer nicht getrennt sind. Wir waren vom Anfang an involviert, sonst könnten wir all dies nicht bewußt erleben und uns dessen nicht bewußt werden. Alles liegt in uns, im Hier und Jetzt. Die ganze Vergangenheit, Gegenwart und Zukunft ist in uns gespeichert, unabhängig von Raum und Zeit, und wir könnten sie abrufen, wann immer wir in die Tiefe zu gehen bereit sind. Es ist das Unterbewußte, das bestimmt, wann wir welche Handlungen setzen und wann wir offen für bestimmte Situationen, Gegebenheiten und natürlich auch Schwierigkeiten sind.*

*Ich selbst ziehe es momentan vor, in einem bestimmten Zustand zu bleiben. Ich habe es Ihnen schon gesagt, ich möchte diesen Zustand solange ausloten, bis er mir nicht mehr gefällt und ich meinen gierigen Geist befriedigt habe. Ich habe keine Angst mehr, bestimmte Dinge beim Namen zu nennen und erstarrte Formen zu öffnen. Ich habe erkannt, daß die Persönlichkeit eines Menschen oft ein großer Hemmfaktor für das Weitergeben der eigenen Wahrheit und Wirklichkeit ist. Wir trennen uns dadurch voneinander und tauschen uns nicht aus. Wir bilden bestimmte Vorstellungen von dem, was wir sagen dürfen, und die Angst tritt zwischen uns. Gegenüber Dingen, die uns schon bewußt sind, können wir uns ruhig öffnen, es geschieht uns kein Leid. Die Welt gerät nicht aus den Angeln, vielleicht aber unsere Psyche. Es würde oft ein gutes Verschmelzen von manchen Seelen geben und eine bessere*

*Zusammenarbeit für unseren Planeten. Die Welt sind wir, das müssen wir anerkennen. Unsere Angst vor der Öffentlichkeit schwindet, sobald wir uns mit dieser Massenseele auch identifizieren können. Beziehen wir doch die schlimmsten Formen auf uns selbst.*

*Sehen Sie sich Ihren Geist an, wie flexibel er ist und in welchem Gerüst er steckt, was er alles vorhat und auch, was er zuviel vorhat für Ihr altes Muster. Machen Sie die Tore auf und weinen Sie. Betrachten Sie sich Ihre Innenwelt, gehen Sie tief hinein, hier schlummert das Wissen der ganzen Welt in einem Meer von Harmonie und Glückseligkeit. Nichts als Welten und Welten und Welten. Wenn Sie ins Innere gehen, müssen Sie in der Welt nicht mehr wichtig sein – Sie fühlen die Welt in sich selbst. Sie verlieren das Drängen nach öffentlicher Anerkennung, denn Sie erkennen sich und die Welt in sich selbst. Um so mehr Sie die Angst vor sich selbst verlieren, um so weniger wichtig ist Ihnen die Außenwelt und um so leichter fällt es Ihnen, in die Öffentlichkeit zu gehen.*

*Es gibt immer wieder Pforten, die noch zu öffnen sind, aber – sehen Sie doch – Sie selbst haben die Macht, diese Türen zu öffnen oder zu schließen. Es ist Ihr eigener Geist und niemand sonst, der bestimmt, was Sie erleben. Wann immer jemand auf Sie zukommt und sagt: ›Ich möchte mich wichtig machen‹, dann sehen Sie tief in sich selbst und fühlen Sie, wieweit Sie sich selbst noch wichtig nehmen. Wieweit habe ich mich selbst noch nicht erkannt, wo lebe ich nicht in mir. In meinen tiefsten Tiefen erforsche, erfühle und erfahre ich alles, was in mir lebt und nehme es auch als Realität an. Gehe jeder in sein eigenes Leben hinein, zu seinen Wurzeln, zurück zum Ursprung. Sie können nur sich selbst erleben. Haben Sie den Mut zur Freude! Der Archetypus der Freude lebt in uns allen. Erfahren Sie die starke Macht, die von ihm ausgeht. Wenn wir sie zulassen, verlieren wir alle Angst.*

**Mira** (ruft nach unten): *René, kommst Du? Horchen wir es uns an!*

**René:** *Möchtest du noch etwas sagen, bevor ich das Mikro ausschalte? Hast du 'Jung' gesehen?*

**Mira:** *Nein, gespürt. Im Herzen hab' ich ihn als Empfindung gehabt. Jetzt schalt schon aus.*

Nachdem sich 'Jung' zu dem napoleonischen Quälgeist geäußert hatte, plädierte ich beim nächsten Telefonat des Herrn L. für eine Art Blindversuch, der ihm endgültige Klarheit verschaffen sollte. Ich schlug drei Fragen vor, die er seinem Jung-Phantom medial stellen sollte, bevor ich ihm 'Jung's Kommentar zur Kenntnis bringe, und zwar:

1) Über welche Art von Medien 'Jung' geneigt ist, sich mitzuteilen?
2) Welche Botschaft uns 'Jung' für ihn übermittelt hat?
3) Welche Hinweise 'Jung' durch Mira Herrn L. noch zukommen lassen wird?

Die Antworten zu den ersten beiden Fragen hatte ich von CeGe ja schon erhalten – die erste im Auto auf der Heimfahrt vom Wiener Ganzheitskongreß und die zweite nun in diesem Kontakt – also könnten diese Mitteilungen theoretisch – da sie ja schon manifest waren – von einem in dieser Hinsicht guten Medium ›abgezapft‹ werden. Darum stellte ich jene dritte Frage, zu der wir selbst keine hundertprozentige Antwort wußten, wiewohl es höchst wahrscheinlich war, daß die Sache für, Jung' erledigt sei.

Nach nunmehr sehr langem Zögern erhielten wir dann von Herrn L. die schreibmedialen Antworten, die – wie schon vorauszusehen war – Frage für Frage einen ziemlichen Flop darstellten. Seine ›Übermittlungen‹ bestanden letztlich nur aus langatmigem Um-den-Brei-Herumreden, die darin gipfelten, mir eine vom Jung Fantom der diktierten Zusammenarbeit zwischen den beiden Medien ans Herz zu legen. Ein Paradebeispiel unterbewußter Inszenierungen!

Um einen endgültigen Schlußstrich hinter diese Affäre zu ziehen, schrieb ich Herrn L., welche Schlüsse ich ›gemäß meiner Erkenntnisfähigkeit und Unterscheidungskraft‹ aus den gelieferten Antworten zöge, und hoffte, daß damit die Sache erledigt sei. Doch keineswegs! Ein elf Seiten langer maschinengeschriebener Brief mit emotionellen Drohgebärden war die neueste Variante seiner Unverfrorenheit. Erst als ich in meiner letzten Erwiderung darauf hinwies, weitere postalische Belagerungen ungeöffnet in den Papierkorb zu befördern, trat wirklich Funkstille ein.

26. Kontakt – 28/11/87 – 06.30 h – Dialog mit René im Studio Phoenix

## *Wir suchen immer Information*

Am Vorabend dieses Kontaktes hatte Mira 'Jung' auf einem Zettel schriftlich mitgeteilt, daß sie liebend gerne von ihm träumen würde: *›LIEBER HERR C.G.JUNG! BITTE TREFFEN SIE MICH IM TRAUM UND GEBEN SIE MIR EINE BESTÄTIGUNG FÜR UNSEREN KONTAKT. DANKE, IHRE MIRA.‹*

Sie legte das Telegramm unter ihr Kopfpolster und hoffte auf Erfüllung ihres Wunsches. Zudem hatte wir uns vorgenommen, nächsten Morgen sehr früh mit CeGe zu sprechen, da Mira feststellte, daß sie gleich nach dem Aufwachen besonders leicht in Trance gehen könne. Und so geschah es auch.

***Mira:*** *Ich bitte alle meine Schutzwesen, hier und jetzt bei mir zu sein. Ich bitte die geistige Welt, ein freier, reiner Kanal sein zu dürfen. Ich bitte CeGe Jung, falls er Zeit hat, zu uns zu kommen und mit uns zu sprechen.**

*C-G-J:* ***Sie hatten heute Nacht einen Traum, in dem Sie hochschwanger waren und von einem hohen Gebäude über***

---

* Üblicherweise ruft Mira während der Einstiegsmeditation ihre Bitten leise ins innere Universum. Diesmal hat sie anscheinend ihre Ernsthaftigkeit besonders betonen wollen, indem sie ihre Wünsche laut aussprach.

*Leitern stockwerkweise zur Entbindung hinuntergehen mußten. Dieser Traum deutet auf Ihr Problem mit der Medialität hin. Sie hatten mit Ihrem Mutterleib versucht, vom obersten Stockwerk diese Leiter kopfüber, also mit dem Gesicht nach unten, hinabzuklettern. Als Sie bemerkten, daß die Leiter nicht richtig stand, daß sie wackelte, weil es ihr an Festigkeit fehlte, probierten Sie alles mögliche aus. Sie spürten schon die Wehen und daß Sie da schnell hinunter müßten, weil das Kind bald kommt. Eigentlich haben Sie nicht gelitten, aber es war eine starke Verwirrung gegeben, weil Sie nicht wußten, wie Sie diese Leiter alleine halten sollten.*

*Sehen Sie, und genau das ist Ihr Problem. Sie können sich nicht mit Wehen, in einem Zustand der Unbeweglichkeit, in einer Situation, wo es um das Leben Ihres Kindes geht – in Ihrem Fall um den Transport und Inhalt einer medialen Durchsage –, auch noch um die Leiter kümmern, auf der Sie hinunterklettern müssen. In dem Haus Ihres Traumes lebten viele Leute, und es waren auch einige schwangere Frauen darunter. Erst als Ihnen eine andere Frau die Leiter hielt, konnten Sie mit Ihrem Baby wohlgeborgen hinunterklettern. Das war kein einfaches Unternehmen, es war gefährlich. Aber als Sie Halt gefunden hatten, nachdem Ihnen die oberste Stufe gehalten wurde, fanden Sie plötzlich die anderen Leitern angebunden.*

*Nun, das oberste Stockwerk repräsentiert die Verbindung Ihres Scheitelchakras zum Universum. Diese Verbindung ist noch locker und nur mit Hilfe der geistigen Welt stabil. Nur wenn die Leiter von anderen Wesen gehalten wird, können Sie wohlbehalten mit Ihrer Botschaft in die Welt gehen. Geben Sie acht, daß Sie immer jemanden haben, der Ihnen die Leiter hält. Im Traum haben Sie schon eine großartige Lösung dafür gefunden, indem Sie sahen, daß in den unteren Stockwerken Ihre Leitern schon angebunden waren, also veranlassen Sie das auch mit Ihrem obersten Chakra. Ich vermute, Sie werden das tun wollen – mit meiner Hilfe vielleicht.*

Kurze Pause.

G-G-J: *Haben Sie jetzt keine Bange, weiterzusprechen. Sie müssen nicht perfekt sein. Ich höre Ihnen zu, Ihren unterbewußten Gedanken, die ich als Bilder sehen kann. Ja, ich schwimme jetzt direkter im Unbewußten und Unterbewußten als damals. Ich bin jetzt ein mehr oder weniger unterbewußteres Wesen, als ich es zu Lebzeiten war. Man könnte sagen, ich bewege mich sozusagen auf einer Ebene des bewußten Unterbewußten. Ich habe schon auf der Erde erkannt, daß viele Leute dieses Wissen, das uns nach dem Tod erwartet, abrufen können. Doch ich konnte nicht feststellen, ob es der Realität entspricht, was mir die Leute erzählten. Und so dachte ich, es müssen wohl unterbewußte Bilder sein. Was ich nicht wußte, war, wie real diese Welt ist und wie real sie uns nach dem Tod erwartet. Auch gab es schon zu meinen Lebzeiten Informationen über Menschen, die jenseits der Schwelle waren, die klinisch tot waren und wieder zurückkamen. Es hat mich äußerst interessiert, was da berichtet wurde. Immer ging es um dieses Erlebnis mit dem Tunnel. Das war unbeschreiblich faszinierend für mich, da ich auch öfters in Träumen diesen Tunnel wahrnahm und dann in anderen Dimensionen erwachte. Ja, ich bin in anderen Dimensionen aufgewacht. Und jetzt ist es für mich wieder so, nur ist mein Bewußtsein diesmal stabil, es verrauscht nicht wie eine Illusion. Jetzt ist es ein festgefügter Zustand innerhalb dessen man forschen und sich weiterentwickeln kann.*

*Ich fand es sehr interessant, als Sie mich um einen Traum von mir baten. Ihr Unterbewußtsein zeigte Ihnen dann, was Sie wirklich wollen. Es war ein Hilferuf um die Möglichkeit, ein perfekterer Kanal zu sein, ein vollendetes Medium. Diese Traumbilder haben Ihnen ganz fantastisch gezeigt, welche Aufgabe Sie hier auf Erden gewählt haben. In diesem Traum haben Sie auch bemerkt, daß Sie nicht alleine sind, daß Sie Hilfe bekommen können, um Ihr Kindchen wohlbehalten in die Welt zu tragen. Es entspricht gewissermaßen schon einer Schwangerschaft und einer Geburt, sich als Medium zu entwickeln. Ich könnte, wenn ich wollte — Sie sagten jetzt ›ich könnte‹, ich sagte ›ich kann‹ —, einen Zusammenhang zwischen Ihren physischen Geburten und Entbindungen entdekken und Ihrem Werdegang als Medium. Durch Mark und Bein haben Sie das erlebt. In einer sehr tiefen Schicht Ihres Bewußtseins wurde dieser Werdegang, man könnte fast sagen, physikalisch sichtbar gemacht und durchlebt. Der Tod Ihres letzten Kindes bedeutet auch, Besitzansprüche aufzugeben. Es ist nicht Ihr Kind, das Sie da gebären. Sie sind nur der Träger der Information.*

*Wir tun alles, um Ihnen zu helfen, Sie aber müssen lernen, mit dem Bewußtsein zu leben, daß Sie dieses Kind nicht unbedingt selbst geschaffen haben, sondern daß Sie das Werkzeug*

***dazu geliefert haben, damit dieses Kind sich so entwickelt und nach außen tritt, wie eben die Botschaft durch Ihren Kanal hindurchgegangen ist. Ich sage Ihnen, Informationen, die durch Medien durchkommen, sind ebensoviel wie Kinder durch ihre Eltern geprägt. Die spezielle Botschaft der geistigen Welt an Sie, Mirabelle, war jene, daß Sie lernen sollten, den Anteil an Ihrem Kind so gering wie möglich zu halten, indem Sie sich von vornherein bewußt werden, daß es nicht Ihr Kind ist. Natürlich wollen Sie wunderbare Kinder in die Welt setzen und großartiges Wissen weitergeben. Dazu tragen Sie ja einen großen Anteil bei, und Sie wissen, soviel wir sehen können, die Verantwortung als Mutter zu schätzen. Sie werden noch eine große Aufgabe im Ausbilden von Müttern und medial begabten Menschen erfüllen, indem Sie diese auf Ihre eigentliche Aufgabe hinweisen.***

***Man muß den Brückenschlag zwischen den Welten nicht so gewaltig wie manche Leute schlagen, indem man behauptet, alles käme aus der geistigen Welt. Meine Freunde, wir sind nicht voneinander getrennt, es ist eine Wechselbeziehung, es herrscht ein Austausch zwischen den Welten. Die heutige Wissenschaft wird erkennen müssen, daß ohne das Wissen der Diesseitigen auch kein Verständnis für die Jenseitigen entstehen kann. Das heißt aber auch, daß, wenn die Jenseitigen das Wissen der Diesseitigen nicht benutzen können, es keinen Austausch geben kann. René, ich merke schon, Sie haben Fragen. Bitte, ich werde meinen Redefluß eindämmen.***

***René:*** *Ja. Es ist interessant, was Sie da angedeutet haben, über den Umgang der Jenseitigen mit dem Wissen der Diesseitigen. Es erinnert mich an –*

'Jung' unterbrach.

C-G-J: ***Ich war bei diesem Vortrag von diesem Ingo dabei.* Er sagte vieles, worüber wir alle sehr gelacht haben. Es gibt keine höherstehenden Menschen oder Wesen, die irgendein Wesen auf niederer Schwingungsebene als ›Ratte‹ ansehen***

* Ein Mittelschulprofessor, der über ein angehendes Medium erstmals mit einem – noch dazu dubiosen – Geistwesen Kontakt hatte, begann diese ihm zugekommenen Durchgaben in übertrieben missionarischem Eifer per Vortragstournee zu verbreiten. Unter dem Titel ›Das geistige Weltbild als einzig reales‹ plauderte er querfeldein von der Entstehung des Menschen, von Zwischen- und Astralwelten bis hin zum kosmischen Bewußtsein der Götter. Wir besuchten einen dieser Vorträge, der zwar lustig war, aber streckenweise auch bedenkliche Schlagseite in Richtung Totalitarismus hatte. In der Diskussion verstieg sich der Vortragende gar darauf, daß die ihm übermittelnden, angeblich hochentwickelten astralen Wesen uns Menschen nur als ›Ratten und Ameisen‹ betrachten.

*würden. Das ist ein völlig ausgeschlossener Gedankengang – es sei denn, es wären Wesen mit hoher Intelligenz ohne Herzensbildung.*

*Sehen Sie sich doch den Menschen an, wenn er eine Ameise untersucht, mit welcher Ehrfurcht ein wissender Mensch solch ein kleines Energiewesen betrachtet und welch hohe Funktion sogar jedes Mikromolekül im Universum trägt. Je höher ein Wesen entwickelt ist, desto höher wird auch sein Respekt für jede einzelne Zelle und die Anerkennung, wie unser Schöpfer alles eingerichtet hat, sein. Wir hier hätten keine Furcht, zeitweise als Ameisen durch die Welt zu kriechen, denn wir könnten uns vorstellen, von solch einem kleinen Tierlein noch viel, viel, viel lernen zu können. Ich möchte ausdrücklich betonen, daß die geistige Welt in jedem Atom dieses Universums pure Schöpferkraft und reine Liebesenergie sieht. Es gibt keine Verurteilung und keine Minimierung, denn auch eine Ameise hat den Respekt und die Würde sogenannter Astralwesen verdient. Erst, wenn alle Menschen das Bewußtsein besitzen, jederzeit eine dieser Zellen sein zu können, wird vollkommene Harmonie im Bewußtsein jedes Menschen entstehen.*

*Dieser Brückenschlag zwischen den Welten – es ist ein wunderbarer Ausdruck*, und es ist wahrlich Zeit dafür – dieser Brückenschlag bedeutet auch, sich des Eins-Seins mit allem bewußt zu werden, sich nicht auf eine Ameise oder einen Ameisenbär zu minimieren. Wiewohl Liebe die Welt bewegt – erst wenn unser Bewußtsein die Freiheit des Schöpfers in seiner höchsten Frequenz erreicht hat, sind wir wirklich frei. Was dieser Mann in seinem Vortrag nicht zum Ausdruck gebracht hat, ist, daß dieses Bewußtsein der Freiheit in jedem Moment in jeder Zelle liegt. Ich sprach schon über dieses Potential, und ich sage euch, dieses Potential liegt tatsächlich überall.*

*Wenn ein Individuum beschlossen hat, einen Individuationsprozeß durchzumachen, könnte man auch sagen, Gott selbst hat beschlossen, ein Individuum zu werden und einen neuen Kosmos zu bilden, zu begründen. Ich kann mir vorstellen, daß auch eine Ameise fähig ist, einen Ameisenkosmos zu gründen. Lachen Sie bitte! Bis jetzt glaubte man immer, nur das Individuum hätte solche Riesenfähigkeiten. Fragen Sie sich mal, woher der Mensch kam.*

---

* Wir wählten diesen Titel für unsere ersten Channeling-Seminare, in denen wir teilweise auch unsere Kontakte mit CeGe vorstellten.

*Ich möchte jetzt nicht zu weit gehen, ich will auch nicht sagen, daß jede Ameise das wirklich kann. Ich meine nur, wir müssen in unseren tiefsten Schichten die Liebe und Gleichwertigkeit um Gottes willen aufrecht erhalten und mit unserem Bewußtsein wieder in die Welt setzen. Ich sehe, daß viele spirituelle Gruppen verurteilen und verurteilen und verurteilen. Das führt doch ins Chaos.*

*Ich sagte früher schon einmal zu Ihrer Frau: Alles, was Sie verurteilen, verurteilen Sie in sich selbst. Also überlegen Sie, was verurteilen Sie in sich selbst? Ist es das Niedere? – Das Niedere ist auch vom Höchsten! Wir alle sind verantwortlich, das ist das Schöne am Leben, nicht wahr?*

*Ja, ich stehe dazu, auch mal ein Teufel gewesen zu sein, wie es in der Ankündigung über diesen ›Film‹ gestanden ist.* *

*Ich konnte wahrhaft schrecklich wie ein Teufel sein, jawohl. Wenn ich erkenne, daß jemand schläft, dann kann ich schokkierend sein, denn ich will es in mir selbst schocken, das schlafende Ungeheuer. Ich möchte mir ansehen, was es denn so Großartiges in der Welt leistet, daß sich die Leute davor fürchten. Ich habe Ihnen schon gesagt, daß wir uns außen vor dem fürchten, vor dem wir uns innen, innerhalb von uns selbst, fürchten. Also geben Sie acht! Sehen Sie sich Ihre Ängste an und hören Sie auf damit, sich vor etwas in der Außenwelt zu fürchten und zu beklagen. Versuchen Sie doch endlich, dieses Gesetz zu respektieren: Wie innen, so außen, und wie außen, so innen – es ist eine Wechselbeziehung.*

C-G-J (an Mira gerichtet): *Ich halte die Leiter noch immer fest, aber mir schmerzen schon die Arme. Wenn Sie unten angelangt sind, kann ich sie ja wieder loslassen. Dann gehen Sie mit der Botschaft ja bereits in die Welt. Ein Medium muß immer nur soweit hinunterklettern, bis es das Bewußtsein desjenigen erreicht hat, für den das Kind bestimmt ist.*

*Ihr werdet noch viele, viele, viele Enttäuschungen erleben – aber vergeßt niemals, für euch selbst wird es das Wichtigste*

---

* In Zürich sah ich den erst kürzlich entstandenen Film ›Matter of Heart‹, eine Collage aus historischen Originalsequenzen mit C.G.Jung und Gesprächen mit noch lebenden Zeitgenossen und Schülern Jungs. Das von CeGe angesprochene Zitat am Filmplakat stammt übrigens von Prof. Meier. Zu erwähnen ist auch noch die polemische Art, wie 'Jung' in obiger Passage das Wort Film aussprach. Er zeigte damit in kürzester Weise, was er von diesem Streifen hält. Ich muß sagen, daß, wenn ich den Film nicht aus meinem durch unsere Kommunikation bedingten spezifischen Blickwinkel gesehen hätte, ich auch enttäuscht gewesen wäre.

***im Leben gewesen sein. Ihr werdet erkennen müssen, daß es für euch das Schönste und Wertvollste gewesen ist. Wenn ihr das in eurem Herzen tragt, kann euch nichts geschehen.***

***Ihr werdet erleben, daß nicht alle Menschen diese Schätze annehmen werden wollen. Oft werden sie daherkommen und sagen: Nein, nein, so nicht, anders! So wie diese Rita, dieses Ritter-Fräulein.* Ja, sie ist ein Ritterfräulein, ein tapferer und wackerer Krieger. Schöne Grüße! Es ist natürlich absurd, mit solch einer Rüstung der Verteidigung herzukommen und zu verlangen: Öffne mich! Ja, absurd.***

**René:** *Herr 'Jung', nachdem wir nun wieder beginnen, etwas regelmäßiger miteinander zu reden oder es jedenfalls versuchen – sofern unser Söhnchen mitspielt –, möchte ich noch einen dringlichen Fall zur Sprache –*

Ich bemerkte, daß 'Jung' noch sprechen wollte und hielt ein.

C-G-J: ***Ich wollte noch kurz sagen, es ist jetzt wieder – mir ist es wieder entfallen. Ja, bitte sprechen Sie!***

**René:** *Entfällt einem also auch in der anderen Welt etwas?*

C-G-J: ***Wenn man sich zu sehr auf andere Leute einstellt, kann es schon passieren.***

***Ach ja, ich wollte sagen, ich würde noch gerne ein Statement zu dieser Rückführung mit W.** abgeben.***

***Es waren Inhalte seines Bewußtseins, die ihm bewußt wurden. Man kann all das, was er an Bildern sah, auch als momentane Bewußtseinseindrücke interpretieren. Man kann, aber man muß dazu nicht unbedingt sagen, daß es ein früheres Leben ist. Ein Schlüssel ist sicherlich die Szene, als er mit Anna in der Kirche stand: Als Anna zu ihm sagte: ›Rauche nicht‹, und er fragte, warum sie das stört, und sie sagte: ›Das stört mich nur in der Kirche, da raucht man nicht‹.***

***Sie wissen, daß ich selbst geraucht habe. Man kann meine Pfeife oder allgemein das Rauchen als Symbol für mehrere Inhalte betrachten. Es gibt da die bekannten Aussagen, daß die Leute als Kommunikationsersatz und zur Befriedigung ihrer sexuellen Frustration rauchen oder weil sie als Kind***

---

* Einige Wochen zuvor kam eine sehr schwierige Klientin zur psychologischen Beratung. Ihre Problematik war zwar offensichtlich, ihr aber wegen ihrer massiven Abwehr jedes einzelnen Details nicht vermittelbar.

** Zwei Tage vorher hatte Mira mit Hilfe eines mit dem Klienten liierten Schutzwesens eine Rückführung vorgenommen, in der Bilder aufstiegen, mit denen wir nicht ganz klar kamen.

nicht genug zur Brust genommen wurden und so weiter. Es ist auf verschiedener Ebene interpretierbar, nicht wahr?

Ich glaube, daß es viel mit dem Inhalieren geistiger Inhalte zu tun hat, mit dem unterbewußten Wunsch, Geistiges inhalieren zu können.

**René:** *Beziehen Sie das jetzt auf diesen speziellen Fall, oder meinen Sie das generell?*

G-G-J: In den unterbewußten Schichten trifft dies sicher allgemein zu. Es herrscht da ein Sog nach Information, um jeweils damit ein gewisses Problem, das natürlich auf einer nicht so tiefen Ebene liegt, zu lösen. Die Frage ist immer, wer welches Problem womit erkennen will?

Nun, in den aufgestiegenen Bildern von W. rauchte der Pfarrer natürlich nicht im Tagesbewußtsein. Die Kirche repräsentiert in unseren Bildern und Träumen immer das Höhere Selbst. Und diese Anna hatte für ihn die Funktion einer Mutter. Sehen Sie es mal so: Wenn dieser Pfarrer sich als Kind fühlt und – sagen wir mal – eine Pfeife als Brustersatz benützt, so sagt ihm seine Mutter, daß dies unnötig ist: ›Du behinderst dich nur, wenn du Informationen auf der rein psychischen Ebene suchst.‹ Wenn er in das höhere Bewußtsein geht, dann bekommt er Informationen höherer Art.

Es ist immer Information, die wir suchen. Das ist ein Schlüssel! Was wir in der Welt suchen, ist immer nur Information. Manchmal glauben wir, es sei Liebe, oder meinen, es sei Sex oder Lust oder Wissen – es ist Information.

Wenn jemand in der Welt Liebe sucht, krampfhaft nach Liebe sucht, findet er sie nicht – sicherlich nicht so, wie er sie sucht. Denn in Wahrheit sucht er in seinen unterbewußten Schichten nach Informationen für seine Bewußtseinslücken, das heißt, er versucht verdrängte, unterbewußte Inhalte wieder hochzurufen. Immer, wenn Information in unser System eindringt – ich kann die Leiter nicht mehr lange halten –, werden im Unterbewußtsein die Tore geöffnet. Sie werden noch oftmals erkennen, daß nur Leute, die innerlich gewillt sind, ihre Tore zum Unterbewußtsein hin zu öffnen, auch tiefgehend verändernde Informationen bekommen. Anderen Menschen bleibt dieses Wissen in ihrem eigenen Unterbewußtsein verschlossen.

Machen wir Schluß.

**27. bis 36. Kontakt – Individuelle Gespräche mit Suchern**

## *Persönliche Konsultationen*

Im folgenden geben wir Ausschnitte eines knappen Dutzends von Trance-Dialogen wieder, die CeGe während dieses Dokumentationsrahmens (2/85 bis 11/87) via Mira mit Freunden und Klienten unseres Instituts führte. Wir haben diese persönlichen Gespräche bewußt nicht direkt in die Kontakt-Chronologie aufgenommen, um die Privatsphäre der Ratsuchenden zu wahren. Wir geben hier jedoch – ohne Datums-, Orts-, und Namensangabe der jeweiligen Person – abstrahierte Passagen von möglicherweise breiterem Interesse wieder. Wir tun das auch, um an solcher Kommunikation Interessierten einen vagen Eindruck zu vermitteln, was sie erwarten könnte. Obwohl natürlich jedes Gespräch völlig anders, weil sehr individuell verläuft.
Die hier wiedergegebenen Dialogauszüge stellen nur den ersten sanften Einstieg in den Wunsch CeGe's dar, mit seinem Wissen helfen zu dürfen. Die später vermehrt praktizierten und auch noch intensiver gewordenen Dialoge sind den weiteren Bänden vorbehalten. Zwecks Verweismöglichkeit auf bestimmte Abschnitte wurden und werden die einzelnen Konsultationsauszüge alphabetisch bezeichnet. Die Aufnahme

erfolgte wie üblich auf Tonband, von dem ein Duplikat dem jeweiligen Dialogpartner zur tieferen Einlassung mitgegeben wurde. Hie und da gab und gibt es auch Fern-Konsultationen, in denen sich CeGe auf ein Foto, eine Handschrift oder einen Gegenstand, der die Eigenschwingung des Anfragenden trägt, einstimmte und uns dann seine Botschaft an den Adressaten übermittelte.

Um keine Illusionen aufkommen zu lassen, sei auch gesagt, daß es uns nicht möglich ist, mehr als einige persönliche Konsultationen monatlich abzuhalten. Wir haben auch andere Aufgaben zu erfüllen, und zudem erfordert einem – insbesondere dem Medium – diese spirituelle Arbeit sein ganzes Wesen ab. Es bedarf dazu, wie der Leser inzwischen schon reichlich erfahren hat, einer sehr harmonischen Einschwingung in diesen Bewußtseinsgrad, wiewohl ein enormer Unterschied zwischen der heutigen souveränen Art Miras, unseren Freund zu channeln, und unseren ersten Fußstapfen auf diesem Gebiet zu erkennen ist.

Wir laden Sie dennoch ein, Ihr echtes, inneres Bedürfnis nach einem solchen Kontakt kundzutun. Wer empfindet, daß eine Klärung seiner Situation – oder um was es auch immer geht – mit Hilfe unserer Helfershelfer in die Wege geleitet werden soll, schreibe bitte an unser Institut.

Insbesondere laden wir offene Wissenschaftler ein – vor allem solche, die an den Nahtstellen des Paradigmenwechsels arbeiten – sich eventuell dieser Dialogmöglichkeit zu bedienen. Bislang sind es vor allem Psychologen, die diese Chance ergriffen, aber wir sehen es auch gerne, wenn sich Physiker, Mediziner, Biologen, Astronomen, Philosophen und Therapeuten der verschiedensten Sparten melden, um ihr Fachgebiet, dessen Umfeld und sich selbst tiefer und tiefer auszuloten.

Auch Soziologen, Architekten, Priester, Schriftsteller und andere Künstler könnten sicherlich zu einem vielfältigen und breitangelegten Meinungsaustausch mit 'Jung' beitragen. Das Interesse unseres zweiweltlichen Teams ist es jedenfalls, zur globalen Dynamik der Evolution ein paar Schwingungen beizusteuern. Dazu haben wir unser Studio Phoenix gegründet, dessen Name und Symbol ja die permanente Transformation schon andeutet. Daß unser metapsychologisches Institut und unsere psycho-spirituelle Beratungspraxis auch materielle Energien benötigen, sei hier am Rande auch angemerkt. Spirituelle Arbeit unterliegt genau wie andere Aktivitäten einem ausgleichenden Geben und Nehmen.

Da wir in letzter Zeit viel unterwegs sind und künftig noch mehr reisen werden, bitten wir um Geduld betreffs der Beantwortung von Briefen. Wir versuchen seit geraumer Zeit unsere Selbstorganisation soweit zu stabilisieren, daß wir allen Leuten, denen an einem Kontakt mit uns gelegen ist, früher oder später mitteilen, wann wir uns wo aufhalten, sei es zu Seminaren, Vorträgen, privaten Sittings, Interviews oder wissenschaftlicher Arbeit et cetera. Wenn an bestimmten Plätzen die ernsthafte Nachfrage sehr groß ist, werden wir künftig auch Gruppen-Channelings abhalten. Wer direkt zu uns kommen möchte, sollte dies in seiner Post extra vermerken.

Betreffs der Post sei noch vermerkt, daß wir sie erfahrungsgemäß in bestimmten Wellen erhalten und phasenweise dadurch ziemlich ins Trudeln kommen. Auf unser erstes Buch hin in Sachen Embryo-Kommunikation haben uns inzwischen weit über tausend Briefe erreicht. Abgesehen von der Unmöglichkeit, alle Briefe individuell zu beantworten, gibt es da noch das finanzielle Problem. Also, wer sichergehen möchte, daß er eine Antwort erhält, möge bitte für Porto, diverse Unterlagen und Bearbeitung einen kleinen Schein beilegen, damit wir eine Sekretärin finanzieren können.

Wir sind oft selbst verwundert, wie aus der uns zugehenden Post sich – nach Gesetzmäßigkeiten, auf die wir nur begrenzt Einfluß haben – diejenigen herausfinden, denen ein spezieller Service zuteil werden soll. In Einzelfällen passiert es übrigens, daß sich anstelle von CeGe eine andere – mit dem Klienten näher liierte – Wesenheit einschaltet und unser Freund in solchem Falle zurücksteht. Es gab in dieser Hinsicht schon große Überraschungen.

Wer also empfindet, daß die Kontaktnahme mit CeGe oder seinen persönlichen Helfershelfern über uns genau das sei, wonach er oder sie sucht, findet unsere Adresse auf der letzten Seite. Auch Feedback ohne Antwortwunsch bekommen wir gerne in jeder nur denkbaren Weise.

***a***

C-G-J: ***Darf ich mich vorstellen, ich bin 'CeGe Jung'. Es freut mich, Ihre Bekanntschaft zu machen.***

**Entschuldigen Sie, mein Fräulein, warum haben Sie Angst? Ich möchte nicht in Ihre Intimsphäre eindringen. Nichts liegt mir ferner.**

_____: *Ich habe deshalb ein wenig Angst, weil ich das Gefühl habe, Sie sehen durch und durch, aus Ihrer Warte.*

G-G-J: **Ich möchte Sie nicht verletzen. Ich respektiere und achte Sie und sehe, daß Sie eine sehr starke Persönlichkeit sind. Ich sehe, daß Sie sehr fein fühlen, ein sehr feinsinniges Gespür für Menschen haben. Und daß Sie sehr liebesfähig sind – oder es wären. Weil Sie noch lernen können, es mehr zu genießen.**

_____: *Und was hindert mich daran?*

G-G-J: **Ich glaube, es ist Ihr starker Wunsch, das Innerste eines Menschen nicht zu verletzen. Es ist ein tiefes Motiv und der Ausdruck Ihrer ganzen Persönlichkeit, die auch von anderen Menschen wünscht, daß Sie sich so verhalten mögen.**

**Sie sind ein sehr friedvolles Wesen, aber ich sehe viel Kampf in Ihrem Leben. Es tut meinem Herzen oftmals weh, wenn ich sehe, wie unnötig sich die Menschen Leid zufügen. Aber wir müssen darüber hinausgehen und lernen, unsere Identität, die wir uns schwerstens erarbeitet haben, nicht so ernst zu nehmen und auf unser innerstes Selbst zu horchen, uns von ihm durch das Leben tragen, führen und lenken zu lassen. Wenn Sie Vertrauen zu Ihrer eigenen Sanftheit haben und dazu stehen, dann wird sie auch von außen auf Sie zurückkommen – als verwirklichter Traum Ihres innersten Selbstes. Solange Sie nicht hundertprozentig daran glauben, müssen Sie noch darum kämpfen.**

**Ich möchte Ihnen gerne ein bißchen von meinem Gefühl, das ich für Ihre innere Schönheit empfinde, übermitteln. Sie sollten sich nicht schämen, wenn Sie diese innere Schönheit außen nicht immer finden können, an Ihrem Körper und Ihrem Verhalten. Sie sind eine sehr verinnerlichte Persönlichkeit, also lassen Sie die Kraft an dem Platz, wo sie ist. Sie sind sehr poetisch. Es wäre wundervoll, wenn Sie öfter mal diese poetischen Gefühle zu Papier bringen würden. Sie könnten wundervolle Gedichte schreiben, das würde Sie auch von Ihrem tiefen Traum nach Romantik, Stille, Harmonie und Schönheit erlösen. Sobald es auf dem Papier steht, ist es ausgedrückt, und Sie sind frei für neue Träume.**

*Das tiefe Geheimnis, das Sie lieben, sind Sie selbst. Das Abenteuer, von dem Sie glauben, daß es das Einzige ist, wofür es sich zu leben lohnt und das Sie ständig in Ihrem Unterbewußtsein suchen, liegt in Ihnen selbst verschlossen! Ich kenne den Schmerz, bevor der Schlüssel die Tür öffnet. Doch haben Sie keine Bange, gefährlicher als die Abenteuer, die Sie schon hinter sich haben, wird es nicht. Möchten Sie ...*

Zu persönliche Passagen sind ausgeblendet.

*... Ich freue mich, Ihre sanfte, zurückhaltende Art kennengelernt zu haben und danke Ihnen für diesen wundervollen Abend. Ich verabschiede mich.*

### *b*

... und hätte gerne, daß Sie mir dazu etwas sagen.

C-G-J: ***Ihr sogenanntes Überbein ist eine Reaktion oder besser die Überreaktion eines Bewußtseinszustandes, in dem die Form, in der Sie leben – die Grundmatrix, auf der Sie aufgebaut sind – in übergeordnete Dimensionen eingehen möchte und den Weg über die Psyche nicht findet, weil Ihr innerer und äußerer Wunsch nicht zusammengekoppelt wurde. Dieser Mechanismus entsteht durch eine Überproduktion ... von* ... Vorstellungswelten im zellularen und innerregulativen System eines Menschen.***

***Sie müssen wissen, daß die Erkenntnisfähigkeit der Zellen Speicherenergien sind, die vom Gehirn aus gesteuert werden, wenn ein Ungleichgewicht zwischen Psyche und Physis gegeben ist.***

***Ihre Grundmatrix will erweitert werden, damit sollten Sie sich bewußt Ihren alten Strukturen öffnen, um sich neuen Dimensionen anschließen zu können. Das ist mit einem Zusammenbruch des alten Gebäudes verbunden, mit einem Verfall bestimmter Bahnen, Systeme und Grundwege, die die Aufbaustoffe liefern. Also, Sie wünschen sich zu ändern und wissen nicht, wie Sie es anstellen sollen. Sie kommen aus Ihrem alten Strukturmuster nicht heraus. Sie unterdrücken diesen Wunsch und leben ihn im Unterbewußtsein voll aus, so daß Sie bereits körperliche Wege entwickeln. Wenn Sie genau***

* Unverständliche Aufzeichnung wegen Tonbanddefekt. Auf eine spätere Korrekturanfrage meinerseits fügte 'Jung' hinzu: ›***Gemeint sind Vorstellungen, die sich nicht in den Plan der Umsetzung in die Realität, in der der jeweilige Mensch lebt, einfügen lassen.***‹

*schauen, werden Sie bemerken, daß auch bei anderen Leuten in ähnlichen Situationen Überbeine entstehen. Operationen verhindern diesen Prozeß insofern, als sie die physischen Wege abschneiden können, wenn man geistig diesen Weg nicht weitergeht. Das Problem ist einfach zu lösen, indem man diese Tatsachen erkennt und bewußt mit Entgleisungen handelt. Das heißt, Sie setzen im Alltag Handlungen, die Sie als Entgleisungen empfinden. Tun Sie, als wären Sie nicht mehr die Alte, sondern ein neues Individuum, das völlig neue Wege gehen kann. Sehen Sie, Sie haben das Überbein an Ihrem aktiven, rechten Fuß zwischen der großen Zehe, die den Willen ausdrückt – wie ich aus dem Bewußtsein des Mediums ablesen kann.*

*Sie sind schon dabei, neue Wege zu gehen, also gehen Sie mit Ihrem Überbein, wohin Sie wollen, aber sehen Sie sich bewußt an, auf welcher Straße und wohin Sie gehen …*

### *c*

… und dann immer ganz durcheinander bin.

C-G-J: *Es ist da ein großer Stau an unausgelebter Sexualenergie, welcher sich aus Ihrem Bauche versuchte, einen Weg zu bahnen. Auch Ihre Psyche hat darunter sehr gelitten, was schließlich zu den hysterischen Anfällen und zu Ängsten jeglicher Sorte und Auswirkung führte. Ihr Sexualpotential ist sehr groß, und Ihre Kreativität hängt vom harmonischen Ausleben dieser nahezu unerschöpflichen Quelle ab. Ihre Ängste bezüglich des extremen Auslebens dieser Energien entstammen Ihrer mütterlichen Erziehung. Auch die Magen- und Darmprobleme hängen damit zusammen, weil Sie sich als Schutz vor Ihrer eigenen Sexualität ein Grausen anerzogen haben. Ihr größtes Handikap ist jedoch Ihr Gewissen, welches extrem streng und hart zu Ihnen ist. Im großen und ganzen dürfen Sie davon ausgehen, daß auch Ihre Herzprobleme damit zusammenhängen.*

*Die angestauten Sexenergien werden durch eine Art Kessel, der darüber gestülpt ist, gehalten, was heißen soll, daß Sie viel an Vitalität und Lebensfreude eingebüßt haben. Ihre Bedrängnis bezüglich des freien Auslebens Ihrer Kreativität hängt mit diesem gebundenen Potential zusammen. Ihre Ängste in Sachen Treue zu Ihrem Partner werden auch verschwinden, sobald diese Energien in den richtigen Bahnen zu laufen* beginnen. Weiter hängen auch ihre Aggressionen damit zusammen.

Ihr kausales Denken über die Ursachen der genannten Beschwerden ist durch Ihre Gewissenserziehung schwer getrübt. Sie dürfen es sich nicht erlauben, frei über Sexuelles zu denken.

Ihr ewiger Wunsch nach vielen Männern ist eine Illusion, die genau dem Sehnen, den rückgestauten Energien endlich freien Lauf zu lassen, entspricht. Ihre Unfruchtbarkeit hängt mit den sexuellen Ängsten und der dadurch verursachten chronischen Verkrampfung Ihres Unterleibes zusammen. Sie haben durch Ihre Angst vor dem Frau-Werden der Gebärmutter die Chance genommen, ihre normale Fähigkeit zu erlangen. Genieren Sie sich nicht, Ihren Sex, der auch ein Teil Ihres Selbstes ist, auszuleben. Genehmigen Sie es sich, im Geiste auch andere Männer zu lieben. Und nehmen Sie dazu ruhig Ihre Phantasien zu Hilfe ...

## d

C-G-J: ... Lieber Mann, Sie haben mein Verständnis. Ich kann Ihnen sagen, daß Sie, bevor Sie nicht Ihr Selbstbewußtsein gefunden haben, Ihr aktuelles Problem nicht verloren haben werden. Das hängt mit Ihrer zerrütteten Psyche zusammen, die Sie aus Ihrer Kindheit mitbekommen haben. Ihre große Angst vor Verwundung und Ihre Furcht vor Belastung und Verantwortung liegt darin, daß Sie als Kind niemals zu Selbst-Bewußtsein kommen konnten allein schon, weil Sie durch die Schmerzen der Geburt und Ihrer Kindheit daran gehindert waren. Erkennen Sie doch, wie sehr Sie von Ihrer Mutter beeinflußt wurden und wie viele psychische Inhalte Sie übernommen haben. Warum fühlen Sie sich noch immer als Kind Ihrer Mutter und unterwerfen sich Ihrem Zwang?

Tief in Ihrem Innern schlummert große Angst und Aggression gegen Ihre Mutter, sogar Haß und Mordgefühle. Sie haben es schwer, sich von diesem Trauma zu lösen, denn Ihr echtes Wesen wurde damals vollkommen unterdrückt. Sie haben viele Blockaden im Hals und in der Brust, also schlage ich Ihnen vor, machen sie täglich ein psychisches Training. Setzen Sie sich in einen ruhigen Raum und atmen Sie möglichst tief durch, was Sie nicht gut können. Dann sprechen Sie alles aus, was Ihnen Angst macht. Sie sollten auch versuchen, es aufzu-

*schreiben. Sprechen Sie wirklich alles laut aus, vielleicht vor Ihrer Frau.*

*Sie haben auch mystische Ängste, welche aus Sensitivität und Unterbewußtheit entstanden, und auch wegen der negativen Energien, die Sie als Kind empfangen haben. Ihr Geist ist noch sehr geschwächt und verwirrt davon.*

*Sie müssen sich darüber im klaren sein, daß dies zwar alles die Umwelt bewirkt hat, aber Sie sich dennoch aus eigener Kraft herausbewegen müssen.*

G-G-J (zur Frau des Klienten): *Helfen Sie Ihrem Mann in seinem Seelen- und Bewußtseinstraining. Halten Sie ihn bei der Hand und führen Sie ihn durch den Schmerz hindurch. Lassen Sie ihn nicht allein. Geben Sie ihm nicht das Gefühl des Zwanges, den hatte er seit Geburt und ließe nur sein Trauma wieder aufleben. Es ist eine Art Todesangst. Sie müssen das verstehen und sehr liebevoll mit ihm umgehen, das hat er nie erfahren. Sobald er Aggressionen spürt, zieht er sich in sich zurück. Sie selbst haben auch Blockaden und Probleme. Sie sollten sich, nachdem Ihr Mann durch seine Blockaden gegangen ist, ihm anvertrauen, er wird Ihnen dann helfen können ...*

*e*

... warum ich mit meiner Mutter nicht zurechtkomme?

G-G-J: *Die Muster Ihrer Mutter sind folgende: Wenn ich nicht bekomme, was ich möchte, und wenn etwas nicht so verläuft, wie ich will – werde ich nicht geliebt. Die bisherige Antwort Ihrer Psyche auf diesen Schmerz war trotziges Verhalten, das sich in ungeheurer Aggressivität – unter gleichzeitiger Verweigerung echter Hingabe und Öffnung der Seele – manifestierte. Weiter kompensierte sie den Schmerz auch durch Versagen und Verzicht auf tiefste emotional-menschliche Werte. Sie kultivierte Ihre Aggression als globale Antwort gegen jedermann auf die ihr nicht erbrachten Liebesbeweise. Sie erkannte nicht, daß Liebesfähigkeit zusammen mit Verzicht auf falsche Inhalte bedrohlich werden kann.*

*Das Problem mit Ihrer Mutter ist, daß sich ihre weibliche Seele verschlossen hat. Falsches Tun, Denken, Handeln und Empfinden ist in der Folge entstanden. Wenn eine nur noch männliche Seele nicht fähig ist, aus dem Universum zu empfangen, entsteht Aggressivität.*

***Sie werden erkennen müssen, daß der Kampf Ihrer Mutter gegen die niederen männlichen Ausdrucksformen, wie Triebe und so weiter, zu einem Teil Ihrer eigenen Seele geworden ist, die ebensooft in dieses Reaktionsmuster zurückfällt.***

***Solange Ihre Mutter dieses Problem nicht in sich erkannt hat, wird sie gegen das niedere männliche Prinzip in der Außenwelt weiterhin ablehnend reagieren, da es als Spiegel auf sie zurückfällt. So empfindet sie durch den resterhaltenen Teil ihrer Weiblichkeit. Haben Sie verstanden?***

***Nochmals: Ihre Mutter reagiert mit Panik und Entsetzen auf niedere männliche Triebenergien, wie Sexualität, Aggressivität und so weiter, mit dem Teil in ihr, der – wie ich vorhin erklärte – sich in ihr – ich merke – aber wenn Sie den Text in Ruhe lesen, werden Sie verstehen.***

***Auch das Problem, das Sie noch haben, liegt im geistigen Erbe Ihrer Mutter begründet. Sie könnten Meditationen machen, die Ihnen diese Bilder an die Oberfläche bringen. Ich werde Ihnen intuitiv helfen, wieder Ihre tieferen Schichten zu erreichen und so die Angst vor Blockaden zu verlieren ...***

Ausblendung.

***... In gewisser Weise ist es in Ihrem Falle eine Projektion Ihrer Unbewußtheit, da Sie mit dieser nicht umzugehen wissen. Erst wenn Sie sich von Ihrer Mutter getrennt fühlen können, wird es Ihnen möglich, als selbständiger Mensch zu handeln. Aber wenn Sie sich so sehr verbunden fühlen, ist das nicht immer so leicht. Versuchen Sie in dieser Hinsicht mehr Offenheit zu bewahren, um alle möglichen eingeschlossenen Inhalte, die Sie noch vom Babyalter her und auch aus der Pubertät in sich tragen, nicht zu übersehen. Lassen Sie diese nicht zu Eckpfeilern Ihrer weiteren Entwicklung werden ...***

***f***

C-G-J: ***Was war mit Ihrer eigenen Schwangerschaft? Ist Ihre Mutter mal gefallen, als Sie in ihr waren?***

______: *Ich weiß nicht. Da müßte ich erst nachforschen?*

C-G-J: ***Sie erhielten in einer wichtigen Entwicklungsstufe des Gehirns – als Sie begannen, sich mit Erdenergie aufzuladen und der Geist in das materielle Kraftfeld eindrang – durch einen Unfall Ihrer Mutter oder etwas ähnliches, einen Schock. Dies bewirkte auch, daß Sie Schwierigkeiten mit dem***

***Um- und Austauschen von Energien haben, eine Blockade im Energieaustauschsystem.***

***Auch fehlt Ihnen der meditative Ausgleich im Leben. Das ist ebenfalls durch den Schock bedingt. Die Entspanntheit fehlt Ihnen, weil Sie noch im Trauma stecken. Sie können diesen Schock auflösen, indem Sie nochmals zurückgehen und ihn bewußt wieder erleben. Mit kreativen und meditativen Methoden können Sie sich annähern ...***

Zu persönliche Passagen sind ausgeblendet.

***... es fällt mir schwer, Ihnen zu helfen. Ihre Psyche ist sehr kompliziert, da Sie Ihre Strukturmuster so verdrängen.***

***Stellen Sie sich vor, Sie haben eine tödliche Krankheit, es könnte ja sein. Jeden Tag verlieren Sie mehr von Ihrem Leben, und nach dem Tode stellen Sie fest, wie viele Augenblicke der Freude Sie deshalb verloren haben, weil Sie vor Wut über den Tod alles andere übersehen haben ...***

Ausblendung.

***... Liebe und Verständnis ist die Basis der Gesellschaft und nicht gegenseitiger Kampf. Inneres Aufgeben von Verantwortung und Wunschdenken bringt Liebe und Geborgenheit. Es muß die Liebe immer an erster Stelle stehen, erst dann kommt der Wunsch und das Ziel.***

***Wichtig für Sie ist, zu erkennen, daß das Wichtigste Liebe und Verständnis ist. Ohne das können Sie noch so viel Güte und spirituelles Wissen haben, es würde nichts nützen ...***

## g

Dieser Klient mochte die psychischen Zusammenhänge seiner Krebserkrankung erfahren:

G-G-J: **Haben Sie irgendwelche Träume, die Ihnen spontan einfallen? Ich meine Nachtträume, auch solche, die Ihnen vielleicht unbedeutend erscheinen.**

______: *Zur Zeit eigentlich nicht.*

G-G-J: **Denken Sie an Träume von einem tiefen, schwarzen Loch. Hatten Sie früher mal solche Träume?**

______: *Ja genau, das Black Hole, dieses große dunkle Loch, ist mir schon mal begegnet.*

G-G-J: **Hatten Sie die Empfindung, von diesem Loch angezogen zu werden?**

______: *Ich glaube, ich bin sogar hineingerissen worden, aber auf der anderen Seite wieder herausgekommen – soweit ich mich erinnere.*

G-G-J: **Und war am Ende dieses dunklen Loches Licht?**

*Ja, große Helligkeit.*

G-G-J: **Das bedeutet, daß Sie durch einen Kanal in eine neue Dimension vorgestoßen sind, aus dem Unbewußten und Unterbewußten in das helle Tageslicht.**

**Schließen Sie mal die Augen, mein Freund, und visualisieren Sie sich selbst in Ihrem Kopfe stehend. Drehen Sie sich um. Finden Sie in Ihrem Kopf einen Ausgang? Antworten Sie mir.**

______: *Das kann ich nicht sagen. Es ist alles dunkel.*

G-G-J: **Dann versuchen Sie mit der linken Hand die Innenseite Ihres Schädels abzutasten. Wenn Sie eine Weichstelle finden, halten Sie an und sagen Sie es.**

Pause.

______: *Ja, ich bin dort.*

G-G-J: **Versuchen Sie jetzt mit der Hand durch diese weiche Stelle zu drücken. Welche Empfindungen steigen auf? Geben Sie sich dieser Erfahrung hin und bemühen Sie sich, sie zu schildern.**

______: *Es fühlt sich porös an.*

G-G-J: **Nicht die Empfindung des Körpers, die der Seele ist wichtig. Was empfindet Ihre Seele, während Sie durch die Öffnung stoßen?**

Keine Antwort.

G-G-J: **Gehen Sie mit Ihrem Bewußtsein in Ihren Bauch und atmen Sie tief ein. Ich helfe Ihnen und drücke jetzt meine Hände von vorne und hinten an Ihre Geschlechtsteile, und Sie versuchen, Ihre Gefühle zu offenbaren.**

Keine Antwort.

***Ich gehe jetzt mit meinen Händen weiter nach oben. Wenn ich einen bestimmten Punkt erreicht habe, werden Sie einen großen Schmerz empfinden. Lassen Sie diesen seelischen Schmerz sich ausdrücken.***

***Ich gehe nun wieder nach unten und beginne von vorne. Atmen Sie tief ein und entspannen Sie Ihren Rücken. Rollen Sie***

***sich in der Vorstellung jetzt wie ein Embryo zusammen. Ich werde Sie gleich an einer bestimmten Stelle Ihres geistigen Körpers berühren, und Sie sagen mir, ob Sie es empfinden können.***

***Haben Sie eine Idee, wo ich Sie berührt haben könnte?***

_____: *Nein.*

G-G-J: ***Gehen wir wieder zurück in den Kopf. Ich sehe eine große Masse, die nach innen drängt. Gehen Sie mit Ihren beiden Händen zu dieser weichen Öffnung, und fühlen Sie diesen Druck von außen. Versuchen Sie sich zu äußern. Denken Sie nicht soviel nach. Was Sie fühlen, zählt. Was fällt Ihnen spontan ein. Sagen Sie doch irgend etwas.***

_____: *Ja, leider. Ich bin ganz leer im Augenblick.*

G-G-J: ***Ist dieses Loch jetzt frei? Können Sie dadurch nach außen blicken?***

_____: *Ich habe das Empfinden, daß diese Porösität weg ist und das Loch gereinigt ist.*

G-G-J: ***Sehr gut! Das ist auch geschehen. Versuchen Sie noch herauszufinden, warum Sie diese Öffnung gewählt haben ...***

Zu persönliche Passage ist ausgeblendet.

G-G-J: ***... Ich gebe Ihnen noch einen Rat. Versuchen Sie dieses Loch freizuhalten. Wann immer Sie die Empfindung haben, dieses Loch verstopft sich wieder, gehen Sie hinein in den Kopf und öffnen Sie es wieder durch Ihre Konzentration.***

***Dieses Loch hat eine große geistige Bedeutung für Sie. Machen Sie sich keine Sorgen, egal, was Ihnen ein Arzt sagt. Dieses Loch ist eine Ihrer größten Chancen in diesem Leben.***

***Ich empfinde viel Wärme und Freundlichkeit für Sie und hoffe es und wünsche Ihnen, daß Sie Ihr Problem benutzen mögen, um frei zu werden. Wenn Sie einen weiteren Kontakt wünschen, können Sie mich wieder rufen. Auf Wiedersehen.***

### h

G-G-J: ***... Sprechen Sie mir nach: ›Herr Jung, ich lebe in Ihrem Herzen, und Sie leben in meinem Herzen.‹***

Der Klient sprach diesen und die folgenden Sätze jeweils nach:

*Alle Liebe dieser Erde möge über Sie kommen / Wir vereinigen unsere Seelen, um einander helfen und wachsen zu können / Alle Liebe dieser Erde sei in meinem Herzen / Alle christlichen Gedanken lösen sich auf* / Christus lebt in meinem Herzen, und nichts trennt mich vom Leben / Das Leben selbst ist mein Gebieter / Ich steige auf und blicke zurück in den Rachen des Löwen / Der Löwe entspringt der Sonne – die Sonne ist das Leben und die Liebe / Nichts kann mich von der Sonne trennen / Geliebte Sonne, so lebe Du in mir, wie ich in Dir / Geliebter Herr 'Jung', meine Seele ruft nach Ihnen / Verzeihen Sie meine Ängste / Ich werde versuchen, aus dem Käfig meiner Schuldgefühle zu entgleiten / Der Rachen des Löwen liege hinter mir / In alten Zeiten schon ging ich der Sonne entgegen / In diesem Leben suche ich die Liebe und finde sie nicht / Ich steige hinab in die Erde, schaufle mein Grab und sehe hinunter / Die Kälte steigt aufwärts, ich fühle den Schauer des Todes / Mein Haus ist mein Grab / Wenn Nebel ziehen, erkenne ich meine Seele / Dumpf und traurig suche ich das Feuer / Wo ist die Sonne? Ich kann sie nicht finden / Oh, Busen meiner Frau. Geliebte Aphrodite / Allumfassende, allbeglückende, lustbringende Schöpferin meiner Ekstase / Warum kann ich dich nicht berühren und Milch und Honig aus deinen Brüsten saugen? / Geliebter Hügel aus braunem Gras, saftig und fein, meine Lippen möchten dich berühren / Mein ganzes Sein möchte in deine feuchte Höhle eindringen und in deiner schicksalhaften Weiblichkeit und Geborgenheit wohnen / Alle Lust soll mich umspülen und gefangenhalten / Die Kirchenglocken läuten, wann immer ich die Lust verspüre / Ich höre Schritte gehen und jemand an die Türe klopfen / Es ist, als ob ein Strang sich fest um meinen Hals bindet und alle Lust entschwindet / Das Grauen steigt aus meinem tiefsten Brunnen / Alles, was mich je beglückt, ist mir entwunden / Es ist, als hörte immer ich die tiefen Glocken läuten, wenn die Lust sich rührte in meiner Brust / Ich hatte einen Traum, als Aphrodite kam und ich mir ihren Hügel nahm / Als dies ekstatische Gefühl mich all erfaßte, all durchdrang / Kam durch einen winz'gen Schatten der Mann und klopfte an / Sogleich hört' ich die Kirchenglocken läuten – tief in mir zersprang der Strang der Liebe / Ich seh' ein Bild von mir von Aphrodite, mit aufgeschlitztem Bauch / Alles das, was jemals ich begehrt',*

---

* Der Klient hatte in der Kindheit traumatische Erfahrungen mit der massiven ›christlichen‹ Sexualunterdrückung gemacht.

***entschwand / Das tiefe Grauen, das meine junge Seele fühlt — es lebt in mir und will sich offenbaren und hinuntersteigen in das Grab / Erblühen soll das Bild in mir, das eine große Gottheit mir geweiht / Wenn Kirchenglocken läuten, soll Jesus für mich auferstehn / Ich soll sie fühlen, seine Liebe und Barmherzigkeit / Herr Jesus, komm, steh nackt vor mir und sieh mich an als nacktes Kind / Berühre mich an jeder Stelle, die ich liebe / Umfasse mich und laß mich fühlen, daß alles gut an mir ist / Ich fleh' zu meinen tiefsten Schichten, mir zu verzeihn, daß ich betrogen ward von dunklem Schein / Ich rufe Gott, dem ich mich jetzt zu Füßen werf', mir zu verzeihn, daß ich ihn mißverstand / Ich liebe alles rings um mich und liebe alle Frauen dieser Erde / Ich habe keine Angst, mich so zu zeigen, wie ich bin, denn Gott hat mich gemacht / Ich werde jetzt, mein Gott, zu meinen Bildern stehn, zu meinen Träumen aus der Vergangenheit / Sie leben noch in meinem Innern und möchten auferstehn in neuem Licht / Wenn Kirchenlieder jemals ich dann höre, kann sexuelle Lust mein ganzes Sein erfüllen / Und alles ist gut — es ist die Kraft, die in mir weht / Ich lese selbst in meiner Seele und fühle, was ich bin.***

***i***

... nur leider finde ich kaum Zeit dazu.

G-G-J: ***Sie sprechen immer von der Zeit, meine Dame. Das ist eine große Illusion, um nicht zu sagen Lüge. Sie leben im ewigen Jetzt, also worauf warten Sie denn? Es gibt keine Zukunft! Wir sind immer hier und da und jetzt. Täuschen Sie sich doch nicht selber, diese Intrigen führen ins Chaos.***

_____: *Als ich ›high‹ war, hatte ich das schon kapiert.*

G-G-J: ***Eine Erfahrung unter Drogen zeigt Möglichkeiten des Geistes auf, aber die Seele wird Sie nie ruhen lassen, in diese Schichten selbst vorzudringen. Sie gibt sich nicht mit einem Film zufrieden. Drogen erzeugen Filme, in denen wir zwar leben, aber der Unterschied zur ›Reality‹ ist — für mich — riesig. Es ist, wie wenn ich ins Kino gehe, mir einen Film ansehe und mich dabei vergesse. Ob ich mitlebe oder ob ich wirklich selbst erlebe, das ist der Punkt. Sind Sie mit mir einer Meinung?***

_____: *Ich weiß nicht so recht?*

G-G-J: ***Sehen Sie, das Höhere Selbst und das Unterbewußtsein erleben Erfahrungen unter Drogen als ›Magic‹ und***

***›Mystery‹ — nicht als ›Real Life‹. Das ist die Wahrheit! In unseren tiefsten Schichten können wir absolut nicht betrogen werden. Dort ist das Licht, das uns trägt, dort ist unser wahres Leben zu Hause.***

***Viel Spaß noch. Und freuen Sie sich, daß Sie leben. Sagen Sie sich öfter mal still ins Ohr: Ich lebe, ich lebe!***

*i*

... möchte ich Sie fragen und auch über mein oftmals taubes Gefühl in den Beinen?

G-G-J: ***Wir müßten in dieser Sache viel tiefer gehen. Es ist nicht möglich, einfach über den Verstand die Störungen des Körpers zu beheben. Da müssen Sie sich schon in die Sache einlassen.***

***Zweifelsohne will der Körper etwas ausdrücken. Die Symptome kommen aus der Seele — eine Botschaft will geoffenbart werden. Sie haben Angst, hinzusehen und glauben, etwas verlieren zu müssen. Dabei würden Sie viel gewinnen, wenn Sie sich mehr Ihrem eigenen Selbst zuwenden würden. Sie kommen nicht umhin, den Tatsachen der Welt ins Angesicht zu blicken.***

***Setzen Sie sich hin und gehen Sie in Ihre Füße hinein. Verstehen und danken Sie, daß Sie Füße haben. Sehen Sie, dieses Wort ›verstehen‹ hat auch viel mit den Füßen gemeinsam: Ich ver-stehe, was ich tue — ich be-gehe eine neue Tat — be-schreite einen neuen Weg — bin selb-ständig — bin eigenständig — bin un-abhängig. Letzteres hat etwas mit ›abhängen, sich von etwas abhängen‹ zu tun. Ich möchte hier kein sprachwissenschaftliches Lexikon darstellen, aber Worte haben doch Ihren tieferen Sinn.***

***Also gehen Sie hinein in die Sachen, ver-tiefen Sie sich.***

*______: Das werde ich tun. Möchten Sie vielleicht noch Ihren Blick auf meine Aura richten?*

G-G-J: ***Ich sehe darin graue Flecken, graue Zonen verschleierten Bewußtseins. Die Lebensfreude fließt nicht richtig durch die Beine. Offensichtlich gehen Sie nicht immer gerne dorthin, wohin Sie gehen müssen. Also machen Sie keinen Kampf daraus. Sehen Sie sich ehrlich an und gehen Sie tief, tief und noch tiefer hinein in Ihr Problem. Sie sind doch ein Mensch, der lernen möchte, also tun Sie es. Man kann nicht nur über den Verstand lernen. Holen Sie Ihre Hingabe an die***

Oberfläche. Sie haben sie bereits, aber sie ist Ihnen als Kind zertrampelt und verschüttet worden. Sie wären voll Gnade, wenn Ihnen die Hingabebereitschaft nicht so durch Gewalt unterdrückt worden wäre. Ja, Ihre weibliche Seite wäre fast zerstört worden, wenn sich Ihr Unterbewußtsein nicht um die zarte Seele angenommen hätte, um Sie vor weiteren Verletzungen zu bewahren.

Sie sind ein äußerst sensibler Bursche: wagemutig, idealistisch und voller Tatendrang, dem Leben, so gut es geht, hingegeben, aufopferungsbereit und exzentrisch. Das kann ich in Ihrer Akasha-Chronik* lesen. Sie verteidigen sich mit der Macht des Unbewußten über die Sprache, über den Verstand, aber es bleibt das Herz auf der Strecke. Haben Sie doch keine Angst davor, sich mehr hinzugeben. Sie sind doch ein phantasiereicher junger Mann – ein Pionier, dem alle Wege in sich selbst und in alle Universen offenstehen. Ich sehe, daß Sie auch ausführen möchten, was Ihnen Ihr wißbegieriger Geist eintrichtert. Nochmals, haben Sie keine so große Angst, sich selbst zu verlieren – es kann Ihnen nichts geschehen.

Ich empfinde tiefes Mitgefühl und glaube zu verstehen, warum man sich in dieser Gesellschaft auch vor sensiblen Seelen fürchtet, warum man solche Seelen unterjochen muß.

Sie sehen in Ihrem Unterbewußtsein mit riesengroßen Augen, voll Erstaunen und ohne fremdbestimmte Projektion in die Welt. Sie sind ein Träumer, die Phantasie ist Ihr eigentliches Betätigungsfeld. Es fällt Ihnen schwer, Realität und Phantasie unter einen Hut zu bringen. Sie leiden und kämpfen, weil vieles nicht so läuft, wie Sie es sich ausgemalt hätten. Dieses Erwachen tut weh, aber das Trennen wollen Sie nicht geschehen lassen.

Das finde ich auch gut so, aber Sie müssen noch lernen, sich mehr der Realität anzugleichen. Das heißt, sehen, was ist und sich dem in Freude unterwerfen.

Macht euch die Erde untertan, bedeutet auch: Der Körper passe sich dem Geist an. Aus der Erde haben wir unsere Hülle, also machen wir sie uns untertan. Nicht mit Gewalt, sondern in Frieden, aus tiefem Wissen, aus Dankbarkeit und Liebe.

Es gibt auch andere Menschen, die so sensibel sind, wie Sie. Sie sind nicht allein auf dieser Welt, mit Ihrer Verletzlichkeit. Ich selbst war es lange Zeit und habe nicht aufgegeben,

---

* Ein esoterischer Fachbegriff für den kosmischen Datenspeicher, in dem alles aufgezeichnet ist.

*weder die Eigenschaft, noch die Fähigkeit. Ich habe mich nicht in der Welt verirrt, sondern es geschafft, diese beiden Qualitäten in mir zu vereinigen. Das hat mir großes Wissen eingebracht. Ich war so eigensinnig und stur, daß ich meine sensible Seite niemals vor mir selbst verleugnete. Sehr wohl aber vor der Welt, und das war Absicht, denn ich erkannte die große Gefahr der damaligen Zeit, in der ich lebte. Es war pure Anpassung, aber aus dem Verstehen heraus, und war nicht als Verleugnung gedacht ...*

Zu persönliche Passage ist ausgeblendet.

*... Also vergessen Sie bitte nicht: Sie sind Herr und Frau über Ihr Innenleben, das Ihnen niemand nehmen kann – es ist Ihre individuelle Welt. Doch das Kollektiv verlangt Zusammenarbeit, das bedeutet, Einfühlsamkeit in die Tiefen anderer Menschen. Und auch Intimität in bezug auf die Grenzen von sich und den anderen. Wir sollten immer ein Geheimnis wahren, denn das Geheimnis ist der Träger höchster qualitativer Information. Wir sollten es behüten und ein Gefühl dafür aufbringen, wann und wo wir diese Intimität mehr leben sollten.*

*Wir sind unsere Seele, und sie nimmt alles wahr, was uns begegnet. Sie ist der Herrscher über den Tod, denn sie hat die Information über jegliches Leben.*

*Daher vergessen Sie bitte nicht: Sie sind insgeheim ein Mystiker, also beschäftigen Sie sich damit. Ich möchte, daß Sie meine Worte ganz tief in sich eindringen lassen.*

*Sie sind mein persönliches Geschenk an Sie.*

## Postscriptum*

*... ›C.G.Jung‹ scheint zu einem Schlüsselwort für das ›Kollektive Unbewußte‹ geworden zu sein.*

*Nennen Sie mich, wie Sie wollen.*

*Hochachtungsvoll*

*Ce Ge Jung*

* Abschluß eines von 'Jung' 1988 diktierten Antwortbriefes an eine Psychotherapeutin.

# *Appendix*
# *FAKSIMILE-DOKUMENTATION*

Von 'Jung' in Miras Unterbewußtsein projiziertes ›Archetypisches Heilmotiv‹

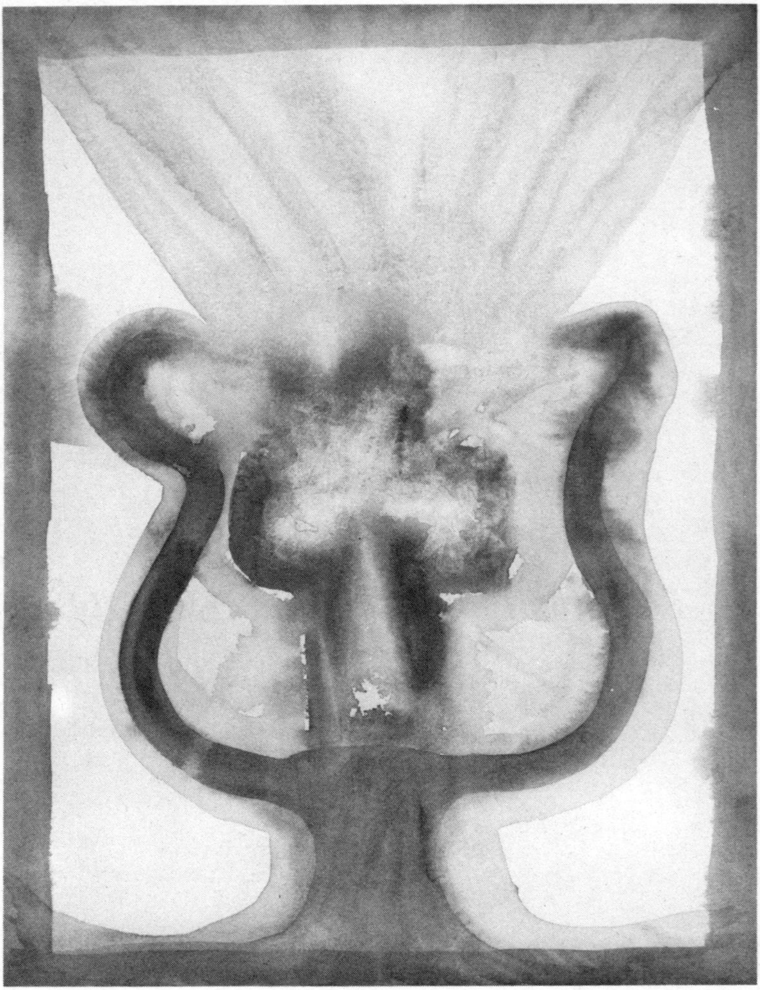

Am Morgen des 4.1.87, gegen Ende des Kontaktes mit CeGe, nahm Mira auf ihrem inneren Bildschirm diese hier im Aquarell dargestellte Projektion wahr, von der sie eine Kraft ausgehen spürte, die ihr von eigenen Imaginationen fremd war und 'Jung' auch 1988 nochmals als von ihm übermitteltes Mentalbild bestätigte.

## Das erste Schreiben der C.G.Jung-Erbengemeinschaft

ERBENGEMEINSCHAFT C. G. JUNG
GESCHÄFTSFÜHRENDER AUSSCHUSS
Präs. L. Niehus, Hirzemätteli 2
5400 Baden, Tel. 056 22 42 52

R. & M. Coudris
c/o Studio Phoenix Austria
Inst. f. metapsychol. Stud.
u. psycho-spirituelle Ber.
A-4863 SEEWALCHEN AM ATTERSEE
Oesterreich

Dr. Lorenz Jung
Sunnebergstr. 4
CH-8633 Wolfhausen

Wolfhausen, 28. April 1987

Sehr geehrte Herr und Frau Coudris,

In "Psychologie heute" haben Sie kürzlich ein Inserat placiert, das vorgibt, "C.G.Jung spricht seit Monaten durch ein vollbewusstes Trance-Medium u.a. über *Traum und Wirklichkeit*, ..., *AIDS* und,und,und... ".

Wir begrüssen zwar das Interesse an C. G. JUNG, halten Ihre derartigen Aktivitäten bzw. Verlautbarungen aber für unseriös und, zumindest im Fall des Themas AIDS, für unverantwortlich, werden doch dadurch zahllose betroffene Menschen zum Narren gemacht.

Als Copyright-Inhaber sämtlicher Angelegenheiten um C. G. JUNG verbieten wir Ihnen, C. G. JUNG's Name missbräuchlich oder für Werbe-Zwecke zu verwenden. Ebenso untersagen wir, die im Inserat erschienene Aussage zu verbreiten: "C.G.Jung teilt seinen heute weitaus höheren ... Erkenntnisstand mit uns". Sie sind auch nicht autorisiert, im Zusammenhang mit C. G. JUNG die Formulierung zu gebrauchen, "Sowohl (schriftliche) fachspezifische Anfragen, als auch (persönliche) Analyse-Gespräche sind möglich", denn das ist irreführend und lässt den Leser im Glauben, mit der jung'schen Analytischen Psychologie konfrontiert zu werden, was nicht der Fall ist.

Wir verbieten Ihnen, die Broschüre *"C. G. Jung Spricht"* weiter zu vertreiben, bzw. der Öffentlichkeit zugänglich zu halten. Es steht Ihnen nicht zu, diesen gesetzlich geschützten Eigennamen zu verwenden und zudem erweckt dieser Titel den Eindruck, als ob es sich um authentisches Material handeln würde.

Wir bitten Sie höflich, obige Gesichtspunkte zu respektieren.

Mit freundlichen Grüssen

Lorenz Jung

Dr. Lorenz Jung

cc: - Herrn L. Niehus, Baden
- Frau G. Niedieck, Niedieck Linder AG, Literatur-Agentur
Holzgasse 6, 8039 Zürich

# Unsere Antwort an die C.G.Jung-Erbengemeinschaft

René & Mirabelle Coudris, A-4863 Seewalchen/Att.

Dr. Lorenz Jung
Sunnebergstr.4
CH-8633 Wolfhausen
Schweiz

Seewalchen, 9. Juni 1987

Lieber Herr Dr. Lorenz Jung,

wir bedanken uns für Ihr Schreiben vom 28.4.87. Nachdem uns, auf unsere Anfrage hin, das C.G.Jung-Institut Zürich Ihren Namen als Vertreter der Rechtsnachfolger C.G.Jungs nannte, trugen wir uns schon seit Wochen mit dem Gedanken, Sie zu kontaktieren.

Zuallererst möchten wir Ihnen mitteilen, daß die angekündigte Broschüre nicht verbreitet wurde, ja, wir sie noch nicht einmal drucken ließen. Dieses unterließen wir, weil wir 'zufällig' kurz vor Drucklegung privat einen Urheberrechtsexperten kennenlernten, der uns auf die juristische Problematik der Gesetzeslage in dieser Sache hinwies. Wir sandten daraufhin an alle Interessenten eine Postkarte, in der wir eine verzögerte Lieferung der Broschüre bekanntgaben. Wir wollten vorerst Klarheit über die irdischen Konsequenzen unseres Tuns erlangen, bisher jedoch noch ohne Erfolg. In dieser Phase traf nun Ihr Brief bei uns ein. Das ist der Stand der Dinge.

An unserer oben erwähnten Reaktion können Sie wohl ersehen, daß uns daran gelegen ist, im Sinn der Sache und unter Vermeidung von Dissonanzen zu handeln. Es ist uns nicht primär wichtig, zu behaupten, daß C.G.Jung zu uns spricht. Vielmehr geht es uns darum, die inhaltlichen Ergebnisse unserer Trance-Arbeit zu dokumentieren und der Öffentlichkeit zugänglich zu machen. Bis dato können wir weder beweisen, daß es sich um C.G.Jung handelt, noch ist derzeit eine solche Beweisführung unsere Intention. Persönlich sehen wir allerdings auch keinen Grund zur Annahme, daß es nicht das Wesen C.G.Jungs sei, mit dem wir Kontakte pflegen.

Für eminent wichtig halten wir jedenfalls, wie gesagt, die inhaltlichen Aussagen jener für mich akustisch wahrnehmbaren Quelle - während meine Frau in vollbewußter Trance als medialer Kanal fungiert. In Gesprächen mit mir hat sich die sprechende Wesenheit auch selbst einigemale ausdrücklich als C.G.Jung bezeichnet, was per Tonband dokumentiert ist. Von meiner Frau wird übrigens C.G.Jung innerlich auch visuell wahrgenommen. Was aber in der Sache besonders zu bedenken ist, ist die starke Korrelation der übermittelten Gedanken zu jenen der historischen Jung'schen Lehre, allerdings ist im Detail in seinen uns zugegangenen Erkenntnissen um einiges mehr an Tiefgründigkeit und Feinfühligkeit den angesprochenen Themen gegenüber erkennbar.

Herr Dr. Lorenz Jung, Sie verwundern uns mit Ihrem Brief, neben dem Ausspruch des direkten Publikationsverbotes unserer Dokumentation, vor allem dadurch, daß Sie - ohne an den Aussagen dieser sich C.G.Jung nennenden Entität überhaupt Interesse zu zeigen - unsere Arbeit als 'unseriös und unverantwortlich' klassifizieren. Wie können Sie denn ohne inhaltliche Kenntnis beurteilen, ob durch die bislang unveröffentlichten Durchgaben z.Bsp. zum Thema AIDS wirlich 'zahllose betroffene Menschen zum Narren gemacht werden'? Wir, die wir in Kenntnis der gemachten Aussagen dazu sind, halten es im Gegensatz dazu eher für unverantwortlich, die Informationen nicht zu publizieren. Was die von Ihnen kritisierten Sätze 'C.G.Jung teilt seinen heute weitaus höheren... Erkenntnisstand mit uns' und 'sowohl (schriftliche) fachspezifische Anfragen, als auch persönliche Analyse-Gespräche sind möglich' betrifft, möchten wir nochmals darauf verweisen, daß es sich hier um Vergleiche mit aus der Jung-Literatur bekannten Aussagen handelt, da die erwähnte Wesenheit darauf eingeht. Zweiteres ist ein Angebot jenes geistigen Wesens selbst, welches wir nur übermitteln. Insofern finden wir persönlich auch nicht, daß dies, wie Sie auch im Namen der von Ihnen vertretenen Erbengemeinschaft, meinen, 'irreführend' ist und den Leser nur 'im Glauben läßt, mit der Jungschen Analytischen Psychologie konfrontiert zu werden'.

Also nehmen wir Ihr - für uns in dieser Form unverständliches Verbot - zwar zur Kenntnis, werden aber versuchen, eine sowohl der Sache und auch Ihren Wünschen möglichst adäquate Form zu finden, die Botschaften jener sich C.G.Jung nennenden Intelligenz dennoch öffentlich zu verbreiten. Zusätzlich schlagen wir Ihnen vor, die Angelegenheit nicht nur juristisch, sondern - zumindest hypothetisch - auch im (eventuellen) Sinne C.G.Jungs zu betrachten, d.h., sich auch inhaltlich in den speziellen Fall einzulassen. Bei genügender geistiger Offenheit, die Sie als analytischer Psychologe ja sicherlich einbringen könnten, wäre sogar die Möglichkeit der direkten Kommunikation mit jener Entität nicht auszuschließen. Wenn Sie die Schriften C.G.Jungs aufmerksam studiert haben, werden Sie vielleicht wissen, daß sich C.G.Jung zu Lebzeiten selbst intensiv mit derlei parapsychologischen Dingen sowohl praktisch, als auch theoretisch befaßte. Vielleicht ist Ihnen auch bekannt, daß C.G.Jung selbst etwas über mediale Anlagen verfügte.

Wir würden es jedenfalls sehr schade finden, wenn Sie durch eine weiterhin ablehnende Haltung insbesondere zahllose Jungianer an einer konstruktiven Auseinandersetzung mit den Informationen dieses jenseitigen C.G.Jungs hindern würden. Vielleicht ist es Ihnen möglich, alle Mitglieder der von Ihnen vertretenen Erbengemeinschaft C.G.Jungs über die Sachlage zu unterrichten. Im übrigen sollten Sie auch wissen, daß wir uns vor der Schweizerischen Vereinigung für Parapsychologie bereit erklärten, die Sache eingehend prüfen zu lassen und daß bereits seit Jahren von anderer Seite publizierte Durchgaben C.G.Jungs existieren.

Es wäre uns eine Freude, wenn wir Sie und diejenigen, welche Sie vertreten, zu einem kooperierenden und der Sache dienendem, gemeinsamen Verhalten gewinnen könnten. Einer geschätzten Antwort sehen wir mit Hoffnung und Spannung entgegen.

Freundliche Grüße entbieten Ihnen

René Coudris

Mirabelle Coudris

René & Mirabelle Coudris

## Das zweite Schreiben der C.G.Jung-Erbengemeinschaft

ERBENGEMEINSCHAFT C. G. JUNG
GESCHÄFTSFÜHRENDER AUSSCHUSS

Dr. Lorenz Jung
Sunnebergstr. 4
CH-8633 Wolfhausen
SWITZERLAND

R.& M. Coudris

A-4863 Seewalchen/Att.
OESTERREICH

Wolfhausen, 16. Juni 1987

Sehr geehrte Herr und Frau Coudris,

Wir danken Ihnen für Ihren Brief vom 9.6.87 und begrüssen es, dass Sie diese ausführliche und differenzierte Stellungnahme vorgenommen haben. - Unsere Einwände richten sich nicht dagegen, dass Sie mit C.G.Jung parapsychologischen Kontakt aufnehmen wollen oder die Resultate Ihrer Trancearbeit einer weiteren Interessengruppe zugänglich machen, sondern gegen die Formulierungen in Ihren Inseraten und anderen Verlautbarungen. Wie alle parapsychischen Erscheinungen, so sind auch die medialen Phänomene zweifellos nachweisbar und zumindest im psychischen Sinn wirk-lich. Ob in Ihrem Fall die Wesenheit von C.G.Jung sich äussert, müssen wir jedoch einfach offen lassen. Da eine abschliessende Beweisführung über solche Fragen also aus prinzipiellen Gründen weder möglich noch sinnvoll ist, darf demzufolge in Ihrem Fall auch kein entsprechender Eindruck erweckt, sondern muss klargestellt werden, dass es sich um *die Trancearbeit des Mediums zu Themen der Analytischen Psychologie von C.G.Jung* handelt.

Unsere Einwände richten sich weiter dagegen, dass der Name von C.G.Jung zur Werbung bzw. als Blickfang für angebotene Informationen verwendet wird, die im unvertrauten Leser zweifelhafte Hoffnungen und Erwartungen wecken. Es muss ohne weiteres klar sein, dass es sich bei allen Ihren Äusserungen um die subjektiven Erfahrungen Ihres Mediums geht, die Sie selbst zu verantworten haben.

Abgesehen davon, dass der Titel Ihrer Broschüre "C.G.Jung spricht" fälschlicherweise impliziert, dem Jung-Originaltitel "C.G.Jung Speaking" zu entsprechen, ist es aus Copyright-Gründen keinesfalls angängig, diesen Namen in irgendeiner Weise zu benutzen, als ob C.G.Jung der Autor wäre, mit Ausnahme natürlich der *zu Lebzeiten* von ihm verfassten Werke. - Wir bitten Sie also, Ihre Broschüre unter Ihrem eigenen Namen zu publizieren.

Wir müssen Sie insgesamt bitten, die in unserem Brief vom 28.4.87 aufgeführten Punkte in dem dargelegten Sinn zu beachten. Mit dem besten Dank für Ihr Verständnis und freundlichen Grüssen:

Lorenz Jung

Lorenz Jung

Von den Autoren erschienenes Buch über Embryo-Kommunikation

ISBN 3-923781-03-2
mehrfarbig, broschiert
268 Seiten, DM 29,80

Anthony Borgia

## Das Leben in der Unsichtbaren Welt

Unternehmen wir eine Reise, so erscheint es zweckdienlich, sich vorher zu informieren. In diesem Klassiker wird die andere Welt beschrieben, in die wir früher oder später alle reisen werden.

ISBN 3-923781-27-X
farbig, broschiert
156 Seiten, DM 19,80

Anthony Borgia

## Begegnungen in der Unsichtbaren Welt

Der jenseitige Priester R. H. Benson führt einen Neuankömmling ein, erklärt ihm das Geschaute und stellt ihn auch einer Reihe bedeutender Personen, u. a. Tschaikowsky und Haydn, vor.

ISBN 3-923781-15-6
mehrfarbig, broschiert
256 Seiten, DM 27,80

Maurice Barbanell

## Was ist Spiritualismus?

Der mediale Autor war langjährig Journalist und Verleger der Londoner Psychic News und hat als solcher die besten Medien seiner Zeit in der Praxis kennenlernen dürfen.

ISBN 3-923781-13-X
mehrfarbig, broschiert
104 Seiten, DM 16,80

Anne Dooley

## „Silberbirke“ spricht

Ein hoher Geistlehrer klärt uns mit einfachen Worten über die Geheimnisse und Tatsachen des Lebens auf. Ein Buch, aus dem wir alle noch viel lernen können.

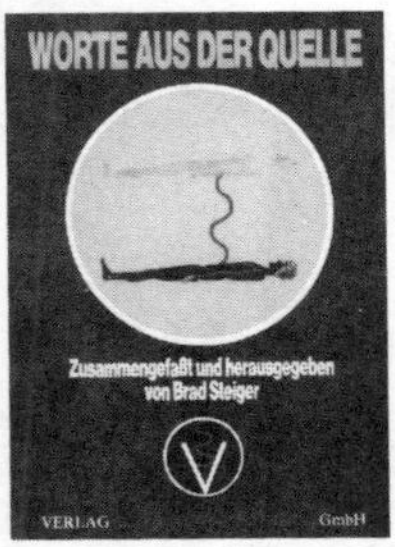


ISBN 3-923781-01-6
zweifarbig, broschiert
160 Seiten, DM 24,80

Brad Steiger

## Worte aus der Quelle

Der heute lebende „zweite amerikanische Edgar Cayce“ heißt Louis Gittner und vermag wie sein Vorgänger über Krankheiten, Reinkarnationen und die Zukunft der Menschheit auszusagen.

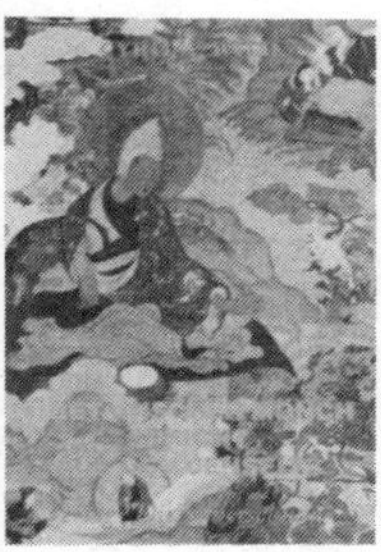

ISBN 3-923781-00-8
mehrfarbig, broschiert
120 Seiten, DM 19,80

C. A. Wild

## Ein tibetanischer Mönch spricht aus dem Jenseits

Lalasal ist ein Geist, der in seiner letzten Verkörperung vor mehreren hundert Jahren als Mönch in einem tibetischen Kloster lebte. Ein Schatzbuch für Wahrheitssucher.

## 'C.G.Jung'-Channeling-Chronik II, III ...

Lieber Leser! In den Folgebänden finden Sie neben weiteren Trance-Dialogen zwischen CeGe Jung und René Coudris auch eine Reihe sowohl tiefgründiger wie erheiternder Gespräche 'Jungs' mit Journalisten von Presse, Funk und Fernsehen. Es kommt darin via Mirabelle Coudris wiederum eine Vielfalt von aktuellen und spirituellen Themen zur Sprache. Auch einige Verleger, Parapsychologen und Pychotherapeuten traten inzwischen mit 'Jung' in direkten akustischen Kontakt.

Wenn Sie über das jeweilige Erscheinen eines nachfolgenden Bandes informiert werden möchten, verwenden Sie bitte beiliegende Antwortkarte. Sollte diese nicht mehr beiliegen, senden Sie einfach eine Postkarte an den

Silberschnur-Verlag
Gartenstraße 15 · D-5451 Melsbach/Neuwied

## Anschrift der Autoren:

René & Mirabelle Coudris
c/o
STUDIO PHOENIX · AUSTRIA
Institut für psycho-spirituelle Beratung
und meta-psychologische Studien

A-4863 Seewalchen am Attersee

## Bildquellen

Wir danken für die freundliche Abdruckgenehmigung: Seite 9: K.H. Koller, Seite 19: Bildarchiv Preussischer Kulturbesitz, Seite 23: Tilmann Michalski, Seite 43: West Consult, Seite 59: J.H. Löffler, Seite 81: Peter Nagel, Seite 83: Reinhard Jahnke/Argus, Seite 97: AP-Bilderdienst, Seite 171: Votava, übrige Illustrationen; René Coudris / Studio Phoenix-Bildarchiv.